# 中國學術思想 研究輯刊

## 十八編

林慶彰 主編

## 第 15 冊

### 胡適、馮友蘭、金岳霖的邏輯方法研究

周 璇 著

### 徐復觀先生〈王充論考〉評析

馮曉馨 著

花木蘭文化出版社

國家圖書館出版品預行編目資料

胡適、馮友蘭、金岳霖的邏輯方法研究　周璇　著／徐復觀先
生〈王充論考〉評析　馮曉馨　著 — 初版 — 新北市：花木蘭
文化出版社，2014〔民 103〕
目 4+198 面 + 目 2+66 面；19×26 公分
（中國學術思想研究輯刊 十八編；第 15 冊）
ISBN：978-986-322-686-4（精裝）
1. 中國哲學　2. 比較研究
030.8　　　　　　　　　　　　　　　　　103001983

ISBN-978-986-322-686-4

9 789863 226864

中國學術思想研究輯刊
十八編　第十五冊　　　　　　　　　ISBN：978-986-322-686-4

胡適、馮友蘭、金岳霖的邏輯方法研究
徐復觀先生〈王充論考〉評析

作　　　者　周　璇／馮曉馨
主　　　編　林慶彰
總 編 輯　杜潔祥
副總編輯　楊嘉樂
編　　　輯　許郁翎
出　　　版　花木蘭文化出版社
社　　　長　高小娟
聯絡地址　235 新北市中和區中安街七二號十三樓
　　　　　　電話：02-2923-1455 ／傳真：02-2923-1452
網　　　址　http://www.huamulan.tw 信箱 hml 810518@gmail.com
印　　　刷　普羅文化出版廣告事業
封面設計　劉開工作室
初　　　版　2014 年 3 月
定　　　價　十八編 16 冊（精裝）新台幣 28,000 元

# 胡適、馮友蘭、金岳霖的邏輯方法研究

周　璇　著

## 作者簡介

周璇（1978～），山東東阿人，哲學博士，一直就讀於黑龍江大學哲學學院；現為黑龍江大學哲學學院邏輯學教研室主任，碩士導師，黑龍江省邏輯學會副會長；主要從事中國現代哲學與邏輯思想史的研究工作。

## 提　要

　　20 世紀是中國哲學向現代化轉型的時代，也是中國哲學體系重建的時期。中國傳統價值體系在現代的處境下，伴隨著兩千多年封建帝制的廢除而面臨解體，西方先進科學文化也伴隨著他們的侵略湧入中國。面對中西文化的激烈碰撞和國力的絕對懸殊，中國哲學家們也從最初的驚恐和拒斥，逐漸開始對中國傳統文化與西方現代文化進行比較和反思。在這一艱辛而又動蕩的過程中，人們迷茫過、痛苦過、失望過，但最終堅定了一個信念，即所謂中西文化的碰撞和衝突，不僅僅是地域問題，也不僅僅是民族問題，更是一種時代問題。因此，中國的現代化刻不容緩，我們必須轉變觀念，拋開芥蒂，以一種積極進取的心態去促成中國無論是社會還是文化的現代化轉型。

　　中國近現代的哲學家們都將中國哲學現代化寄希望於邏輯方法的引入和運用，胡適、馮友蘭、金岳霖三位哲學家的學術生涯就是邏輯方法在中國落地生根的縮影。他們不僅僅把邏輯方法作為一種專業知識進行宣揚，更賦予邏輯方法以艱巨的歷史使命。胡適、馮友蘭、金岳霖以濟世救國的偉大情懷，為中華民族的振興、傳統文化的傳承篳路藍縷，殫精竭慮。他們以邏輯方法為武器，努力進行著解釋中國風雲變幻的政治局面、解決紛繁複雜的社會問題、詮釋花果飄零的傳統思想、挖掘逐漸掩埋的文化精神、創建科學現代的哲學體系等現代化的嘗試。

　　因此，本書以邏輯方法為主線再現三位哲學家的學術成果，對比他們思想中由於方法的同異而展現出的契合與疏離，凸顯他們為中國文化的現代化轉型所做出的重大貢獻，更要以此全面透視中國近現代邏輯方法的展開方式，思索體現理性之邏輯方法的當代價值等問題。

# 目

# 次

# 緒　論

　　20 世紀是中國哲學向現代化轉型的時代，也是中國哲學體系重建的時期。中國傳統價值體系在現代的處境下，伴隨著兩千多年封建帝制的廢除而面臨解體。人們也由最初「視而不見」、「聽而不聞」開始直面中國文化的現實，逐漸發現中國文化從外在表現到內在精神都與時代要求相背離，與此同時，西方文化的嚴謹科學就使其邏輯方法的重要性逐漸凸現出來。因此，在中國近現代人們的心中，邏輯方法不僅是西方現代文化的一種表現形式，更被中國人視為救亡圖存的不二法寶，它對傳承中國文化和開啓現代化進程都具有重要的價值和意義。

## 一、研究的意義

　　中國近現代的人們在複雜跌宕的社會現實面前開始轉變思想觀念，他們一方面暫時放棄民族仇恨和文化偏見，積極引入西方的話語方式、文化體系以及科學方法，努力促成中國文化的現代化；另一方面也執著於中國傳統文化中最核心的價值與觀念，企圖將它們從中游離出來。因此，傳統與現代在20 世紀中國文化的大舞臺中相激相蕩，但又相輔相成，形成了一道炫目而又略顯晦澀詭異的風景。本書的主旨以邏輯方法為向度，走進了近現代中國哲學的領域，通過對胡適、馮友蘭、金岳霖哲學體系的研究，不僅要展現中國近現代知識分子開啓中國哲學現代化進程的艱辛歷程，同時也企圖以此為視域探討邏輯方法與形而上學以及中國傳統文化價值的關係等問題。

## （一）全面透視中國近現代邏輯方法的展開方式

邏輯方法在中國文化的發展中經歷了曲折而又漫長的過程，早在先秦時期曾經一度出現過邏輯方法的萌芽，但由於它與中國的社會要求相背離，使它一直處在漫長的休眠時期而無法成熟起來。直到 19 世紀中葉西方先進科學文化伴隨著他們的侵略湧入中國，國人面對如此「光怪陸離」的生活和文化由最初的驚恐再到沉痛的反思，最後開始認識到科學及其方法的重要性，並將邏輯方法在一定程度上等同於現代化。因此，許多思想家都將中國哲學的現代化寄希望於邏輯方法的引入和運用，他們紛紛到海外取經，大力宣傳邏輯方法的重要性，詳細介紹邏輯方法的具體內容，並真正著手於用其解決社會具體問題，改造傳統哲學範式，重建哲學體例結構，提煉中國傳統文化精髓。胡適、馮友蘭、金岳霖三位思想家的哲學生涯就是邏輯方法在中國落地生根的縮影。因此通過對他們邏輯方法在哲學領域具體運用的研究，能夠全面透視邏輯方法在中國的展開方式。

## （二）充分展現中國近現代對邏輯方法的困惑和反思

由於西方近現代科學的飛速發展，人們對科學技術帶來的便利生活越來越依賴，對科學中方法的崇拜也越來越堅定，它不僅成為知識是否科學的評判標準，而且也成為方法自身是否合理的衡量尺度。但是隨著科學與文化的不斷發展，西方的文化界出現了另外一種聲音，尤其是一戰的爆發，使人們真正見識到科學成果的另一種面貌，它給社會帶來的負面影響深刻印在了人們的心理，許多人開始對科學本身進行反思，他們號召應在一定範圍內限制科學以及方法的使用。這種思想上的轉變和波動也同時影響著中國文化領域。因此，在中國近現代也湧現出兩種不同的傾向：一方面人們仍然對科學、知識以及方法保持著崇敬之情，把科學方法上昇為精神信仰，認為它可以解決人生的一切問題。另一方面認為科學也有解決不了的事情，人生問題與科學從性質上就存在著差異，這種差異性使科學方法無法涉足人生領域，由此「科玄論戰」的大幕緩緩拉開，許多哲學家們都捲入了這場論戰之中。胡適、馮友蘭、金岳霖都針對邏輯方法與哲學、人生等問題發表了自己的觀點，他們不僅對邏輯方法的理解上存在差異，而且對邏輯方法的使用界限的規定也有所不同，它是僅僅適用於具體生活，還是可以真正解決人生問題，甚至能夠對超驗世界有所探知？因此，本書通過對其邏輯方法和哲學觀點的研究，不僅使我們能夠瞭解他們哲學所表現的個性，更要展現出中國近現代知識分

子在面對充滿爭議的邏輯和科學方法時所表現出的困惑和反思。

### （三）正確對待形而上學的命運

哲學從一開始就表現了向開端回溯的特點，對世界本原的反思、對人類生活的自審、對哲學本身的追問，這些都在不同程度上匯集為哲學中最重要的部分——形而上學。但是隨著科學時代的來臨，人們開始運用邏輯方法對哲學命題和語言進行精密的分析，形而上學中的命題因此面臨各種形式的詰難，並逐漸遭到疏離和拒斥，這一思想傾向在近現代隨著邏輯方法的東漸和滲透也反映在中國哲學的研究之中，成為當時一個非常重要的問題意識。是遵循現代哲學知識化的理路，還是回到哲學智慧之思的本然狀態？是用邏輯方法解構形而上學，還是用邏輯方法重構形而上學？面對這些不同的路向，胡適、馮友蘭、金岳霖都進行了認真的思索，並提交了自己的答卷。因此對他們哲學思想的研究，不僅有助於我們正確理解他們對形而上學的態度，還可以以此考察形而上學在哲學的命運，作為尋求最高原則和情感寄託的形而上學是否應被終結？如果不應被終結，那麼我們又應以何種形態和言說方式來重新建構形而上學？這也是此論文希望尋找到的答案。

### （四）思索體現理性之邏輯方法的當代價值

思維是一把雙刃劍，它一方面是人的思索方式，在這個過程中我們通過思維中的理性和邏輯的一面賦予自然一切事物以秩序和規範，使人超脫萬物成為萬物之靈。我們以此建立道德標準和評價道德行為，我們可以為了滿足口腹之欲追求美味將所有的動物置於餐桌之上，而不以為這是不道德的，但卻無法容忍和想像人類也淪為別人娛樂、戲耍、果腹之物的情景。但另一方面也正因為對理性和邏輯性的無限運用，造成了很多人類無法收拾的局面，它本來應是人的本性，可是它的屬人性卻又往往發展成為一種控人性。它應該是人的思索工具，但是它卻經常逃逸出人的監管範圍，進而成為了人的統治者。在它的遙控下，我們以此促成科學技術的突飛猛進，但是在帶給我們生活便利和征服砝碼的同時，也使人類心甘情願的變成了它的奴隸，人類就像吸食鴉片一樣，從內心深處擺脫不了對其以及由此產生的先進產品和技術的依戀。人們很難想像失去任何一種現代科學產品後的生活，如果沒有了通訊設備怎麼辦，如果沒有了網絡信息怎麼辦，如果沒有了交通工具怎麼辦，如果沒有了發電設施怎麼辦，那種一盞油燈一席炕的原始生活是我們無法忍

受的，從現在各種社會問題就足以透射出這種危害。科技產品的迅速更新換代使我們在受益的同時，總是由衷感歎思想之偉大。但世界在逐漸世界化的同時，人類卻逐漸的個人化，人們忽視了現實生活的複雜性，而單純的以為自己的思維就是上帝，這種理性的附屬物恰恰走向了它的反面——非理性。人們對科學的盲目崇拜，對理性的狂熱信仰，不僅將理性看做是建構社會規範秩序的尺度，更將它看做是評判一切包括人類自身的標準，這本身就是一種非理性的精神。因此在當今的中國正處在社會轉型之際，我們應該如何透過此問題尋求中國文化的出路，這都是應該認真思考和解決的問題。筆者也希望通過研究對這一問題有所啟示，為當代的哲學和邏輯學的發展提供某種借鑒。

## 二、研究的對象

「方法」（method）一詞源於希臘語，其本意為「沿著某一道路或按照某種途徑」，中國最早對方法的記載出現在《墨子》一書中，「匠人亦操其矩將以量度天下之方與不方也，曰：『中吾矩者謂之方，不中吾矩者謂之不方。』是以方與不方皆可得而知之。此其故何？則方法明也。」（《墨子·天志》）由此可見在中國古代將方法理解為度量方形的工具，因此，用「方法」來表示method 是最恰當不過的。方法是人類達到某目標、獲得某種知識或開展某種行動的途徑、工具、或程序。它以滿足人某種需要為依託，因此方法從一開始就表現出屬人性。方法的具體內容及意義，也惟有通過與人類自身「思維」建立聯繫，才能得以呈現，所以，人類想要更有效、更便利的生活，就必須掌握方法的規則，使體現自己行動軌跡和思維程序的方法具有邏輯性。那麼什麼是邏輯？邏輯在希臘語中具有言談和說話之意，隨著人們對邏輯的深入思考，它的含義不斷豐富，成為思維、理性、秩序、規律的代名詞，亞里士多德就是在此意義上將其作為研究對象，創立了形式邏輯的知識體系。他指出：「推理是一種論證，其中有些被設定為前提，另外的判斷則必然地由它們發生。」〔註1〕這是邏輯的最初含義，它形象的刻畫了邏輯的性質，即「必然地由它們發生」。「必然」表現出邏輯的確定性和可靠性，「由它們發生」表現出邏輯的方法性和程序性。而方法從最初「沿著某一道路或按照某種途徑」

---

〔註 1〕 亞里士多德，《工具論》〔M〕，余紀元等譯，北京：中國人民大學出版社，2003年，頁 351。

的界定中就表現出一定的邏輯性和秩序性的意味，因此方法中最基礎同時也是最重要的表現形式就是邏輯方法。

亞里士多德對邏輯的定義決定了邏輯方法的發展路向，即它是達到「必然得出」這一目的的最有效、最便利途徑。它要保證人們一定要從真的前提中得到必然性的結論，它是人類獲得認識和信念的必要手段。有了邏輯方法人類對自然界的認識不再模糊，有了邏輯方法人類才將生活經驗逐漸轉化為確定的、可靠的具體知識傳承下來。因此，邏輯方法的出現代表了人類理性的覺醒，邏輯方法的日益完善也表現了人類思維的逐漸成熟，人們逐漸認識到我們完全可以通過我們的理智和思維去探索宇宙大自然的各種奧秘。

通過以上的討論我們可以給邏輯方法下一個完整的定義：邏輯方法就是人們在實踐的過程中，遵循和探索自然與思維的規律、秩序以形成概念、做出判斷、進行推理的方法。邏輯方法在邏輯學科不斷完善過程中日益豐富，如果從一個寬泛的意義上使用邏輯方法，那麼它既包括比較、分析、綜合、抽象、概括、歸納、演繹、定義、劃分等傳統邏輯的方法，又包含形式化、公理化、假說演繹、數理統計、真值判斷等現代的邏輯方法，還包括演繹與歸納相統一的方法，分析與綜合相統一的方法，從抽象上昇到具體的方法，邏輯與歷史相統一的方法等辯證的邏輯方法。但是由於筆者研究的時代背景是在中國新文化運動到新中國成立的近現代，而研究對象也僅僅是這一歷史時期的三位哲學家，這一時期辯證邏輯在中國還沒有形成，所以筆者僅將邏輯方法限定為傳統和現代的邏輯方法。

研究邏輯方法必然會牽扯到科學方法，科學歷來就與邏輯方法密切相關，尤其在近現代這一時代背景下，這兩個方法更是融合在一起。我們可以先來給科學方法下一個定義，所謂科學方法就是認識自然或獲得科學的步驟、順序或過程，認識自然是以獲取科學為表現形式。就科學本身而言，它常常表現為一種知識體系，這個知識體系必須具有嚴密性和可證實性，科學的嚴密性必須滿足概念明確、命題清晰、推理有效、論證充分等條件，這些都離不開邏輯方法，科學的可證實性也需要建立在對資料的觀察和搜集，對結果的實驗和求證基礎上，這些活動同樣也離不開邏輯方法。因此，就其內在的性質而言，科學總表現為科學方法與邏輯方法的統一，它們相同依賴，共榮共生，共同承擔著指導人類實踐的職責。正如愛因斯坦所說：「西方科學的發展是以兩個偉大的成就為基礎，那就是：希臘哲學家發明形式邏輯體系

（在歐幾里得幾何學中），以及通過系統的實驗發現有可能找出因果關係（在文藝復興時期）。」〔註2〕因此在科學活動乃至生活實踐中我們很難將它們清晰的剝離開來，這種交融在中國近現代尤爲明顯。嚴復是最早關注和宣傳邏輯方法的近代思想家之一，他認爲中國要想進步，必須發展科學，而西方科學的昌盛，關鍵在於其方法，即「實測內籀之學」，實測就是觀察實驗的方法，內籀就是在實測的基礎上的歸納方法，而嚴復翻譯的《穆勒名學》以及《名學淺說》更促使邏輯方法風行國內。嚴復本人對邏輯方法與科學關係的分析，在一定意義上催生了如蔡元培、丁文江、胡明復、任鴻雋、張申府、胡適、馮友蘭、金岳霖等中國近現代學者們將邏輯方法等同於科學方法的思想。蔡元培就曾說過：「自然科學爲我國所最缺乏，亦最所需要，亟宜提倡，⋯⋯學自然科學者，倘毫無哲學上知識，其所見不免狹隘，其造就恐不易深邃。且研究科學，不可不知研究科學的方法，即不可不學論理學。」〔註3〕在這個意義上蔡元培將科學方法理解爲歸納與演繹，認爲歸納「致曲而會其通，格物是也」，演繹「結一而畢萬事，致知是也」。〔註4〕可見在近現代中國學者的心裏，邏輯方法對科學起著絕對的支配作用，邏輯方法就是科學方法，科學方法就是邏輯方法，再具體的說，科學方法就表現爲歸納和演繹、分析與綜合、觀察與實驗相結合的邏輯方法。

其實嚴格的說，科學方法與邏輯方法並不完全相同，二者存在著一定的區別。首先，科學方法並不都是邏輯方法，邏輯方法只是科學方法的一般方法，科學方法除了邏輯方法，還有各自具體科學所表現的特殊技術性、專業性的方法，如光譜方法等，因此科學方法與邏輯方法可以說是包含關係。其次，科學方法是我們獲得科學的方法。科學是關於自然界性質、結構以及運動等規律的一種認識，而邏輯方法是邏輯學研究的對象，它是關於人類思維規律的認識的一種方法。因此二者有所側重，科學方法強調經驗的重要性，側重對知識的觀察、實驗即證實問題，而邏輯方法強調思維的重要性，更多關注思維本身所具有的認識能力，即演繹與歸納的能力。因此，邏輯方法更

〔註2〕 趙中立、許良英編譯，《紀念愛因斯坦譯文集》〔M〕，上海：上海科學技術出版社，1979年，頁46。

〔註3〕 蔡元培著，高平叔編，《蔡元培全集》（第4卷）〔M〕，北京：中華書局，1984年，頁314。

〔註4〕 蔡元培著，高平叔編，《蔡元培全集》（第1卷）〔M〕，北京：中華書局，1984年，頁119。

多強調的是證明，而非證實。但是由於自然的現實是無法懸置人類本身的存在的，人類通過思維而獲得對自然的知識，通過認識人類思維自身而展現整個世界，因此，二者才會存在很多的共通性。再次，從邏輯學的角度考慮，對於一個推理，可以分成前提、推理形式、結論三部分，整個的推理在邏輯學看來就是一個「如果……那麼……」的表現形式。因此，邏輯方法不考慮前提的眞實與否，更多強調的是推理形式，尋求推理形式的有效性是邏輯方法的任務。而科學方法不考察推理形式是否有效，只需要利用邏輯方法研究的成果，即各種演繹和歸納推理形式，它更多的是要關注前提的眞實性和結論的正確性，故在科學方法中觀察和試驗等方法非常關鍵。

但是由於在中國近現代思想家的眼中邏輯方法與科學方法等同，因此筆者站在中國近現代文化價值觀念的立場上，從一個寬泛的意義上，將胡適、馮友蘭、金岳霖的方法統稱爲邏輯方法。

## 三、研究的文獻

中國近現代哲學是中國哲學一個比較特殊的組成部分，它是在中國近現代西風勁吹、中學飄零的文化背景下展開的，它融中西方許多不同的價值理念、方法於一身。因此，中國近現代哲學一直是學者們研究和探索的重要領域，並且也取得了豐碩的成果，這些成果涉及近現代哲學的方方面面。本書主要以胡適、馮友蘭、金岳霖哲學爲考察對象，探討邏輯方法對近現代哲學的影響，因此，與論文相關的研究成果，根據研究的角度不同，大致如下：

### （一）胡適、馮友蘭、金岳霖哲學思想的文獻資料

胡適、馮友蘭、金岳霖是中國近現代哲學發展中非常重要的哲學家，他們的思想直接透射著中國文化的現代化轉型。在此現代化轉型的過程中面臨的各種社會問題、文化問題等都能在他們的著作中有所體現。因此，研究者紛紛重新搜集和整理三位哲學家的哲學著作，其中最完整的是三位大家哲學思想全集，主要有：《胡適文存》、《胡適文集》、《三松堂全集》、《金岳霖文集》等。

胡適著述頗豐，研究的領域也非常廣，並在很多領域都獲得開創性的成果，涉及哲學、歷史、文學、政治等多方面。《胡適文存》是他的著作集，由胡適親自選編，上海亞東圖書館分別於 1921 年、1924 年、1930 年將其思想分

為三集分三次出版，第一集為四卷，第一卷論文學、第二、三卷論方法，這是本書主要參考的文獻，第四卷為雜文，收錄的是 1911 年至 1921 年胡適的文章；第二集為四卷，第一、二卷是胡適講學的文章，第三卷論政治，第四卷收錄的是胡適 1922 年至 1924 年的文章；第三集共九卷，第一卷是胡適探討中國社會問題的文章，第二、三、四卷是胡適探討整理國故的文章，第五、六卷是探討中國文學史的文章，第七卷是胡適的讀書雜記，第八卷是胡適對中國文學的幾篇序和跋，第九卷收錄的是 1925 年至 1930 年的文章。〔註5〕

　　馮友蘭的哲學思想可以用一句話來概括：「三史釋今古，六書紀貞元」，因此馮友蘭的研究更多凸顯在哲學領域。《三松堂全集》全面收集了馮友蘭的研究成果，並以時間為序展開他的思想歷程。《三松堂全集》由河南人民出版社出版，一共十四卷，第一卷中有《三松堂自序》，它是馮友蘭的回憶錄，不僅講述了自己的成長過程，還回顧了自己求學和任教的經歷，敘述了自己學術和研究成就，並展望了中國文化的未來，除此之外，第一卷中還有包括古代和近代兩部分的西洋哲學史。第二、三卷收錄的是馮友蘭 1924 年至 1934 年的研究成果，其中包括他的博士論文《天人損益論》的中文版《人生哲學》以及第一部《中國哲學史》；第四、五卷收錄了馮友蘭 1939 年至 1946 年的整個哲學體系的創造成果，即《貞元六書》，包括《新理學》、《新事論》、《新世訓》、《新原人》、《新原道》及《新知言》，此外還有馮友蘭在抗日戰爭期間隨著學校南下的文章集——《南渡集》；第六卷是馮友蘭的《中國哲學簡史》以及《中國哲學史史料學》；第七、八、九、十卷是馮友蘭的《中國哲學史新編》，第十一、十二、十三卷為馮友蘭的哲學文集；第十四卷為馮友蘭的其它文集，涉及教育、文學、書信、譯著等。

　　金岳霖的哲學思想集中於《金岳霖文集》，共四卷，由甘肅人民出版社出版，其中第一、二卷收錄了金岳霖中英文論文，第三卷是金岳霖的知識論，第四卷是金岳霖的論文以及《羅素哲學》。

　　同時有關三位哲學家的部分哲學著作也紛紛再版，關於胡適哲學著作主要有《先秦名學史》，它是胡適在留美期間的博士論文，是關於中國古代邏輯方法發展的著作。胡適在留學期間對西方文化有了深入的瞭解，對西方的邏輯方法在文化中所起的決定作用也有了清楚的認識。因此胡適思考了一個問

---

〔註 5〕 柴文華，陳紅，《中國哲學的現代化研究》〔M〕，哈爾濱：黑龍江教育出版社，2002 年，頁 375。

題，即中國古代是否也存在邏輯方法？《先秦名學史》就是胡適將中國邏輯方法挖掘並進行梳理的最初嘗試，胡適企圖用它爲當世中國文化現代化提供方法上的支持。「我們應怎樣才能以最有效的方式吸收現代文化，使它能同我們的固有文化相一致、協調和繼續發展？」〔註6〕在這部著作中，胡適首先論述了邏輯與哲學的關係，認爲哲學的發展受到方法的極大制約，方法的表現形態在一定程度上就決定了哲學發展的主要面貌。在這樣的一個認識背景下，胡適介紹了孔子的邏輯、墨家學派的邏輯以及莊子和荀子等人的邏輯。《先秦名學史》是胡適力圖以邏輯方法爲主線裁剪中國先秦文化的一部著作，它具有很高的現代化價值，因此之後才會有《先秦名學史》的中文版《中國哲學史大綱》（上卷）。

　　《戴東原的哲學》是胡適對中國方法論的進一步考察，他指出，戴東原既是對程朱儒學空談性理的一種反動，也是程朱儒學「格物致知」的一種繼承。胡適認爲戴東原最大的成功之處就是用科學嚴謹的治學方法批判地繼承了程朱性理之學，戴東原哲學中的「理」是事物的條理，因此，對「理」的追求應是一條科學之路，即通過對事物的「剖析至微」，以達到「必徵之古而靡不條貫，合諸道而不留餘議」。〔註7〕胡適指出，這才是一種科學家的精神，我們治哲學亦必須用此種精神和方法，故「程朱非不可攻擊，但須要用考據的武器來攻擊。哲學非不可中興，但須要用考證的工具來中興。」〔註8〕

　　《四十自述》與《胡適口述自傳》是兩部胡適的傳記，其中《四十自述》採用文學的手法記述了胡適的家庭背景以及留學之前的求學經歷。而《胡適口述自傳》是根據胡適晚年回憶自己學術生涯的錄音，由胡適的學生唐德剛整理而成的「學術性的自傳」，在這部書中胡適回憶更多的是留學海外接受西方教育以及回國後的經歷，它與《四十自述》交相呼應。通過這兩部著作使我們對胡適哲學思想的文化資源以及形成過程有了更深切的瞭解。

　　關於馮友蘭哲學思想的著作有《貞元六書》，這是將抗日時期的六部哲學著作編寫起來用來體現了馮友蘭整個的哲學思想體系。馮友蘭用《新知言》中所研述的哲學方法建構了《新理學》中的形而上學體系，並用哲學方法與形而上學知識研討了《新事論》中的各種社會問題，在《新世訓》中建構健

---

〔註 6〕　胡適，《先秦名學史·導論》〔M〕，合肥：安徽教育出版社，1999 年，頁 12。
〔註 7〕　胡適，《戴東原的哲學》〔M〕，合肥：安徽教育出版社，1999 年，頁 143。
〔註 8〕　胡適，《戴東原的哲學》〔M〕，合肥：安徽教育出版社，1999 年，頁 14。

康和諧的人生觀，在《新原人》中認識並進行提升人生境界的修養功夫，在《新原道》中以「極高明而道中庸」的哲學標準評判中國傳統哲學。馮友蘭的六部哲學著作既相互關聯，又自成體系，是我們全面瞭解其哲學思想的非常重要的文獻資料。

此外，馮友蘭的《中國哲學簡史》、《中國哲學史》、《中國哲學史新編》、《中國現代哲學史》等都獨立出版，《中國哲學簡史》是馮友蘭1947年在美國賓夕法尼亞大學講授中國哲學史的講稿，他以一種通俗、精煉的語言向國外學者介紹了中國哲學的發展歷史，展示了中國哲學的價值精神。《中國哲學史》是繼胡適《中國哲學史大綱》之後又一部以西方哲學體系和邏輯方法為標準言說中國哲學的著作，它促成了中國哲學史學科的獨立，是馮友蘭走上致力於中國哲學現代化發展的開山之作。《中國哲學史新編》是馮友蘭建國之後歷經四十年的研究成果，其中既有對馬克思主義思想的誠心接受，也有文化大革命中的被動檢討，這些歷史的印記都深深的烙刻在此書中。筆者認為這部著作的學術價值不如《中國哲學史》，但是它的第七冊（現代中國哲學部分）卻是整部著作中最精彩的一冊，這時的馮友蘭在經歷了求學的艱辛、戰爭的動蕩，文學的批判之後已經能夠看破生死，回歸自我，真正做到「修辭立其誠」的境界。他以客觀的態度秉筆直書，對包括他自己的現代哲學的對錯得失提出了自己的理解，正如他自己所言，他在書寫這部書的最後部分，「斬名關，破利索，俯仰無愧怍」，真正感受到了「海闊天空我自飛」的自由。〔註9〕

有關金岳霖哲學思想的主要有《論道》、《邏輯》、《知識論》。其中《邏輯》一書既是金岳霖對現代邏輯知識的介紹和宣傳，也是金岳霖對邏輯和邏輯系統的哲學思考。這部書共分為四部分，第一部分是對傳統邏輯的介紹；第二部分對傳統邏輯存在問題的剖析，特別討論了對待主詞態度的不同對傳統邏輯推理形式的影響，其討論之深刻、論證之細緻、見解之獨到，在當時乃至現代的中國邏輯學領域都是罕有其匹；第三部分介紹了羅素和懷特海創立的現代邏輯系統，其中包括命題演算、謂詞演算、類演算和關係演算等；第四部分是金岳霖自己對邏輯以及邏輯系統的哲學探討，介紹了邏輯系統的構成要素以及性質，同時強調了邏輯與邏輯系統的不同，這部分內容既是金岳霖對邏輯哲學的一種嘗試性研究，也是金岳霖建構自己形而上學的前言性積澱。

《論道》是金岳霖繼《邏輯》一書的原創性哲學著作。在這部著作中金

---

〔註9〕馮友蘭，《中國現代哲學史》〔M〕，廣州：廣東人民出版社，1999年，頁1。

岳霖用邏輯方法，分析、論證、構造了一個清晰完整的宇宙構造圖，同時他也把早期對邏輯的理解融入了這部著作中，將它看做是宇宙最原始、最基本的構成要素，即「式」。金岳霖用《論道》尋找到了自己安身立命之地，滿足了人類尋求宿根的情感。整部書既嚴謹完整，又不乏超脫玄思，據他的學生周禮全回憶，金岳霖在講形而上學中「宇宙洪流」時，自己沉醉在那種超形脫像、人我兩忘的玄思中，並用這種情感感染著學生，以致周禮全先生也跟著他在無邊無際、無始無終的宇宙中遨遊，在哲學中感受著「挾飛仙以遨遊，抱明月而長終」的美妙樂趣。〔註10〕

《知識論》是金岳霖一部最坎坷的著作，它完成於抗戰時期，丟失於空襲警報，積壓於建國之後，最後於1983年由商務印書館出版。它是中國第一部以知識論為主旨，並力圖與西方哲學接軌的著作，它探討的是對於當時之中國非常陌生的知識論，並以一種邏輯體系的研究方式，從最初的「有官覺」、「有外物」兩個基本命題出發，化「所與」為事實和意念圖案，最後形成命題。在《知識論》中金岳霖非常嫻熟的使用了邏輯方法，精準的批評了西方的唯主學說，完整的構造出關於知識的系統，這對中國哲學的現代化和世界化具有非常重要的價值。

除此之外，還有一些搜集整理他們哲學思想的論文集，如《胡適哲學思想資料選》、《三松堂學術文集》、《南渡集》、《金岳霖集》、《道、自然與人》等等，這些都是研究他們思想的重要文獻材料。

### （二）研究胡適、馮友蘭、金岳霖哲學思想的文獻資料

胡適是中國文化現代化的領軍人物，他希望能掀起一場中國式文藝復興，從而能夠從中開出具有現代性的科學與民主。歷史上人們對胡適的學術價值一直都是「毀譽參半」，但是不可否認，通過對胡適思想的研究，可以直接透射出與時代相關的許多社會問題和學術傾向，如自由、民主、科學、方法、國故、西化、傳統、現代等等。這些問題意識對於當今的文化建設仍然具有一定的價值，特別是在改革開放之後，我們解除了許多對胡適思想研究的禁忌，真正能夠以一種學者的身份，用一種客觀、寬容的心態對待胡適的思想。因此，以胡適為主題的研究成果大量涌現，主要有：耿雲志《胡適研究論稿》（成都：四川人民出版社，1985年）和《胡適評傳》（上海：上海古

---

〔註10〕陳波，《論道・導讀：「照著講」與「接著講」》〔M〕，北京：中國人民大學出版社，2005年，頁4。

籍出版社，1999 年），胡明《胡適思想與中國文化》（桂林：廣西師範大學出版社，2005 年），王鑒平、楊國榮《胡適與中西文化》（成都：四川人民出版社，1990 年），章清《「胡適派」學人群與現代中國自由主義》（上海：上海古籍出版社，2004 年），歐陽哲生《自由主義之累：胡適思想的現代化闡釋》（南昌：江西教育出版社，2007 年修訂）與《歐陽哲生講胡適》（北京：北京大學出版社，2008 年）和《解析胡適》（北京：社科文獻出版社，2000 年）和《追憶胡適》（北京：社科文獻出版社，2000 年），聞繼寧《胡適之的哲學》（上海：上海三聯書店，2005 年），郭淑新《胡適與中國傳統哲學的現代化轉換》（合肥：安徽人民出版社，2006 年），唐德剛《胡適雜憶》（桂林：廣西師範大學出版社，2005 年）等等。此外，還有臺灣李敖《胡適評傳》（北京：中國友誼出版社，2001 年），美國格里德（Jerome B. Grieder）著，魯奇譯《胡適與中國的文藝復興：中國革命中的自由主義（1917～1937）》（*Hu Shih and the Chinese Renaisisance：Liberalism in the Chinese Revolution* 1917～1937）（南京：江蘇人民出版社，2005 年），美國周明之著，雷頤譯《胡適與中國現代知識分子的選擇》（桂林：廣西師範大學出版社，2005 年），美國余英時《重尋胡適歷程：胡適生平與思想再認識》（桂林：廣西師範大學出版社，2004 年）等。

其中，余英時《重尋胡適歷程：胡適生平與思想再認識》是我們瞭解胡適生活、性情以及學術經歷非常重要的參考資料。此書共分為兩部分，第一部分是余英時根據《胡適日記全集》，一方面展現了當時時代的整體背景，另一方面探討胡適在中國現代化進程所面臨的各種學術、政治、情感等方面的問題。同時也要解決胡適個人生命史中一些備受爭議和關注的問題，如博士學位、哲學素養、對中國革命的態度，與蔣介石的關係等等。第二部分是余英時對胡適在中國近代思想領域所作貢獻的評價。他總結了胡適思想產生的歷史背景和理論淵源，胡適學術活動的重要貢獻以及胡適宣揚的實驗主義方法的內在局限，並在著作的最後提出了自己對五四運動的看法。他指出，有許多學者將中國五四運動與西方的思潮和運動進行比附，如胡適主張將五四運動看作是意大利的文藝復興，這是一種人文主義運動，是用新文化取代舊文化，以理性對抗愚昧，以自由反抗權威的運動。但是五四運動後期，隨著馬克思主義思想的介入，運動的性質發生了轉變，運動從前期的思想與文化復興的行動路線，轉變成為政治與制度革命的行動路線。因此有些學者又將五四運動比附為法國的啓蒙運動，余英時認為五四運動是一個非常複雜的文

化和社會現象，我們不應將它與西方進行簡單的比附。胡適的錯誤就在於將
文藝復興與啓蒙運動、文化與政治進行絕對的對立，因此，余英時主張對於
五四運動我們必須具體考察它的多重面相性和多重方向性才能正確的理解它
的性質。

　　胡明《胡適思想與中國文化》共分爲三部分：哲學篇、文學篇、文化教育
篇，從三個方面再現了胡適思想成就。在這部著作中，胡明強調了胡適思想的
理論淵源，他指出，胡適思想雖然孕育和成熟於美國，但是其思想核心仍有中
國傳統文化的精神，我們不能把胡適與中國文化清晰的剝離開，他研究整理了
中國哲學史，介紹實驗主義方法，考證中國傳統文化，引導中國社會走向科學、
自由、民主，注重中國青年人的教育，培養他們科學思考、個性獨立的精神，
這些都與中國文化有著千絲萬縷的關聯。因此胡適的思想也許過時，胡適的理
想也許無法實現，但是他的思想中仍然具有現代化的價值，胡明指出：「我很
願意我的這本書集能在思想文化這個範疇裏爲『胡適』再做一點詮釋與疏解，
再做一點論證與發揮，使得我們更能看清歷史走過來的軌跡，看清胡適思想的
功績，看清在前行的大路上我們自己努力的方向。」〔註11〕

　　聞繼寧《胡適之的哲學》從胡適創造的實在論和眞理論、以人爲核心的
文化哲學傾向、批判的歷史精神、懷疑的科學態度、順應時勢的人生觀等方
面再現哲學思想的全貌，並認爲胡適哲學思想的基本特點就是簡明易懂，現
實實用，處處滲透著科學、民主、革新、進取的精神，即使在今日仍然具有
寶貴的學術價值。具體表現：通過對傳統文化的批判與改造，突出了人的價
值，強調人的能力和素質的提高是社會發展的基本條件；重視人的創造性的
活動，強調只有通過創造活動才能開闢認識眞理的道路；重視科學，以科學
觀念去統攝方法論和人生觀，從而增強了全社會的科學意識；通過對中西文
化的比較和哲學思考，理性地揭示了以儒學爲主體的中國傳統文化的唯一復
興之路在於哲學與文化的現代化，在社會發展目標上，胡適則提出了「充分
世界化」的主張；在廣泛吸收中國傳統文化和西方文化中的優秀學術成果的
基礎上，胡適提出了一些新的學術範式，從而對中國現代史學、文學和哲學
的發展起了一定的促進作用。〔註12〕

〔註11〕胡明，《胡適思想與中國文化・自序》〔M〕，桂林：廣西師範大學出版社，2005
　　　　年，頁4。
〔註12〕聞繼寧，《胡適之的哲學・前言》〔M〕，上海：上海三聯書店，2005年，頁2。

研究馮友蘭哲學思想的成果主要有：蔡仲德編《馮友蘭研究》（第一輯）（鄭州：國際文化出版公司，1997 年），茅冥家《還原馮友蘭》（香港：天馬出版有限公司，2004 年），宗璞《馮友蘭：雲在青天水在瓶》（鄭州：河南教育出版社，2002 年），王鑒平《馮友蘭哲學思想研究》（重慶：四川人民出版社，1988 年），宋志明、梅良勇《馮友蘭學術思想評傳》（北京：北京圖書館出版社，1999 年），陳戰國《馮友蘭哲學思想研究》（北京：北京大學出版社，1999 年），單純《舊學新統——馮友蘭哲學思想通論》（成都：四川大學出版社，2005 年），田文軍《馮友蘭新理學研究》（武漢：武漢出版社，1990 年）、《馮友蘭傳》（北京：人民出版社，2003 年）、《大家精要：馮友蘭》（昆明：雲南教育出版社，2008 年），胡軍編《反思與境界》（北京：北京大學出版社，2008 年），鄭家棟、陳鵬選編《解析馮友蘭》（北京：社會科學文獻出版社，2002 年）和《追憶馮友蘭》（北京：社會科學文獻出版社，2002 年），金春峰《馮友蘭哲學生命歷程》（北京：中國言實出版社，2004 年），郁有學《哲學與哲學史之間——馮友蘭的哲學道路》（上海：華東師範大學出版社，2004 年）等。

鄭家棟、陳鵬為了使研究馮友蘭的學者們能夠真正瞭解這位學術思路複雜坎坷的哲學家，本著「討論」的原則，從不同視野、不同角度、不同觀點、不同立場選編了對馮友蘭哲學研究不同的文章。其中不乏名家之手，如胡適寫給馮友蘭的信，表現出二者在編寫中國哲學史的諸多爭議；陳寅恪、金岳霖、張蔭麟、太虛等人對《中國哲學史》的審查報告和評論；賀麟、朱光潛、洪謙、張申府、張岱年、任繼愈、湯一介等人對馮友蘭哲學體系的探討。此外還有一些國外知名學者對馮友蘭思想中諸多問題的見解，鄭家棟和陳鵬企圖通過對這些寶貴文字的整理和搜集，反映馮友蘭一代哲學大師的哲學思想和精神風貌，同時也盡可能的展示出中國近現代哲學與文化變遷中各種思想觀念的激烈碰撞。因此，這部著作對於研究馮友蘭以及與其同時代的哲學家們觀點具有重要的思想價值。

陳戰國作為馮友蘭的弟子，他的《馮友蘭哲學思想研究》是真實再現馮友蘭哲學思想的寶貴材料。他一方面以尊師的情結，從形上學、心性論、境界說、文化、社會哲學等方面，對其師馮友蘭的思想、理路、概念、系統做了詳盡的梳理；另一方面他又秉承重道的態度，對馮友蘭思想的內部缺失展開了深微的剖析。總的說來，此書的宗旨正如他自己所言：「馮先生用正的方

法講形上學，目的是使形上學更清晰。本書『照著』馮先生的上述思路講，目的是使馮先生的上述思路更突出、更清晰。」〔註13〕

　　馮友蘭的另一位弟子金春峰同樣用《馮友蘭哲學生命歷程》這部書向自己的恩師表達了他的追思之情。他以時間爲線索，將此部著作分爲四部分，第一時期：1919～1926 年學貫中西，此時的馮友蘭秉著特殊時代的知識分子的本能使命審視中國傳統文化與現代化、科學化的關係；第二時期：1927～1935 年完成了《中國哲學史》上下冊，促成中國哲學史學科的獨立，並形成了完整、成熟的哲學史研究的方法論；第三時期：1935～1948 年建立了新理學哲學體系，企圖以此擺脫中國近代哲學的困境；第四時期：1949～1990 年重寫中國哲學史，這段時間馮友蘭經歷了從自我喪失到回歸的艱難歷程。金春峰的這部著作並不僅僅停留在對馮友蘭思想梳理的階段，他更重要的是對其哲學思想進行更深層次的反思和批評，並強調了自己在一些觀點上與馮友蘭的分歧。如他認爲馮友蘭過度宣揚理性而忽視信仰，又如馮友蘭將《禮記》之喪禮、祭禮之理論看做是荀子思想的表現，而作者卻認爲它是孟子心學的結晶。還有馮友蘭在中國哲學史中貶低了董仲舒的哲學，但作者卻認爲董仲舒的哲學對於提升人的地位方面具有很高的價值。總之，這部著作語言優美，情感細膩，論理清晰，對於從事馮友蘭研究的學者而言是一個不可多得的資料。

　　研究金岳霖哲學思想的成果主要有：劉培育主編《金岳霖的回憶和回憶金岳霖》（成都：四川教育出版社，1995 年）與《金岳霖思想研究》（北京：中國社會科學出版社，2004 年），胡軍《金岳霖》（臺北：臺灣東大圖書公司，1993 年）和《道與眞》（北京：人民出版社，2002 年），胡偉希的《金岳霖與中國實證主義認識論》（上海：上海人民出版社，1988 年）和《金岳霖哲學思想》（武漢：湖北人民出版社，1994 年），王中江《理性與浪漫——金岳霖的生活及其哲學》（鄭州：河南人民出版社，1993 年），王中江、安繼民《金岳霖學術思想評傳》（北京：北京圖書館出版社，1998 年），張茂澤《金岳霖邏輯哲學述評》（西安：陝西人民出版社，2003 年），杜國平《「眞」的歷程——金岳霖理論體系研究》（北京：中國社會科學出版社，2003 年），袁彩雲《經驗・理性・語言——金岳霖知識論研究》（北京：人民出版社，2007 年）等。

---

〔註13〕陳戰國，《馮友蘭哲學思想研究・前言》〔M〕，北京：北京大學出版社，1999
　　　　年，頁 9。

　　《金岳霖思想研究》是劉培育主編，由胡軍、王中江、諸葛殷同、張家龍、劉培育集體編撰而成。全書分為五部分：卷一道論，評述金岳霖形而上學的體系，由胡軍執筆；卷二知識論，系統論述了金岳霖的知識論體系，由王中江執筆；卷三邏輯論，研究了金岳霖的邏輯學以及邏輯哲學的成果，由諸葛殷同執筆；卷四羅素哲學論，討論了金岳霖在不同時期對羅素哲學批判的得失，由張家龍執筆；卷五綜合論，梳理了金岳霖政治學、教育學等其他方面的成績，由劉培育執筆。這部著作的五位學者都是長期從事金岳霖哲學研究工作的，他們整理了關於金岳霖思想的寶貴資料，並發表了極具理論深度和啓發性的見解，對金岳霖的思想並不僅僅停留在梳理層面，更以一種科學的態度在許多問題上提出中肯的評價，為後來的研究者理解金岳霖思想提供了珍貴的資源。

　　《道與真》是胡軍全面研討金岳霖哲學思想的一部著作，他認為金岳霖是在中國哲學走向現代化歷程中第一位以西方的哲學精神和方法建立相對嚴密、一致哲學系統的哲學家，為中國哲學的現代化開闢了道路，同時也為中國哲學的未來發展指引了方向。因此胡軍教授以一種時代意識，帶著對形而上學和知識論問題的關注，展開了對金岳霖思想體系的研究和反思，其中對很多問題都有獨到的見解。如他對金岳霖形而上學中的兩個構成要素：式和能的理論來源的追尋以及二者之間的張力問題，他對金岳霖歸納原則所暴露問題的探討都很有啓示性，因此這是一部具有現代氣息和邏輯精神的著作。

　　張茂澤《金岳霖邏輯哲學述評》是以邏輯哲學的角度審視了金岳霖的哲學體系。在這部著作中，張茂澤評述了金岳霖對邏輯本質的理解、對邏輯原則的詮釋、對邏輯表現形式——命題的展開以及後期邏輯思想的轉變等問題，總結了金岳霖邏輯哲學研究的宗旨就是「愛智」，此「愛智」在金岳霖眼中並不僅僅停留在對知識真的考察，更重要的是對終極邏輯的探索。正如書中所言：「在金岳霖那裡，邏輯學可能被他賦予了太多太沉重的歷史使命，承載了太多太沉重的歷史任務。作為科學的邏輯學，在事實上，其有效範圍是有條件而且有限的，它怎麼能擔當那樣重大的歷史責任呢！為此，金岳霖迫不得已，要研究邏輯哲學或邏輯形而上學，要將邏輯學真理的有效範圍，從有限擴大到無限，從有條件提升到無條件，希望邏輯學真理，不只是作為一門科學真理，在一定範圍內起作用，而且作為一種哲學真理或形而上學真理，

在整個宇宙、社會、人生中起作用。」〔註14〕因此，張茂澤指出金岳霖企圖用形式化的邏輯統籌宇宙、社會、人生等具體問題，這種嘗試並不成功。

　　袁彩雲《經驗‧理性‧語言——金岳霖知識論研究》是單獨以金岳霖知識論爲主旨，對金岳霖如何解答知識客觀性的問題進行了專業的探討。她指出，金岳霖對西方哲學中經驗主義與理性主義的衝突進行反思，並將二者有機的融合在他的知識論中。金岳霖認爲我們的知識必然是從經驗中來，而如何對待由經驗而來的原材料，他用理性和語言保證了知識的客觀性和正確性。除了對金岳霖的知識體系進行梳理和分析之外，作者還對其體系的局限性以科學哲學的知識和角度進行了評價。如金岳霖對於客觀和符合說的理解存在自相矛盾，使其體系的嚴謹性大大降低，又如金岳霖對歸納問題的辯護，無論是從邏輯的角度還是從經驗的角度，都是不成功的。因此，這部著作對於我們深化金岳霖思想的研究以及探討知識客觀性問題都具有一定的意義。

### （三）研究胡適、馮友蘭、金岳霖方法的相關資料

　　目前國內外學術界或以研究三位哲學家哲學思想系統爲主要方向，如上面所提到的著作，或以研究在近現代中國文化革新與轉型過程中某些問題意識爲線索，在此論述中部分涉及三位哲學家的某些思想和觀點，如在〔美〕郭穎頤的《中國現代思想中的唯科學主義》（南京：江蘇人民出版社，2005年），以中國的唯科學主義的發展和演變爲線索，論述了中國現代思想在面對社會巨變下的發展傾向。他指出，科技的落後以及對國家富強的強烈渴望，使人們對科學力量和現代文明的崇拜無限擴大而形成了一種盲目的信仰，這種信仰傾向使當時的人們認爲不僅可以通過科學方法的詰難而取消傳統價值主體，建立新的哲學精神，而且通過科學亦能開啓中國自由、民主、博愛的新文明。在這種唯科學主義的潮流中，胡適扮演著重要的角色，他作爲經驗主義的唯科學主義者與唯物論的唯科學主義者吳稚輝和陳獨秀共同掀起了一場倡導科學精神和方法、批判傳統文化的運動，不僅使科學方法走向大眾，而且使科學方法成爲大用。在這部著作中郭穎頤對胡適的科學思想進行了論述，認爲胡適所理解的科學完全是一種觀察和試驗方法、懷疑態度和批判精神，並以此批判傳統文明，建立科學的人生觀。由於這部著作主旨是論述中

---

〔註14〕張茂澤，《金岳霖邏輯哲學述評》〔M〕，西安：陝西人民出版社，2003年，頁318。

國現代思想中的唯科學主義，所以僅僅評說了胡適的部分思想，馮友蘭、金岳霖的思想沒有涉及。

宋志明、孫小金《20世紀中國實證哲學研究》（北京：中國人民大學出版社，2002年）指出，在20世紀中國哲學向世界化、現代化邁進的歷程中，出現了中國馬克思主義、現代新儒家哲學和中國實證哲學三個思潮，並以實證哲學爲線索，細緻的描繪了從引入期到發展期再到反思期各個階段代表人物的哲學思想。在此發展脈絡中，胡適的實用主義、金岳霖的新實在主義都占據了非常重要的地位，作者對其哲學思想進行了詳說，但遺憾的是由於馮友蘭是現代新儒家代表之一，因此他的觀點在著作中沒有涉及，而且雖然論述了胡適的方法論，但是對金岳霖對邏輯方法的傳播和運用卻言之不詳。

胡軍《分析哲學在中國》（北京：首都師範大學出版社，2002年）認爲，中國現代哲學建構的主流方法就是分析方法，它來源於對羅素和維也納學派邏輯分析方法的介紹和認同。在這個過程中，胡適作爲美國實用主義者，積極宣傳和提倡科學方法，成爲分析方法的先聲，而馮友蘭通過與維也納學派的對話，用他們的邏輯分析方法建構形而上學體系，與此同時金岳霖也通過對羅素邏輯分析的認識，展開形而上學系統和知識論系統的建構過程。在這部書中胡適、馮友蘭、金岳霖等人的方法研究成爲主要的問題意識。

郭橋《邏輯與文化——中國近代時期西方邏輯傳播研究》（北京：人民出版社，2006年），主要以中國近現代時期西方邏輯傳播的背景、歷程爲線索，論述了邏輯知識和方法對中國的哲學、史學、科學、教育學等領域的影響。在這部著作中，郭橋對胡適的試驗論理學內容做了簡單的介紹，並指出它在西方邏輯傳播過程中起了消極的作用，它在一定程度上分散了人們對形式邏輯的注意，影響了不少學者的邏輯觀。〔註15〕而金岳霖則擔當了傳播現代西方邏輯的任務。郭橋指出西方邏輯的傳播也在許多方面如對馮友蘭的哲學觀以及方法論建立、對胡適中國邏輯史的梳理、對金岳霖邏輯哲學理念的研究都產生了很大的影響。

除此之外，涉及到胡適、馮友蘭、金岳霖的著作還有楊國榮的《從嚴復到金岳霖：實證論與中國哲學》（北京：高等教育出版社，1996年）、《科學的形上之維——中國近代科學主義的形成和衍化》（上海：上海人民出版社，1999

---

〔註15〕郭橋，《邏輯與文化——中國近代時期西方邏輯傳播研究》〔M〕，北京：人民出版社，2006年，頁84。

年），胡偉希的《知識、邏輯與價值──中國新實在論思潮的興起》（北京：清華大學出版社，2002 年），溫公頤、崔清田主編《中國邏輯史教程》（天津：南開大學出版社，2001 年），柴文華、陳紅《中國哲學的現代化研究》（哈爾濱：黑龍江教育出版社，2002 年）等等。

通過對文獻的介紹和歸類可以瞭解，目前國內外的研究現狀主要表現爲以下幾點：

第一，更多體現爲對其中一位哲學家哲學思想的研究，但是從邏輯方法這一論域探視其哲學體系的著作並不多見，筆者希望在這一方面能夠有所突破。因此本書主要研究和考察近現代哲學中胡適、馮友蘭、金岳霖對邏輯方法的理解，並以此爲主線索對其哲學體系作系統、全面地梳理，同時還探討其邏輯方法在哲學研究和體系建構中所發揮的作用和價值。

第二，目前國內對近現代中國哲學特點和貢獻關注得較多，其中也涉及到胡適、馮友蘭、金岳霖的哲學思想，但是對於他們的思想觀點僅作承上啓下的論述，很少將其思想進行比較和研究，更沒有專門探討三位思想家的邏輯方法在哲學研究中的貢獻。而本書在介紹胡適、馮友蘭、金岳霖邏輯方法的基礎上，嘗試對他們的邏輯方法進行比較研究，考察他們邏輯方法的同異之處。

第三，中國哲學現代化範式的轉變是近現代哲學的一個重要的特徵，目前很多研究都凸顯了近現代中國哲學的現代化特點。本書以現代化歷程中非常有影響的三位哲學家爲代表，力求從其邏輯方法這一角度透視中國哲學現代化的各種問題意識。

第四，雖然目前國內外對胡適、馮友蘭、金岳霖的哲學研究成果眾多，而且其中的觀點也各有千秋，成爲此篇論文研究和寫作的重要參考。但是在對三位哲學家著作閱讀的過程中，我逐漸思考一個問題，即近現代對邏輯方法的崇揚是否有助於哲學精神特別是中國傳統文化精髓的彰顯？邏輯方法的嚴密性、確定性和證實性是否眞正能建構哲學體系？帶著這個問題筆者希望通過對三位哲學家哲學研究中邏輯方法價值的考察，形成一些初步但不一定成熟的理解。此外，本書還試圖對邏輯方法、邏輯方法與哲學特別是形上學的關係、非邏輯方法與哲學的關係等問題進行反思，嘗試對「邏輯方法是否萬能」、「哲學是否無用」等觀點提出自己的看法和見解。

# 第一章　實驗主義方法與胡適哲學

　　胡適是美國實用主義的信奉者，他將實用主義哲學思想貫穿在其所有的研究領域。但其宣傳有餘，創新不足，因此許多人對他作了比較貶義的評價，認為胡適是美國實用主義的應聲蟲。然而在一些觀點上胡適仍然堅持自己的意見，如他在自己宣傳的學說名稱上別出心裁，他不主張使用 pragmatism 這個名稱。他指出，pragmatism 最初是由實用主義創始人皮爾士（C.S.Peirce）提出，pragmatism 出自希臘文 pragma，原意為行動，實踐等。但是後來的詹姆士（W.James）將宗教色彩注入其哲學思想中，使這個派別的學說庸俗化，皮爾士認為他歪曲了學術的主旨思想，因此將這個名稱做了一點改動，變成 pragmaticism。後來又經過英國實用主義哲學家席勒（F.C.S.Schiller）將其引申為「humanism」，這時的實用主義已經變成了一個內容豐富、涵蓋甚廣的、龐大的哲學體系，實用主義不僅僅是一種方法、一種原則，還是一種真理、一種實在。後來杜威（J.Dewey）重新回到皮爾士哲學的原意，但又不願意使用 pragmatism 這個變了質的名稱，故改用 instrumentalism，譯為工具主義。

　　胡適在梳理了實用主義稱謂的流變之後，指出這些名稱都不足以涵蓋和突顯出此學派的中心觀點。因此，他重新尋找了一個名稱，experimentalism 即「實驗主義」，他指出：「就這兩個名詞的本義看來，『實際主義』（Pragmatism）注重實際的效果；『實驗主義』（Experimentalism）雖然也注重實際的效果，但他更能點出這種哲學所最注意的是實驗的方法。」〔註1〕

---

〔註1〕 葛懋春、李興芝，《胡適哲學思想資料選》（上）〔M〕，上海：華東師範大學出版社，1981年，頁45。

# 第一節　實驗主義方法

　　胡適使用「實驗主義」這個名稱，一方面要突顯其注重實驗的方法，另一方面也要表明其血緣譜系。他指出，雖然在古代思想發展中我們能夠找尋到類似實驗主義的一些學說和觀點，如中國的墨子和韓非子，希臘的普羅泰格拉（Protagoras）等，但這些僅僅是相似，並不是實驗主義的祖系。「近世的實驗主義乃是近世科學的自然產兒，根據格外堅牢，方法格外精密，並不是古代實驗主義的嫡派子孫」。〔註2〕近代科學的發展促使人們觀念發生了兩大轉變：科學家對科學律例態度的轉變以及進化觀念的生成，科學知識的不斷增加和不斷修正的過程，使人們逐漸發現科學律例並不是天經地義永恒不變的，它僅僅是人造出來用以解釋自然現象的假說，隨時都會有被推翻和修改的可能。達爾文的進化理論說明了科學律例變化的軌跡，物種的變化使自然環境時刻發生著變化，而科學律例作為人類應付環境的工具也要隨之改變，實驗主義就成為時刻檢驗科學律例是否恰當的滿足環境變化要求的一種重要方法。因此，近代科學知識的急速變化，使科學從基本觀念到體系建構再到科學精神都受到了徹底性的審判和顛覆性的變遷，這種變革就成為實驗主義最初的給養，構成了該學說的基本觀點和內容。

## 一、存疑的態度

　　胡適曾經說過，他的哲學思想最直接的元素來自兩個人的學說，一是赫胥黎，一是杜威。這兩個人物分別代表了西方近代（19世紀70年代到20世紀20年代）兩大思潮。胡適為達爾文、赫胥黎的演化理論在西方哲學史中被忽視叫屈，他認為演化理論開創了哲學的一個「新紀元」，它徹底打破了物種不變的觀念，不僅打擊了「上帝存在」的宗教信仰和權威，將高高在上的上帝打入了地獄，而且還將自詡為萬物之靈的人類重新歸入自然之中，而「許多哲學史家都不提起赫胥黎，這是大錯的。他們只認得那些奧妙的『哲學家的問題』，不認得那驚天動地的『人的問題』！如果他們稍有一點歷史眼光，他們應該知道兩千五百年的思想史上，沒有一次的思想革命比一八六〇到一八九〇年的思想革命更激烈的。一部哲學史裏，康德占四十頁。而達爾文只

<hr>

〔註2〕葛懋春、李興芝，《胡適哲學思想資料選》（上）〔M〕，上海：華東師範大學出版社，1981年，頁50。

有一個名字，而赫胥黎連名字都沒有，那是決不能使我心服的。」〔註3〕因此，胡適著重強調了達爾文、赫胥黎的演化理論在哲學中的貢獻，指出它不僅僅是一種自然科學，更重要的是一種實證精神，一種科學態度，即存疑的態度，這種態度要求我們要破除一切學說的權威，它們對於我們而言都不是天經地義、無可厚非的，而僅僅是一種可以隨時被懷疑、被推翻待證的假說。「他要我們跟著走的路，不是一條用理想的蜘蛛網織成的雲路，乃是一條用事實砌成的大橋。」〔註4〕故胡適認為赫胥黎教會他時刻保持懷疑的精神，不信任任何沒有充分證據的東西。這種存疑的精神在金岳霖的著作中曾經提及，他指出，在哲學史中人們對待哲學命題採用了兩種截然不同的態度，即類似於法律中的 inquisitorial 和 accusatorial 的態度。在法律中，前者要求原告證明被告有罪，後者要求被告證明自己無罪。在哲學研究中，持 inquisitorial 態度者就是懷疑者的態度，即對於一命題證明其為假，如能證明其為假，則放棄這個命題，如果沒能證明其為假，仍然接受這個命題。而持 accusatorial 態度者就是相信者的態度，即對於一命題證明其為真，如能證明其為真，那就接受它，如不能證明其為真，則放棄它。胡適堅持的存疑的態度和精神就是 accusatorial 態度，只相信能充分證明為真的知識，如沒有充分證據證明其為真，那麼「寧可疑而失之，不可信而失之」，「只有那證據充分的知識，方才可以信仰，凡沒有充分證據的，只可存疑，不當信仰。這是存疑主義的主腦」。〔註5〕故要在「不疑處有疑」，一種學說要使人信用，唯一的方法就是「拿證據來」。

其實，胡適存疑的態度並不單純源自赫胥黎，它還有很深的傳統繼承。早在胡適孩童時期，雖然由於父親的早逝，使他沒有享受到父愛的溫暖，但是他的父親卻給他留下了很多珍貴的文字遺產。胡適的父親在當時是進步的知識分子，他一生篤信程朱理學，對胡適的要求也非常嚴格，即使在病逝的遺言中仍然交代胡適要努力讀書，而其日記更伴著胡適的成長。通過日記，胡適的父親就不僅僅是在胡適孩童那模糊的身影、零碎的記憶，而成為一個有血有肉、有思有想、有憂有愁的人。在他父親「回憶錄」中記載了其在上

〔註3〕 葛懋春、李興芝，《胡適哲學思想資料選》（上）〔M〕，上海：華東師範大學出版社，1981 年，頁 255。

〔註4〕 葛懋春、李興芝，《胡適哲學思想資料選》（上）〔M〕，上海：華東師範大學出版社，1981 年，頁 231。

〔註5〕 葛懋春、李興芝，《胡適哲學思想資料選》（上）〔M〕，上海：華東師範大學出版社，1981 年，頁 234。

海「龍門書院」就讀時的情景，在學院記錄學生讀書心得的筆記上刻印著宋儒如朱熹、張載等人的語錄，其中一條便是：「爲學要不疑處有疑，才是進步！」這成就了胡適最早的文化啓蒙，父親的學術思想和治學精神、憂患意識潛移默化的滲入胡適的骨髓之中。所以，胡適這種「存疑的態度」並不僅僅是西方特有的精神，它也是中國傳統文化的治學精神。而西方科學態度和方法在胡適人生中的出現恰恰釋放了胡適潛在的治學理念，從而使胡適通過它們成就了自己科學、系統的方法論體系。

在胡適看來，「存疑的態度」使我們保持了學術的獨立性，不盲目相信別人、不狂熱跟從別人。他曾經舉了一個例子說明它的作用和價值，他指出從前一個和尚說菩提達摩東來的目的就是要尋找一個不受迷惑的人，而他的努力就是教會人不受迷惑的方法，「被孔丘朱熹牽著鼻子走，固然不算高明；被馬克思列寧斯大林牽著鼻子走，也算不得好漢。我自己決不想牽著誰的鼻子走。」〔註6〕胡適的豪言壯語固然讓人折服，但客觀的說，他並沒有實現這一理想，縱觀他的哲學生涯，他未嘗不是一個被人牽著鼻子走的人。正像唐德剛對胡適的評價：「青年期的胡適是被兩位傑出的英美思想家——安吉爾和杜威——『洗腦』了；而且洗得相當徹底，洗到他六十多歲，還對這兩位老輩稱頌不置。這也就表示胡適的政治思想，終其生沒有跳出安、杜二氏的框框。胡適之先生一生反對『被人家牽著鼻子走』，可是在這篇自述裏，我們不也是看到那個才氣縱橫的青年胡適，一旦碰到安吉爾、杜威二大師，便『盡棄所學而學焉』，讓他兩位『牽著鼻子走』嗎？適之當然不承認他被人家牽著鼻子走；因爲他不自覺自己的鼻子被牽了。這並不表示他老人家沒有被牽。相反的，這正表示牽人鼻子的人本事如何高強罷了。」〔註7〕

## 二、實驗的方法

赫胥黎「拿證據來」的態度教會我們正確對待知識，但是光有這種態度是不夠的，我們還要有積極應對、科學解決具體問題的方法，胡適的另一位思想導師杜威給我們提供了這樣一個「放之四海而皆準」的方法。用這種方

---

〔註6〕 萬懋春、李興芝，《胡適哲學思想資料選》（上）〔M〕，上海：華東師範大學出版社，1981年，頁350。

〔註7〕 胡適口述，《胡適口述自傳》〔M〕，唐德剛譯注，桂林：廣西師範大學出版社，2008年，頁88。

法胡適學會了怎樣思想，怎樣運用實驗來證實其證據的可靠性。因此他才會說：「在最近的將來幾十年中，也未必有別個西洋學者在中國的影響可以比杜威先生還大的。」〔註8〕杜威對中國最大的貢獻就是帶來最現代、最科學的思想武器，「杜威先生不曾給我們一些關於特別問題的特別主張，——如共產主義，無政府主義，自由戀愛之類，——他只給了我們一個哲學方法，使我們用這個方法去解決我們自己的特別問題。他的哲學方法，總名叫做『實驗主義』」。〔註9〕

在胡適看來，實驗主義方法共包括兩方面：

一是歷史的方法。歷史的方法又稱為「祖孫的方法」。它根植於達爾文的物種進化理論，杜威稱之為 genetic method，正是在這個意義上，胡適才將實驗主義看作是達爾文進化理論在哲學的延續，是「新實證主義」的第二個時期，在這個時期不僅僅表現為一種「拿證據來」的實證精神，更成為一種搜集證據的系統方法。歷史的方法要求我們將任何一種制度或學說都不看作是絕對孤立的，它總是世界發展鏈條中的一個中段、一個環節，上面必然會有它得以產生的原因，即它的祖父，下面也必然會有它得以發生的效果，即它的子孫。胡適對歷史的方法非常重視，他不僅在介紹實驗主義方法中突出強調，更將它運作於整理國故的整個過程中，他以歷史的方法考察各種學說，關注學說產生的各種原因，如地理環境、時代背景、個人才性等等，同時還注重學說的實際效果，胡適用這種歷史的方法將各家學說的發展脈絡進行清晰的梳理，將它們的實際價值進行客觀的估定。因此，胡適稱讚這個方法是最客觀、最公道的。

二是實驗的方法。胡適指出觀察與實驗是方法之為科學的主要成分。只有觀察仔細，我們才能收集到夠豐富、夠全面、夠可靠的證據；只有實驗，我們才能使學說的所有效果得以充分展現，才能使一種學說不僅僅是假說，而成為了具有證實性的真理，故「實驗是真理的唯一試金石」。〔註10〕

胡適將杜威的實驗方法簡稱「五步法」：（一）疑難的境地；（二）指定疑

---

〔註 8〕 葛懋春、李興芝，《胡適哲學思想資料選》（上）〔M〕，上海：華東師範大學出版社，1981 年，頁 181。

〔註 9〕 葛懋春、李興芝，《胡適哲學思想資料選》（上）〔M〕，上海：華東師範大學出版社，1981 年，頁 181。

〔註10〕 葛懋春、李興芝，《胡適哲學思想資料選》（上）〔M〕，上海：華東師範大學出版社，1981 年，頁 182。

難之點究竟在什麼地方；（三）假定種種解決疑難的方法；（四）把每種假定所涵的結果，一一想出來，看那一個假定能夠解決這個困難；（五）證實這種解決使人信用，或證明這種解決的謬誤，使人不信用。〔註11〕

## 三、實驗主義方法中的邏輯精神

在胡適實驗主義方法中，具有很強的邏輯精神，其中存疑的態度要求我們時刻保持著學術的獨立，將一切學說都看作是一種可以隨時被推翻的假說，它們都必須接受方法的檢驗，都必須適應生活的變遷，而要想說明此假說為真理就必須拿出充分的證據。這一觀點非常符合思維的基本規律——充足理由律，即一個結論的得出必須具有充足的理由，而這個理由需要符合兩個條件，一是提交的證據必須真實，二是提交的證據必須充分，這兩個條件缺一不可。因此，胡適存疑的態度正是一種堅信充足理由律的表現。在胡適提倡的歷史方法中也強調了探求事物因果關聯的重要性，即在事物的發展變化中，因果的關聯決定著事物的發展軌迹。因此，對事物因果關聯的考察能夠使我們瞭解事物出現的原因及其發生的效果，這對於正確、全面的認識和評判事物都是非常重要。

在實驗的「五步法」中邏輯精神表現的尤為明顯：第一，「五步法」的第一步——疑難的境地是思想或方法得以展開的起點。宋代哲學家程頤曰：「學原於思」，這並不全面，還應再承接一句：「思原於疑」。正像亞里士多德所言：「因為人們是由於驚奇，才從現在開始並且也從最初開始了哲學思考。」〔註12〕第二，推論的作用在「五步法」中得到正確的發揮。胡適指出，開創於亞里士多德的古代邏輯學僅側重於對演繹法的研究，而近代培根與穆勒將另一種邏輯方法——歸納法引入了探究世界的方法體系，並將它看作是我們獲得新知的重要手段。但是休謨對歸納問題的質疑，嚴重動搖了歸納方法的合法地位，而數理邏輯的出現使被歸納排擠的演繹法獲得了新生，許多哲學家又出現了重演繹輕歸納的傾向。胡適認為歸納與演繹的衝突和對立直到實驗主義方法論的提出才真正獲得解決。為此，他批評了羅素的方法，羅素認為哲

---

〔註11〕 葛懋春、李興芝，《胡適哲學思想資料選》（上）〔M〕，上海：華東師範大學出版社，1981 年，頁 73。

〔註12〕 亞里士多德，《形而上學》〔M〕，李眞譯，上海：上海世紀出版集團，2006 年，頁 19。

學命題必須是普遍的，抽象的，先天的，超時空的。而胡適則指出，分析固然重要，但也必須看到分析並不是先天的，而是人類從無數的經驗積累中得來的。僅僅通過一些抽象的、數學化的「邏輯的法式」（logical forms）就想解決具體複雜的人生社會問題僅是空想，根本不具有可操作性。因此，羅素那種重分析輕綜合、重演繹輕歸納、重「哲學家的問題」輕「人的問題」的態度不可取，是一種過於極端的行為。在胡適看來科學方法不能囿於刻板的形式，應該靈活的對待具體問題。在解決困難時，演繹與歸納、分析與綜合相互為用，不分彼此，時而歸納綜合，時而演繹分析，絕對的歸納和絕對的演繹都是不存在的。胡適稱這樣的方法就是邏輯。在實驗主義方法中不僅僅單是歸納，也不單純是演繹分析，這兩種推論方法互通往來、交相為用。從第一步到第三步，歸納法起到了主導作用，它從實際的、具體的經驗困難推論出假定的通則。從第三步到第五步演繹法成為主力，它從假定的通則中推論出通則蘊涵的所有意義；第三，「假設」在「五步法」中至關重要，它承上啓下，把具體經驗與通則、過去與將來、歸納與演繹有機的聯繫起來。因此，假設也是培養創造智慧的關鍵之所在，故哲學方法的精髓並不在於對傳統形式邏輯的掌握，「思想的真正訓練，是要使人有真切的經驗來作假設的來源；使人有批評判斷種種假設的能力；使人能造出方法來證明假設的是非真假。」〔註13〕

## 第二節　實驗主義方法與胡適的經驗論

雖然胡適自認哲學是他的職業，但是他既不關注純哲學的問題意識，也沒有完成過獨創性的、系統性的哲學體系。他的問題和研究往往顯得非常龐雜和零散，他在純哲學研究領域就像是一位過客，在「哲學」鋪子里選購了幾樣東西，就匆匆離開了，然後將這幾樣東西耍了一輩子。〔註14〕金岳霖也曾經明確的指出：「西洋哲學與名學非胡先生之所長」。〔註15〕胡適的哲學之所以如此，根本原因就在於對哲學的理解不同，胡適秉承杜威的思想，認為

〔註13〕葛懋春、李興芝，《胡適哲學思想資料選》（上）〔M〕，上海：華東師範大學出版社，1981年，頁78。
〔註14〕聞繼寧，《胡適之的哲學》〔M〕，上海：上海三聯書店，2005年，頁51。
〔註15〕金岳霖，《中國哲學史·審查報告二》〔M〕，上海：華東師範大學出版社，2003年，頁437。

哲學應該轉變方向，由「哲學家的問題」變成「人的問題」，故在胡適眼中「凡研究人生切要的問題，從根本上著想，要尋一個根本的解決：這種學問，叫做哲學。」〔註 16〕由此可見，胡適的哲學始終貼近生活，表現為一種解決生活實際問題的方法，而非傳統哲學中關於物質與精神、思維與存在的「純之又純」的問題。在胡適眼裏這些都是沒有任何實際價值的「遊戲」、「玩意兒」，胡適的哲學充滿了人文精神和科學精神。因此，「對於這樣一個啟蒙式的人物，我們既不能用中國傳統『經師』的標準去衡量他，也不能用西方近代專業哲學家的水平去測度他。因為這樣做，我們便脫離了他所處的具體的歷史環境。」〔註 17〕

可以說胡適在「哲學」鋪子中挑選並珍藏了一輩子的東西幾乎全部來自其師杜威，在他的著作中我們很少看到他個人的哲學觀點，大多是杜威云云，實驗主義云云。因此，胡適更像是一位實驗主義的實行家，他將實驗主義的思想和方法熟練地運用於中國社會、文化等領域的具體問題中。故此節雖名為胡適的經驗論，但實際上仍是對杜威經驗論的提煉，並在提煉過程中凸顯了其方法的主導地位。

## 一、以實驗主義方法論理解「經驗」

胡適指出，杜威一個重大舉措就是將西方近代哲學的根本問題置之不理，即知識何以可能。這個問題由休謨提出，在他眼裏我們的理性與經驗之間存在著一個無法用理論填充的鴻溝，這個鴻溝渡不過去，知識的可靠性就無法使人信服。休謨的這個問題使康德從武斷的迷霧中驚醒，他整個的三大批判就是為了解決這個問題。同康德一樣，近代許多哲學家都曾做過這種嘗試，但顯而易見這些努力並不成功。杜威鑒於此情形，企圖「一語驚醒夢中人」，他認為知識的進步並不一定就表現為知識數量的增加，有時候也會表現為知識數量的減少或知識性質的改變。近代哲學只關注認識論的傾向，使我們把自己當做生活的「旁觀者」，以一種過於冷酷的姿態審視知識對象，這樣不僅出現了認識主體與客體的對立，而且也使我們的哲學活動疏離現實，這

〔註16〕 胡適，《中國哲學史大綱》（上）〔M〕，上海：上海古籍出版社，2000 年，頁 1。

〔註17〕 〔美〕余英時，《重尋胡適歷程：胡適生平與思想再認識》〔M〕，桂林：廣西師範大學出版社，2004 年，頁 210。

是杜威所不能忍受的。在杜威看來，哲學不應該是一門嚴密化、專業化的知識學科，而是「一種理智化的欲望，一種服從理性辨別與檢驗的追求，一種還原行爲有效規劃的社會希望，一種對未來的語言」。〔註18〕進而杜威指出，近代哲學之所以出現與生活實踐的疏離，關鍵就在於對經驗理解上的錯誤，「一切理性派和經驗派的爭論，唯心唯實的爭論，都只是由於不曾懂得什麼叫做經驗。」〔註19〕因此，如果我們對經驗有了一番清楚的界定，明晰其基本意義，則休謨的問題就根本不值得人們爲之爭執不休。

　　那麼杜威如何理解「經驗」的？在杜威的眼中經驗是向人生成的，人在經驗中就如同「定海神針」決定著經驗的狀態，經驗是人在面對自然與社會環境時所作出的種種交涉和反應。因此，杜威將經驗概括爲三點：第一，經驗就是生活，生活就是應付人類周圍的環境；第二，在這種應付環境的行爲之中，思想的作用最爲重要；一切有意識的行爲都含有思想的作用；思想乃是應付環境的工具；第三，眞正的哲學必須拋棄從前種種玩意兒的「哲學家的問題」，必須變成解決「人的問題」的方法。〔註20〕通過這樣界定的經驗就變成了與生活實踐息息相關的概念，經驗成爲面對環境的行動及其所經歷的各種情感的生命活動，這樣的理解使經驗必然是當下的、原始的，而不是反思的、認識的，用杜威的話就是做事和遭受。〔註21〕杜威在對經驗有了清晰的界定之後，提出經驗的意義就在於經驗具有推論和聯絡未來的功能。思想的推論作用使人的行爲表現出非動物性的一面，使人們能夠憑藉已知經驗推論出未知，使經驗具有了對付未來、預見未來、聯絡未來的功能。「經驗是向前的，不是回想的；是推理的，不是完全堆積的；是主動的，不是靜止的，也不是被動的；是創造的思想活動，不是細碎的記憶帳簿。」〔註22〕因此，經驗不是我們所理解的過去式，而是面向未來的，不是一筆流水賬，而是一位孕育著新希望、新生命的美麗孕婦。杜威強烈呼籲哲學界需要新鮮的空氣，

---

〔註18〕 張汝倫，《現代西方哲學十五講》〔M〕，北京：北京大學出版社，2006 年，頁118。

〔註19〕 萬懋春、李興芝，《胡適哲學思想資料選》（上）〔M〕，上海：華東師範大學出版社，1981 年，頁 68。

〔註20〕 萬懋春、李興芝，《胡適哲學思想資料選》（上）〔M〕，上海：華東師範大學出版社，1981 年，頁 71。

〔註21〕 張汝倫，《現代西方哲學十五講》〔M〕，北京：北京大學出版社，2006 年，頁119～120。

〔註22〕 萬懋春、李興芝，《胡適哲學思想資料選》（上）〔M〕，上海：華東師範大學出版社，1981 年，頁 69。

需要一場根本的變革，他稱之爲「哲學的光復」（A Recovery of Philosophy）。「哲學如果不弄那些『哲學家的問題』了，如果變成對付『人的問題』的哲學方法了，那時候便是哲學光復的日子到了。」〔註 23〕杜威所說的「人的問題」就是如何培養人的創造性智慧，激發人的思維潛能，使人能夠更好的應付環境。在這個理解的基礎上，實驗主義經驗論就非常自然的變爲成就這一目標的根本方法和工具，即思想的方法、推論的方法。

## 二、從「經驗」出發理解「實在」

美國實用主義對實在的理解有別於傳統哲學，傳統哲學「主要特別關注那個終極的實在，或者關注那個作爲一個完全的（即已完成的）整體的實在，關注那個真實的對象。」〔註 24〕在三位實用主義者中如果說皮爾士對實在有著客觀性的關注和討論的話，那麼到了詹姆士、杜威那裡實在就完全迴避了客觀性、獨立性和普遍性問題，杜威對於實在的理解是建立在他的經驗論基礎上的。他指出，我們必須首先明確實在的含義，但在明確實在含義之前，需要進行觀念和態度的轉變，我們必須拋棄傳統哲學所持有的遠大的、理想的抱負。杜威特別強調了情景或語境（context）的重要性，情景是語言、觀念具有明確意義的必要條件，語言之所以能夠成爲我們互通有無的工具，其前提就是我們能夠對所聽、所言、所想有共同的所指，這種共同性源自於具體的語境。在日常生活中我們是不會忽視情景的重要性，但是落實到哲學研究上，我們就會患有健忘症，忘記了哲學研究的資源來自生活，忘記了生活本身的具體情景，將只在特殊語境下有意義的觀念進行無限擴大化和普遍化，把它納入到單一的、連續的、無所不包的整體之中，如此這個觀念的意義就會模糊，其價值就會喪失。杜威斷言傳統哲學中許多觀念上的謬誤都源自於此，「我發現哲學以封建的方式把實在概念保留下來，使它優越於日常生活中發生的事件，這種做法是哲學之所以越來越與常識和科學相脫離的主要根源。」〔註 25〕因此，杜威主張哲學首要任務就必須轉變態度和觀念，要從天

---

〔註23〕葛懋春、李興芝，《胡適哲學思想資料選》（上）〔M〕，上海：華東師範大學出版社，1981 年，頁 71。

〔註24〕涂紀亮，《從古典實用主義到新實用主義——實用主義基本觀念的演變》〔M〕，北京：人民出版社，2006 年，頁 52。

〔註25〕涂紀亮，《從古典實用主義到新實用主義——實用主義基本觀念的演變》〔M〕，北京：人民出版社，2006 年，頁 52。

上落到人間，從普遍落到具體。對實在我們應該拋棄那些終極的、普遍化的實在，他說：「在任何有效的探索中發現的那種情景範圍之內，『實在』一詞意指從所進行的那種探索中得出一種以獲得證實的結果，不論這個結果是現實的還是潛在的。」〔註 26〕由此杜威的「實在」僅是特定條件下，具體情境中的實在。

胡適雖然非常贊成其師對於實在的理解，但是為了更好的凸顯其方法的作用和價值，他並沒有介紹杜威的實在論思想，而是詳細描述了詹姆士的關於實在的觀點。在胡適看來，詹姆斯對實在的理解與杜威的實在論方向基本保持一致，因此他並沒有對兩位實用主義哲學家的觀點作具體區分。他認為，詹姆士把實驗主義從最初的方法發展成為一種相對系統的理論體系，在詹姆士那裡實驗主義不僅是一種方法，還是一種真理、一種實在。詹姆士的實在論是與他的真理論緊密相關，在他看來真理的對象就是實在，實在是真理之所以存在的必要條件，如果沒有實在，那麼我們根本不會有真理。故詹姆士並不關注形而上學中所提出的那種不以人的意志為轉移的實在，而僅僅在經驗意義上、認識意義上理解實在。在他看來實在包括三部分：一是感覺；二是感覺與感覺之間及意象與意象之間的各種關係；三是舊有的真理。所謂感覺就是他所提倡的意識流、感覺流，即純粹的經驗，是一種純粹狀態下經驗到的東西，它沒有任何人為修飾，是沒有任何規定性的原始的混沌，因此，它本身也無所謂真假，僅是一種簡單的有。光有感覺還不是實在，還不足以成為我們的認識對象，我們還要對這種原始的感覺流進行人為修飾，這種修飾就產生了實在的第二部分——感覺與感覺之間的關係以及感覺投影在我們心中意象之間的關係，它是我們認識的直接材料。對於我們來說第二部分的實在比第一部分的實在更重要，但詹姆士指出最重要的還要屬實在的第三部份——舊有的真理。「實在或指具體的事實，或指各種抽象的事物以及它們之間可被直觀感知到的關係。實在的進一步的也就是第三種的含義，作為我們的新觀念所必須加以重視的，是指我們已經擁有的所有其他的真理。」〔註 27〕

如此理解的實在，就使它具有了屬人性、具體性和發展變動性等各種特

---

〔註26〕涂紀亮，《從古典實用主義到新實用主義——實用主義基本觀念的演變》〔M〕，北京：人民出版社，2006 年，頁 52。

〔註27〕詹姆士，《詹姆士集》〔M〕，萬俊人，陳亞軍編選，上海：上海遠東出版社，2004 年，頁 27～28。

徵。在詹姆士眼中它完全是向人生成，它並不是某些哲學家所追求的獨立存在的東西，而是根據人們的具體環境、利益、興趣、認識等造就出來的。雖然實在的第一部分感覺流是沒有任何規定性的、混沌的存在，但是由於每個人的感覺、興趣不同，所以每個人都可以按照自己的方法對這種感覺流進行修飾和改造。詩人與植物學家眼中的世界就因關注點不同而展現出完全不同的實在，因此，「我們對實在怎樣說法，全看我們怎樣給它取景。實在的實在，由它自己；實在是什麼，卻憑取景；而取景如何則隨我們。實在的感覺部分和關係部分全是啞的，它們根本不能為自己說話，而要我們代它們說話。」〔註28〕胡適在介紹詹姆士的實在論時也用了一個比較通俗的比喻形象說明了此問題，他說：「實在是一個狠服從的女孩子，它百依百順的由我們替他塗抹起來，裝扮起來。」〔註29〕

因此，實在不僅是屬人的，同時也是具體的、發展變化的。實在離不開人類的日常生活，離不開具體的情景，每個人的環境、利益、興趣、認識等都會根據生活而隨時發生改變，故每個人的實在都是變化的，「詹姆士一派人說實在是常常變的，是常常加添的，常常由我們自己改造的。」〔註30〕

胡適還指出，實驗主義的實在論更是一種人為的、創造的宇宙論。宇宙中有無數的人造成分，它不像理性派的宇宙那樣既成不變，而是不斷生成、不斷創造的正在進行時，這樣的實在才是更激勵人生命活動的實在。「實驗主義（人本主義）的宇宙是一篇未完的草稿，正在修改之中，將來改成怎樣便怎樣，但是永遠沒有完篇的時期。理性主義的宇宙是絕對平安無事的，實驗主義的宇宙是還在冒險進行的。」〔註31〕

## 第三節　實驗主義方法與胡適的真理論

胡適以介紹詹姆士的真理觀來表明自己的立場，他站在實驗主義經驗論

〔註28〕詹姆斯，《實用主義》〔M〕，陳羽綸，孫瑞禾譯，北京：商務印書館，1979年，頁125～126。

〔註29〕葛懋春、李興芝，《胡適哲學思想資料選》（上）〔M〕，上海：華東師範大學出版社，1981年，頁65。

〔註30〕葛懋春、李興芝，《胡適哲學思想資料選》（上）〔M〕，上海：華東師範大學出版社，1981年，頁64。

〔註31〕葛懋春、李興芝，《胡適哲學思想資料選》（上）〔M〕，上海：華東師範大學出版社，1981年，頁65。

和實在論的立場，從實驗主義方法的「適用性」來考察眞理，並批評了理性主義和玄學思想。

## 一、應付環境的方法——眞理

　　胡適指出，理性主義和玄學的錯誤就在於以爲我們只要找到了至上的範疇、神乎其神的名字就可以得到莫大的好處，如馮友蘭就理解如果我們知道了理、大全的存在就會使人達到至高的境界——「天地境界」，金岳霖也曾提及如果我們瞭解「道」的演化就會使人獲得情感的寄託等等，而實驗主義認爲這是一種本末倒置，我們「要把注意之點從最先的物事移到最後的物事；從通則移到事實，從範疇移到效果」。〔註32〕實驗主義作爲方法就應該是規範事物、觀念以及一切信仰的意義，而它們的意義就在於是否能在生活中「兌現」成經驗。它們就好比一張支票，如果能在自然的銀行中如數兌現，那它就是眞的，就是有意義的，它的價值就得以體現，如果無法兌現，那它就是一張廢紙。胡適指出，詹姆士雖認爲所謂的眞理是觀念與實在的符合，但由於他所理解的實在實際上是一種人爲創造出來，因此觀念與實在的符合也不是傳統符合論所說的眞觀念是對具有客觀性實在的臨摹。詹姆士批評這種臨摹的符合論，認爲它是一種靜止的過程，這樣的眞理太過被動、太過懶惰。「假如眞理一直停留在本質的、非時間的『符合』之貯藏室裏，從未體現在任何人們尋求觀念證實的奮力搏鬥之中，人們能想像到眞理那沉默的性質會被抽象出來或者會得到一個名稱嗎？」〔註33〕因此，眞正的符合應該是一種應付實在、適應實在的行動，一種和實在進行有效接觸的引導過程，「主要的事是被引導的過程。任何觀念，只要有助於我們在理智上或在實際上處理實在或附屬於實在的事物；只要不使我們的前進受挫折，只要使我們的生活在實際上配合並適應實在的整個環境，這種觀念也就足夠符合而滿足我們的要求了。這種觀念也就對那個實在有效。」〔註34〕

　　正是在這個意義上，胡適指出，所謂高高在上的絕對眞理是根本不存在

〔註32〕萬懋春、李興芝，《胡適哲學思想資料選》（上）〔M〕，上海：華東師範大學出版社，1981年，頁57。
〔註33〕詹姆士，《詹姆士集》〔M〕，萬俊人、陳亞軍編選，上海：上海遠東出版社，2004年，頁51。
〔註34〕詹姆斯，《實用主義》〔M〕，陳羽綸、孫瑞禾譯，北京：商務印書館，1997年，頁109。

的，它是我們自己在經驗生活中創造出來應付環境、改造環境的工具，「眞理並不是天上掉下來的，也不是人胎裏帶來的。眞理原來是人造的，是爲了人造的，是人造出來供人用的，是因爲它們大有用處所以才給他們『眞理』的美名的。」〔註35〕「眞理不過是一個抽象名詞，用以指那堆經它的功用與效果所證實之實際的，預想的以及所願望的假設。」〔註36〕

## 二、證實眞理的標準──有用

所謂「有用」就是有效用，眞觀念的有效用性表現爲能夠使人的需要得到滿足，使人的目的順利達成，使人的利益得到實現，具體表現就是擺渡和做媒的作用。所謂擺渡就是通過眞理能夠使我們的一部分經驗融洽的、滿意的、連貫的引渡到另一部分經驗之中去，所謂做媒就是通過眞理「能把本來未有的舊思想和新發見的事實拉攏來做夫妻」，〔註37〕使他們能夠和睦相處，任何一種眞理不管是過去的、現在的還是未來的都必須發生過這樣的效用。如此，實驗主義將有用看作是眞理的唯一內容，並將二者劃上等號，「因此，你們可以這樣解釋這個額外眞理：『它是有用的，因爲它是眞的；』或者說：『它是眞的，因爲它是有用的。』這兩句話的意思是一樣的；也就是說這裏有一個觀念實現了，而且能被證實了。」〔註38〕

那麼怎樣具體判斷一個觀念是否就是眞理呢？實驗主義提供了精確的、科學的證實方法和步驟。首先，將所有的觀念、思想都看作是一種待證的假設，「一切主義，一切學理，都該研究，但是只可認作一些假設的見解，不可認作天經地義的信條；只可認作參考印證的材料，不可奉爲金科玉律的宗教；只可用作啓發心思的工具，切不可用作蒙蔽聰明，停止思想的絕對眞理」。〔註39〕其次，用實驗主義方法對觀念進行證實，這個過程是有層次，有步驟的，

---

〔註35〕葛懋春、李興芝，《胡適哲學思想資料選》（上）〔M〕，上海：華東師範大學出版社，1981年，頁61。
〔註36〕杜威，《哲學的改造》〔M〕，胡適等譯，合肥：安徽教育出版社，2006年，頁87。
〔註37〕葛懋春、李興芝，《胡適哲學思想資料選》（上）〔M〕，上海：華東師範大學出版社，1981年，頁61。
〔註38〕詹姆斯，《實用主義》〔M〕，陳羽綸、孫瑞禾譯，北京：商務印書館，1997年，頁104。
〔註39〕葛懋春、李興芝，《胡適哲學思想資料選》（上）〔M〕，上海：華東師範大學出版社，1981年，頁119。

先用來定事物的意義，再用來定觀念的意義，最後才用來定信仰的意義。每一步驟都必須按部就班、中規中矩，不可逾越。為此胡適指出，人們之所以對詹姆士評價不高，一方面在於他把實驗主義方法引入宗教，另一方面在於他沒有真正貫徹自己的方法和精神，他的錯誤就在於沒有嚴格執行有層次、有步驟的證實過程，他跳過了第一、二步而直接採取了第三步。他沒有明白「上帝」觀念的意義，就直接確定了信仰的意義，上帝觀念作為最初的假設應該是一種宇宙論的假設，要想確定這個觀念的意義就必須看看它有沒有滿意的解決宇宙的種種問題，「一個觀念不曾經過第二步的經驗，便不配算作信仰，便不配問他的真假在實際上發生什麼區別。」〔註40〕在胡適看來真理就像粉筆、黑板、茶壺等一樣是真實的、具體的工具，不能是一種抽象的、縹緲的概念，它的有用必須在實際生活中「兌現了實際的價值」。「詹姆士不先把上帝這個觀念的意義弄明白，卻先用到宗教經驗上去，回頭又把宗教經驗上所得的『外快』利益來冒充這個觀念本身的價值。這就是他不忠於實驗主義之所在了。」〔註41〕

其實，胡適所提倡的真理判定標準——有用是一個非常模糊的概念，它是一個事實判斷還是一個價值判斷，這在具體實踐時是非常不易把握的。當我們在行動中判斷一個學說的實際效果時，就必然會牽扯到對它的價值判斷，這也是胡適提倡的評判精神。如果標準中存在著價值評判，就或多或少的會摻雜主觀的、個體化的情感，就無法保證真理評判的普遍化、公正化、客觀化。而且雖然實驗主義真理觀看似非常注重實踐，但是卻與馬克思主義有根本的差異。馬克思主義實踐的主體是作為類的人，實踐的結果是檢驗真理是否與客觀實在相符合，而實驗主義實踐的主體是個體的人，其對真理的檢驗只是單純的效果論，因此實驗主義的真理論看似客觀公正，實則充滿主觀隨意性。正如羅素對其諷刺的那樣：「納粹黨員的信仰沒有合乎實用主義的真理標準，因為德國在第二次世界大戰中打敗了；但是，如果德國打勝了，實用主義者就會歡呼納粹信條是實用主義所講的真理。」〔註42〕

---

〔註40〕萬懋春、李興芝，《胡適哲學思想資料選》（上）〔M〕，上海：華東師範大學出版社，1981年，頁64。

〔註41〕萬懋春、李興芝，《胡適哲學思想資料選》（上）〔M〕，上海：華東師範大學出版社，1981年，頁64。

〔註42〕羅素，《我的哲學的發展》〔M〕，溫錫增譯，北京：商務印書館，2001年，頁162。

## 第四節　實驗主義方法與胡適其他學術研究

實驗主義在胡適眼中，並不單純是一種學說，更是一種方法，一種能夠將我們的視域由「哲學家的問題」而轉入「人的問題」的有效手段。因此，胡適以實驗主義方法作爲研究和評判標準，用來探討和解決中國當時各種具體的社會問題和文化爭議。

### 一、以實驗主義方法貫穿中國哲學史研究

胡適爲中國哲學史學科的獨立立下了汗馬功勞。

首先，他採用了西方哲學作爲中國哲學史研究的參照系統，把整個中國哲學史的解釋置於西方哲學的框架之下。正像他所說，「新中國的責任是借鑒和借助於現代西方哲學去研究這些久已被忽略了的本國的學派。如果用現代哲學去重新解釋中國古代哲學，又用中國固有的哲學去解釋現代哲學，這樣，也只有這樣，才能使中國的哲學家和哲學研究在運用思考與研究的新方法與工具時感到心安理得。」〔註43〕近現代在進行了東西文明的比較之後，學者們普遍認同這樣一個事實，那就是所謂的東西方差異，並不是民族差異，而是一種時代差異，即古代與近現代的差異，就像是人的兒童時期和成年時期一樣。馮友蘭就曾明確指出：「從前人常說我們要西洋化，現在人常說我們要近代化和現代化，這並不是專有名詞的改變，這表示近來人的一種見解底改變。這表示一般人已漸覺得以前所謂西洋文化之所以是優越的，並不是因爲它是西洋的，而是因爲它是近代的或現代的。我們近百年來之所以到處吃虧，並不是因爲我們的文化是中國底，而是因爲我們的文化是中古底，這一覺悟是很大的。」〔註44〕因此，西洋化在一定程度上就是現代化。要想使中國哲學重新煥發出生命的光芒，就必須與時代接軌，這也必然表現爲對西方哲學的依傍。這一點也正如蔡元培在給胡適的《大綱》所寫的《序》中所言，要寫出中國的哲學史，古人的東西沒有可依傍的，不能不依傍西洋人的哲學史。因此，以西方哲學爲參照系統，確立中國哲學史研究的主要框架和問題意識，並按照這種標準將中國傳統思想中「約略相當」的部分選錄出來，使在近現代瀕臨滅絕的傳統哲學重新煥發出生命力，這是胡適的選擇，也是歷史發展的必然。

---

〔註43〕胡適，《先秦名學史・導論》〔M〕，合肥：安徽教育出版社，1999 年，頁 13。
〔註44〕馮友蘭，《貞元六書》〔M〕，上海：華東師範大學出版社，1996 年，頁 229。

其次，胡適將他的實驗主義方法運用到對中國哲學史的考察之中，建立了一套完整、科學、嚴謹的哲學史方法論。他指出，哲學史的第一個功夫就是述學，「述學是用正確的手段、科學的方法、精密的心思從所有的史料裏面、求出各位哲學家的一生行事、思想淵源沿革和學說的真面目。」〔註 45〕在述學過程中，首先就是搜集材料，然後在龐大的史料面前，必須能夠分清哪些是原料、哪些是副料，哪些是內證、哪些是旁證。要想理清這些史料，就必須有一個明確的審定史料的方法，這個方法就是實驗主義的方法，即存疑的、歷史的、實驗的方法。將一切的史料都看作待證的材料，不能隨意使用，必須通過實驗的方法判斷它的價值之後，才能使用。而判斷的標準就是證據，「無徵則不信」。「研究哲學史的人，須要把這層仔細分別出來，譬如披沙揀金，要知道那一分是沙石，那一分是真金；要知那一分是個人的偏見，那一分是一時一國的危言，那一分是百世可傳的學理。這才是歷史的眼光，這才是研究哲學史的最大的益處。」〔註 46〕最後，在理清史料的主次、真偽之後，就要對其進行整理，通過校勘、訓詁、貫通的方法將各家學說理成一個有條理的、有系統的思想體系，到此述學的功夫就完成了。述學只是做哲學史的開端，而最關鍵的要瞭解哲學史的目的為何，胡適指出，哲學史的目的有三：明變、求因、評判。這三個目的是實驗主義觀點的集中體現，明變就是通過哲學史使人瞭解學術思想發展變化的整個脈絡，求因就是要瞭解思想變遷的原因，追尋到它的「祖父」，評判就是要求我們不僅要瞭解文化變遷的原因，還要瞭解這一文化在後世產生的效果，即考察它的「子孫」，這才能對一種文化的真正價值有一個公正的、客觀的評判。這種評判的態度，就是「用完全中立的眼光，歷史的觀念，一一尋求各家學說的效果影響，再用這種種影響效果來批評各家學說的價值」。〔註 47〕胡適認為評判的態度在中國哲學史研究中非常關鍵，他的目的不僅要還各家各派學說一個本來面目，更重要的是讓中國哲學史為當前服務，使在現代仍具有價值的學說不再被歷史的塵土所埋沒，讓今世之人通過中國哲學史的閱讀能夠對各家各派的利害得失有一個清

---

〔註45〕　胡適，《中國哲學史大綱》（上）〔M〕，上海：上海古籍出版社，2000 年，頁 7。

〔註46〕　胡頌平，《胡適之先生年譜長編初稿》（第一冊）〔M〕，臺北：聯經出版公司，1984 年，頁 305。

〔註47〕　胡適，《中國哲學史大綱》（上）〔M〕，上海：上海古籍出版社，2000 年，頁 23。

楚的認識。「各還他一個本來面目，然後評判各代各家各人的義理的是非，不還他們的本來面目，則多誣古人。不評判他們的是非，則多誤今人。」〔註48〕應當指出，胡適的一整套哲學史方法看似非常科學、公正、客觀，但是胡適在整理國故的實際工作中，功利主義和實用主義思想時刻影響著他對各家各派學說的批判，如他過於突出墨家學派的價值，以方法化約了中國哲學史，過於強調儒家與道家思想的社會負面效應。因此，金岳霖就曾經對此批評道：「胡適之先生的《中國哲學史大綱》就是根據於一種哲學的主張而寫出來的。我們看那本書的時候，難免一種奇怪的印象，有的時候簡直覺得那本書的作者是一個研究中國思想的美國人；胡先生不知不覺間所流露出來的成見，是多數美國人的成見。……哲學要成見，而哲學史不要成見。哲學既離不了成見，若再以一種哲學主張去寫哲學史，等於以一種成見去形容其他的成見，所寫出來的書無論從別的觀點看起來價值如何，總不會是一本好的哲學史。」〔註49〕

再次，胡適用嚴格的實驗主義方法認真篩選了中國哲學史的史料。也許今天的讀者已經看不出《中國哲學史大綱》中有什麼能夠讓人震驚和覺得驚奇的東西，但是對思想觀點和人物的研究和評價都必須回歸它們所處的時代中，考察它們的社會背景。可以說胡適的《中國哲學史大綱》在當時成就了史學學科的典範，蔡元培就曾評價他用證明的方法、扼要的手段、平等的眼光、系統的研究開創了中國哲學史的革命篇章。傳承幾千多年的中國傳統文化博大精深，因此研究中國哲學史的人面對浩如繁星的眾多史料，由於缺乏現代的觀念和科學方法，很難尋找出頭緒。而在胡適之前北京大學的中國哲學史是由陳漢章講授，他從伏羲講起，三皇五帝，講了半年才見周公，學生們聽了之後，如在雲裏霧裏，始終看不到道路，找不到頭緒。〔註50〕而胡適的《中國哲學史大綱》，一開始就「截斷眾流」，唐、虞、夏、商等一律撇開，只在《詩經》中取材，只從西周時講起，這對當時的學生震撼之大可想而知。顧頡剛就曾回憶道：「這一改把我們一班人充滿著三皇、五帝的腦筋驟然作一個重大的打擊，駭得一堂中舌撟而不能下。許多同學都不以為然，只因班中

---

〔註48〕 胡適，《胡適文存》（第二集・卷一）〔M〕，合肥：黃山書社，1996 年，頁 6。

〔註49〕 金岳霖，《中國哲學史・審查報告二》〔M〕，上海：華東師範大學出版社，2003 年，頁 437。

〔註50〕 馮友蘭，《三松堂自序》〔M〕，北京：人民出版社，2008 年，頁 204。

沒有激烈分子，還沒有鬧風潮。我聽了幾堂，聽出一個道理來了，對同學說，『他雖然沒有伯弢先生讀書多，但在裁斷上是足以自立的。』」〔註51〕甚至一直與胡適在諸多觀點爭論不休的馮友蘭在這一點上也曾讚賞並傚仿他，「這對當時的中國哲學史的研究，有掃除障礙、開闢道路的作用。當時我們正陷入毫無邊際的經典注疏的大海之中，爬了半年才能見周公。見了這個手段，覺得面目一新，精神為之一變。」〔註52〕由此可見，胡適這種以實驗主義方法截斷眾流的魄力、對史料鑒別的精細、對學術觀點的論證都使當時國學基礎雄厚的學者們對這位年青的留洋博士刮目相看。

另外，胡適的實驗主義方法還滲透到哲學史內容之中，他以方法為標準簡約中國哲學史，把一切學術思想以至整個文化都化約為方法，他所重視的是一家或一派思想背後的方法、態度、精神。「我這本書的特別立場是要抓住每一位哲人或每一個學派的『名學方法』（邏輯方法，即是知識思考的方法），認為這是哲學史的中心問題。」〔註53〕在如此廣義的理解上，胡適一方面做著明晰概念、準確判斷、充分論證的工作，一方面也以「名學方法」為主要線索貫穿整個中國傳統文化。因此，這不僅是胡適對實驗主義方法的提倡，同時也是他有意識地與西方近代哲學進行融接的一種嘗試。

## 二、以實驗主義方法探討「問題與主義」

胡適站在人本主義、實驗主義的立場上，以其方法為武器極力提倡「多研究些問題，少談些主義」，掀起了問題與主義之爭，成為當時的眾矢之的。他指出，所謂的主義不過是某種社會、某個時代出現了某些令人不滿意的現狀，某些有識之士提出的救世方法。因此，它完全是具體時代的具體主張，並不具有跟隨時代變遷的能力。時代改變了，問題也會發生變化，原來的主義就可能不再具有指導行為的能力和價值，而一些人仍然「敝帚自珍」，捧著原來的主義不放，甚至把原來具體的主義歪曲成為一種抽象的、「放之四海而皆準」的真理，那它的危害就會很大，一方面不能真正解決變化了的現實問題，另一方面很容易被一些別有用心的人利用。

〔註51〕 顧頡剛，《古史辨・自序》（第一冊）〔M〕，上海：上海古籍出版社，1982年，頁36。

〔註52〕 馮友蘭，《三松堂自序》〔M〕，北京：人民出版社，2008年，頁205。

〔註53〕 胡適，《中國古代哲學史・臺北版自記》〔M〕，合肥：安徽教育出版社，1999年，頁3。

　　針對胡適的觀點，早期馬克思主義者紛紛作出回應。陳獨秀、藍志先認
為，我們是應該談具體的問題，但這種只談具體問題在當時中國社會是行不
通的，中國最亟待解決的是社會問題、制度問題、文化問題，這些雖是具體
問題，但卻相對於個人問題而言要大得多，它們都是需要社會上大多數人共
同奮鬥的問題。但中國面臨的現狀是問題的對待者、關係者，即人民大眾並
沒有意識到社會面臨的各種問題。如果跟問題息息相關的人們麻木無知，那
麼就根本談不到對問題的解決，更不可能有效果而言。所以，我們應該以主
義為主、為先，「故所以吾們要提出一種具體的方法來解決問題，必定先要鼓
吹這問題的意義，以及理論上根據，引起了一般人的反省，使成了問題，才
能採納吾們的方法。否則問題尚不成，有什麼方法可言呢？」〔註 54〕而且主
義包含著多數人共同的行動趨向與理想目標，同時也是我們判斷現實合理與
否的標準，我們對一種主義的內容與意義理解愈透徹，我們對現實的觀察就
愈深刻，我們的一個個社會問題就會愈具體，我們解決具體問題的方法才會
愈科學、愈有效。「我們惟有一面認定我們的主義，用他作材料，作工具，以
為實際的運動。一面宣傳我們的主義，使社會上多數人都能用他作材料，作
工具，以解決具體的社會問題」。〔註 55〕

　　此外，主義要多談的另一個原因就在於當時社會的確存在胡適所擔心的
空談甚至歪曲主義的現象。陳獨秀認為這種現象的確非常危險，但正因為如
此，為了不讓人民大眾被其所蒙蔽、所利用，我們就更應該將正確的主義大
力宣傳，這樣人們才會有判斷是非的標準和進行正確選擇的餘地。因此，早
期馬克思主義者們批評胡適的做法過於極端，對於別有用心的人來說任何一
種學說或行為都可以進行虛偽概括，不能因為存在著雜草毒苗就把所有的田
地一齊收拾，這是一種非常錯誤的邏輯。正如藍志先所批評的那樣，因擔心
一些政客的利用，而「把主義學理那一面抹殺了一大半，也有些因噎廢食的
毛病」。〔註 56〕

　　可以說胡適的觀點不可謂不正確，他的擔心也並不是沒有道理，但由於

〔註 54〕 萬懋春、李興芝，《胡適哲學思想資料選》（上）〔M〕，上海：華東師範大學
　　　　出版社，1981 年，頁 96～97。

〔註 55〕 萬懋春、李興芝，《胡適哲學思想資料選》（上）〔M〕，上海：華東師範大學
　　　　出版社，1981 年，頁 109。

〔註 56〕 萬懋春、李興芝，《胡適哲學思想資料選》（上）〔M〕，上海：華東師範大學
　　　　出版社，1981 年，頁 95。

他所信奉的實驗主義方法和態度限制了他的研究視野，他的哲學僅僅徘徊在世俗社會點滴問題的具體解決，這就使他對方法的理解過於極端和功力，而缺乏整體的、宏觀的掌控能力。因此，他在處理社會上一些紛繁複雜、瞬息萬變的問題時往往顯得力不從心，如當時的時代要求我們必須推翻封建帝制，抗擊帝國主義的侵略，但是在制定具體戰略部署時，由於胡適受到他所信仰美國式實驗主義方法的影響，更強調和平的、點滴的進化和改良。而陳獨秀、李大釗等早期馬克思主義者認為胡適的理想行不通，我們應該採取暴力革命的方式改變中國的現狀，二者主張的對錯我們不用細言，歷史已經證明了一切。而胡適失敗之處，就在於一方面他對所信奉的實驗主義缺乏懷疑精神，不能正確看待這種文化的深層根基，唐德剛就曾經指出：「大凡一個思想家，他思想體系的建立，總跳不出他自己的民族文化傳統和他智慧成長期中的時代環境。這是他的根。其後枝葉茂盛，開花結果，都是從這個根里長出來的。」〔註 57〕杜威的幸運就是他的根是一個科技發達，經濟繁榮、軍事強大的帝國，因此，他根本體會不到一個面對瓜分、欺凌、貧窮、死亡等狀況時人們絕望、恐懼、悲憤的心情。而且作為一個移民國家的美國，其文化的融合和進化都是以一種溫和的方式進行的，所以作為如此大國上等公民的杜威有此主張是可以理解的。但是胡適卻對這樣的主張深信不疑，並毫無批判地照搬到中國並用來解決社會問題，必然會面臨失敗。另一方面實驗主義方法自身也具有一定的缺點，這種方法注重眼前的得失而忽視長遠的利益，善常細微具體的處理而疏於宏觀通盤的考察，精於破壞而缺乏建樹，因此在面臨重大的歷史決策時，缺乏大膽而又科學的假設，提交不出具體而又可行的方案。正如梁漱溟所言：「先生憑什麼推翻許多聰明有見識人所共識的『大革命論』？先生憑什麼建立『一步一步自覺的改革論』？如果你不能結結實實指證出革命論的錯誤所在，如果你不能確確明明指點出改革論的更有效而可行，你便不配否認人家，而別提新議。」〔註 58〕而胡適「小心求證」的科學精神使他無法提交出一份令世人滿意解決社會問題的行動綱領，「科學方法的訓練可以使人謹嚴而不流於武斷。正因如此，嚴守這種方法的人才不敢不

〔註57〕 胡適口述，《胡適口述自傳》〔M〕，唐德剛譯注，桂林：廣西師範大學出版社，2008 年，頁 88。
〔註58〕 〔美〕余英時，《重尋胡適歷程：胡適生平與思想再認識》〔M〕，桂林：廣西師範大學出版社，2004 年，頁 212。

負責任地放言高論，更不必說提出任何涉及整個社會行動的確定綱領了。這在實驗主義者而言，尤其是如此，因為實驗主義者首先便要考慮到社會的效果問題。一言可以興邦，一言也可以喪邦，他的科學的態度不容許他輕下論斷。」〔註 59〕

由此可見，科學方法與精神有它的使用範圍，它只適合一個個具體科學知識的證實和證偽，而且科學精神要求我們對待沒有充分證據證明其實際效果的問題時，要暫緩判斷。所以，胡適過於嚴謹、科學的方法，那種「寧可疑而失之，不可信而失之」的態度，都在一定程度上限制了其言論的範圍。它雖然也有力地批判了傳統，也將人們的目光由虛無縹緲的天上落實到了人自身的生活，但實驗主義方法的本源性決定它的性質，它更適合於細枝末節的修補工作，根本無法滿足一個複雜劇變國家徹底改變面貌的急迫需求。

## 三、以實驗主義方法統籌「科學與人生」

如果說問題與主義之爭只是具有一定共識下小小的爭執，那麼科玄論戰就算是激烈的摩擦。近代是科技高度發展的時代，其發展的速度比從前三千年的所得還要多出好幾倍。因此，科學一詞在近代成為希望的象徵，在新文化運動中，「德先生」（民主）和「賽先生」（科學）是當時文化思潮的兩個革命大旗，它們成為中國「再造文明」的有力武器，是中國人民在經過血與火的洗禮之後，才完成這場艱辛的精神蛻變。因此，對科學和民主的信仰和崇敬幾乎到了無法控制的地步，正如胡適所言：「這三十年來，有一個名詞在國內幾乎做到了無上尊嚴的地位；無論懂與不懂的人，無論守舊和維新的人，都不敢公然對他表示輕視或戲侮的態度，那個名詞就是『科學』」。〔註 60〕但是到了 20 世紀 20 年代以後，國內科學雖然仍然保持著狂熱的溫度，而在經歷第一次世界大戰戰火硝烟洗禮之後的西方則對科學產生了牴觸情緒。1918年底梁啓超、丁文江、張君勱等一行七人赴歐洲考察，此時正值一戰結束之際，在梁啓超的《歐遊心影錄》中記錄了戰後歐洲天地肅殺，生活用品極度匱乏，勞資糾紛接連不斷的社會狀況。經過分析梁啓超認為這都是科學帶來

〔註59〕〔美〕余英時，《重尋胡適歷程：胡適生平與思想再認識》〔M〕，桂林：廣西師範大學出版社，2004 年，頁 215。

〔註60〕萬懋春、李興芝，《胡適哲學思想資料選》（上）〔M〕，上海：華東師範大學出版社，1981 年，頁 282。

的危害，科學的發達使貧富分化，利益膨脹，武器的殺傷力也日益增加，更嚴重的是科學使人們迷失了信仰和精神的家園。因此，梁啓超回國後對國人高呼科學在歐洲已經破產了，我們應該對這種情況有一個清楚的認識，不應再盲目迷信科學萬能說，應該在科學與人生之間劃上界限，不能使科學危害人生精神領域，避免使中國重蹈歐洲的覆轍，使本來就貧困交加的中國變得更加滿目瘡痍。梁啓超是當時非常有影響力的學者，他的文章充滿了激情，催人奮進，往往成爲指引、號召知識分子的精神力量。胡適就曾說「梁先生的聲望，梁先生的那枝『筆鋒常帶情感』的健筆，都能使他的讀者容易感受他的言論的影響。」〔註61〕因此，他的這篇文章在新文化運動的陣營中掀起了極大的波浪，引起當時許多知識分子的思考。1923 年張君勱在清華大學進行了關於科學與人生觀的演講，拉開了一場歷時一年有餘的科玄論戰，當時學術界幾乎所有的知名學者都捲入了這場筆伐口誅之中。其中以張君勱、梁啓超、梁漱溟爲代表的玄學派認爲人生是主觀的、直覺的、綜合的、自由意志的、單一性的。人生的這些特點使受因果律支配的科學無論如何發達，都不可能解決人生具體問題，科學並不是萬能的，人生觀問題的解決只能靠人類自身。而以丁文江、胡適、吳稚輝、王星拱爲代表的科學派則堅決擁護科學的至高地位。認爲科學不僅能夠解決人生問題，而且能夠解決一切問題，它適用於一切對象，科學方法是一切科學和問題的共同方法。要想使人生觀成爲一個系統的科學，那就必須使用科學方法不可。胡適作爲科學派的一員對科學同樣抱有極高的希望。他批評了梁啓超的「科學破產論」，指出歐洲現在科學的低迷並不能撼動科學根深蒂固的基礎，他們「平素飽饜了科學的滋味，偶爾對科學發幾句牢騷話，就像富貴人家吃厭了魚肉，常想嘗嘗鹹菜豆腐的風味：⋯⋯中國此時還不曾享著科學的賜福，更談不到科學帶來的『災難』」。〔註62〕可見，胡適對科學投以多大的希望，對反科學報以多大的不滿。對於科玄論戰，胡適的評價非常精準。他指出，科玄論戰的弊病就是各說各話，沒有提出一個明確的主題，這個毛病在科學派方面表現得尤爲明顯，胡適建議科學派如果要想取勝，就應該明確提出一種具有可操作性的、科學的

---

〔註61〕 萬懋春、李興芝，《胡適哲學思想資料選》（上）〔M〕，上海：華東師範大學
　　　　出版社，1981 年，頁 284。
〔註62〕 萬懋春、李興芝，《胡適哲學思想資料選》（上）〔M〕，上海：華東師範大學
　　　　出版社，1981 年，頁 285。

人生觀，這才是證明科學能夠解決人生問題的有力證據。「我們若不先明白科學應用到人生觀上去時發生的結果，我們如何能懸空評判科學能不能解決人生觀呢？」〔註63〕否則，這只是一場沒有任何結果和意義的唇槍舌戰，正如吳稚輝所言：「張丁之戰，便延長了一百年，也不會得到究竟。」〔註64〕

基於此，胡適提出自己的人生觀，他稱之為「自然主義的人生觀」，這個人生觀一方面要以科學作為人生觀的基礎，另一方面使科學的方法、態度、精神成為我們面對生活的方法和態度。其主要觀點：第一，要瞭解人所賴以生存的宇宙環境下時空的無限性，萬物的變遷既有原因又有結果，但這種變遷有它的自然法則，是自然而然的，並沒有超自然的神靈主宰；第二，要瞭解在宇宙中生存的人不是萬物之靈，只是一種藐乎其小的生物，優勝劣汰的自然法則同樣適用於人類社會；第三，雖然個人僅僅是一個「小我」，在宇宙中微不足道，但是個人的每一種行動都會有它產生的效果，這種效果都會匯集在人類這個「大我」之中。小我雖然有限，但是大我卻是不朽，因此要想使小我的價值能夠充分體現在大我中，就要首先把自己鑄造成器，培養獨立、自由的人格，不依賴任何超自然的上帝和神靈，不迷信任何真理和規範，不臣服於任何的強權和專制，正如易卜生筆下的娜拉擺脫了各種世俗的束縛，奮不顧身的追求個人解放和獨立。因此，胡適的自然主義的人生觀與他提倡的健全個人主義的人生觀並沒有衝突，我們只有從我做起，促使個人的自我覺醒，努力用科學武裝自己，提高自身的文化修養，養成敢於質疑和批判傳統，勇於開創進取的生活態度，才能使「小我」發揮更大的價值，才能真正做到「流芳百世」。故胡適呼籲人們：「爭你們個人的自由，便是為國家爭自由！爭你們自己的人格，便是為國家爭人格！自由平等的國家不是一群奴才建造得起來的！」〔註65〕

## 四、以實驗主義方法看待中西文化

「文化論」是中國新文化運動的一個熱點問題。許多學者在中西文化的激烈碰撞下，對文化本身進行反思，希望由此解決中西文化方面的矛盾，促

---

〔註63〕葛懋春、李興芝，《胡適哲學思想資料選》（上）〔M〕，上海：華東師範大學出版社，1981年，頁288。

〔註64〕葛懋春、李興芝，《胡適哲學思想資料選》（上）〔M〕，上海：華東師範大學出版社，1981年，頁290。

〔註65〕葛懋春、李興芝，《胡適哲學思想資料選》（上）〔M〕，上海：華東師範大學出版社，1981年，頁341。

成中國思想觀念的轉變，更希望由此保證中國社會現代化轉換的順利完成。第一次世界大戰使西方社會的各種弊端暴露出來，許多學者如梁啓超、梁漱溟、張君勱藉此批判西方文化各種缺失，提升中國文化的優越性，如 1918 年梁啓超發表了《歐遊心影錄》，描述了戰後歐洲滿目瘡痍的情況，為中國文化的復興高舉起旗幟。1921 年梁漱溟發表了《東西文化及其哲學》，他在這部著作中將世界文化按照「意欲」的不同分為三種：意欲向前的西方文化、意欲調和持中的中國文化、意欲反身向後的印度文化。並根據三種類型文化的特點，確定了未來世界文化的發展軌迹。他指出，西方文化造就了西方輝煌的文明，征服了自然、張揚了個性，完善了科學方法、健全了民主制度，但是它只是未來文化發展歷程的第一個路向。隨著西方社會矛盾不斷激化，如貧富的分化、失業的恐慌、權力的集中、精神信仰的迷失等，西方文化無益於這些矛盾的解決，唯有世界文化繼續發展走向第二個路向，即中國文化的復興。因此，目前我們應該極力促成世界文化的這種轉向，用孔子的儒家文化拯救迷茫憒世的西方人和盲目蹈其西方淺薄的中國人。1923 年張君勱又掀起了科玄論戰，明確表明西方的科學無法解決人生問題。1935 年薩孟武、何炳松等十位教授發表了《中國本位的文化建設宣言》，極力挖掘中國文化的價值，確立中國文化的合法地位。

在面臨文化保守主義的連番攻擊，「舊學邃密」，「新知深沉」的胡適無法保持緘默，他從文明的概念入手，批判了文化保守主義的各種觀點。他指出，任何一種文明都包含著物質和精神兩部分，而文化保守主義將西方文化看作是物質的，中國文化看作是精神的，這個結論荒謬至極。「器物越完備複雜，精神的因子越多。一隻蒸汽鍋爐，一輛摩托車，一部有聲電影機器，其中所包含的精神因子比我們老祖宗得瓦罐，大車，毛筆多的多了。我們不能坐在舢板上自誇精神文明，而嘲笑五萬噸大汽船是物質文明。」〔註 66〕胡適從實驗主義方法注重效果和利益的角度出發，考察了中西社會文明發展的現實狀況。他指出，中國文明最大特色同時也是最大弊端就是知足，知足使人安於現狀，愚昧無知而又不思進取，為了得到內心情感的慰藉，而盲目的求神拜佛，這就使中國成了「一分像人九分像鬼的不長進的民族」〔註 67〕。胡適憤

---

〔註 66〕 葛懋春、李興芝，《胡適哲學思想資料選》（上）〔M〕，上海：華東師範大學
　　　　 出版社，1981 年，頁 344。

〔註 67〕 葛懋春、李興芝，《胡適哲學思想資料選》（上）〔M〕，上海：華東師範大學出
　　　　 版社，1981 年，頁 344。

慨的指出：「越向內做工夫，越看不見外面的現實世界；越在那不可捉摸的心性上玩把戲，越沒有能力應付外面的實際問題。即如中國八百年的理學工夫居然看不見二萬萬婦女纏足的慘無人道！明心見性，何補於人道的苦痛困窮！坐禪主敬，不過造就許多『四體不勤，五穀不分』的廢物！」〔註68〕

　　因此，當務之急不是應該害怕過於西方化，而是應該唯恐不夠西方化。西方文化是不知足精神的外顯，是科學方法的結晶，是世界最高的文明。基於此點，胡適提出全盤西方的文化論，他認為全盤西化會給中國社會以及文化的現代化帶來極大的利益，我們只有全盤西化才能培養出不知足的精神，才會掌握科學的方法，才會建立健全的民主制度。應該指出，胡適全盤西化的觀點背後隱藏著非常複雜的情感，即有「哀其不幸，怒其不爭」的沉痛，又有「催其奮進，促其新生」的擔當。但是這樣的心理影響了他對問題的審度，使他沒有正確看待中西文化的特點和精神。他的實驗主義方法也限制了他研究的視野，使他僅僅根據當前的形勢和利益做出斷決，因此，他對西方文化和方法的過分崇拜使他無法跳出西方文化的框架，更無法真正尋找到中國文化精髓。正如唐德剛所言：「一個民族智慧老大之後，被侵入的新興思想所洗腦——所謂啟蒙期——並賴之而復蘇，原是很自然的事。但是一直停留在洗腦程序之中，而不能跳出框框，那這個老大民族就腦脈硬化，沒有進步了。」〔註69〕

　　總而言之，胡適以他通俗而又合乎邏輯、理智而又不失情感的言論把社會上大多數人都捲入各種問題的爭論與思考中，讓問題與主義、科學與玄學、西化與本位等問題都在社會上展現出不同的姿態和聲音，從而為胡適所宣揚的「中國的文藝復興」掀開了序幕。可以說這些爭論不管如何激烈、不管勝負如何，它們都在不同程度上達到了宣傳啟蒙的效果。正如胡適期望的那樣，他提倡白話文，參加科學論戰、提出問題與主義之爭，甚至花費大量的功夫考據《紅樓夢》、《醒世姻緣》、《水經注》等，目的只有一個，就是要以大家熟悉的、感興趣的事件給科學方法製造聲勢，就是要大家能夠不自覺的養成一種「大膽的假設、小心的求證」的方法和態度。

---

〔註68〕 葛懋春、李興芝，《胡適哲學思想資料選》（上）〔M〕，上海：華東師範大學出版社，1981年，頁313。

〔註69〕 胡適口述，《胡適口述自傳》〔M〕，唐德剛譯注，桂林：廣西師範大學出版社，2008年，頁88。

## 本章小結

　　胡適認爲他整個文化實踐的根本精神就是批評的態度，即運用實驗主義方法重新估定現今時代的一切價值。整個運動表現在兩個方面，一是研究問題，一是輸入學理，整理國故。所謂研究問題就是用實驗主義方法圍繞社會問題、人的問題進行具體研究，具體表現在提倡白話文、破除傳統權威、主張婦女解放、強調民主和科學等等社會運動。所謂輸入學理即指胡適對西方文化的優越性大力宣揚，主張「充分世界化和現代化」，以西方文化之長補中國文化之短。整理國故是胡適對中國哲學史學科的獨立以及現代化所做的努力，即批判的繼承中國傳統文化中能夠綻放持久生命力的思想和學說。

　　總的說來，胡適所倡導的新思潮的最終目的就是再造文明，而他的思想武器就是實驗主義方法。值得注意的是，胡適雖然批評開創於亞里士多德的傳統形式邏輯與羅素的現代數理邏輯，但不可否認，他所持的實驗主義方法中具有很強的邏輯因素。其倡導解決問題的「五步法」中，邏輯方法貫穿於每一個步驟之中。更值得讚揚的是，胡適在其方法的介紹中，對邏輯方法的理解比較全面、深刻。他不但批判傳統形式邏輯和現代數理邏輯過於注重演繹而忽視歸納、注重抽象而脫離實踐的缺點，也不贊同中國近現代科學派過於強調歸納而輕視演繹、注重綜合而疏於分析的傾向。在他看來，在我們思考與解決問題時，既不可能是純粹的歸納方法，也不可能是單一的演繹方法，而是歸納與演繹、綜合與分析、假設與實驗、證明與證實等多種邏輯方法相互協作、相互依賴共同作用的過程。正像馮契先生所認爲的那樣，胡適雖然算不上具有原創精神的哲學家，但他宣揚和提出了一套系統的方法論，包含著科學和邏輯精神，對於促進中國傳統經學思維方式的轉變、推進中國哲學方法的現代化做出了重要貢獻。

# 第二章　邏輯分析方法與馮友蘭哲學

　　西方科學技術及其方法在中國的傳播最早可以追溯到明朝末年，當時一些西方傳教士把其文化以及方法作爲宣傳宗教的附屬品帶到了中國。雖說是附屬品，但是它們相對於宗教更讓中國人感興趣。到了 19 世紀中葉西方列強用科學以及科學方法建立起來的堅船利炮敲開了中國封閉已久的大門，在西方先進的文明與中國落後的現狀形成鮮明對比的情況下，中國人爲了擺脫這種懸殊以及「落後就要挨打」的現實，紛紛在西方文明中尋找挽救家園的良藥。在這一艱辛而又動蕩的過程中，中國人經歷了從對器物的變遷到制度的改革再到文化的反思，逐漸將目光鎖在了科學方法上。在對西方科學方法引進和運用的過程中，中國學者開始反思中國文化中的許多弊端，如概念不清晰、論證不充分、體系不完整等，而西方科學及邏輯方法的出現無疑成爲挽救中國文化危機的救命稻草。許多學者紛紛致力於用其修補、改進中國文化中的缺失的工作之中，哲學界也不例外。當時的哲學家們都吸納科學及邏輯方法重新詮釋中國哲學和重新建構現代哲學體系，馮友蘭無疑是賦予中國哲學以現代性的一個成功個案，故其哲學方法在哲學體系中至關重要。

## 第一節　馮友蘭對西方哲學方法的闡釋

　　邏輯分析方法是馮友蘭哲學中一個非常重要的方法，他不僅用其建構形上學的哲學體系，而且還用它研究和探討了許多哲學問題，如人生問題、社會問題、中國哲學史問題等。可以說邏輯分析方法是馮友蘭哲學的出發點，馮友蘭之所以能夠自覺地運用邏輯分析方法構造哲學體系和研究哲學問題這與他早期對邏輯的欣賞與關注分不開的。

　　早在馮友蘭在上海中國公學上學的時候，曾經有一門邏輯學，所使用的課本是耶芳斯的《邏輯要義》，雖然馮友蘭認爲當時老師並沒有能力講授這門課，但仍然引起了他濃厚的學習興趣。他通過自學嚴復翻譯的《穆勒名學》和《名學淺說》以及做大量練習題，掌握了基本的邏輯知識，這既是他學習邏輯的開端，也是他走向哲學道路的原點。他在《三松堂自序》中提到：「我學邏輯，雖然僅僅只是一個開始，但是這個開始引起了我學哲學的興趣。我決心以後要學哲學。對於邏輯的興趣，很自然地使我特別想學西方哲學。」〔註1〕

　　這一決定使馮友蘭報考了北京大學哲學門，但是入學以後，他就發現當時學校並沒有足夠的師資開設西方哲學，所以，只能學習中國哲學。在接觸中國哲學時馮友蘭很快發現中國傳統哲學存在概念模糊、結構混亂等缺點，而造成這些問題的原因就是中國一直以來沒有西方內容豐富、結構嚴謹、體系健全的哲學方法論。這一發現讓馮友蘭瞭解到要想賦予中國哲學現代形態，不僅要學習西方現有的哲學知識，更重要是學習西方建構哲學的方法。他曾經引用了一個中國的神話故事來說明這個問題，有一個人遇到了一位神仙，神仙問他需要什麼，他說需要金子，於是神仙用手指點了一塊石頭，石頭就變成了金子，但當神仙將金子贈給此人時他卻不拿，神仙很奇怪的問爲什麼不要，他說：「我想要的是你的手指頭。」馮友蘭藉此指出：「邏輯分析法就是西方哲學家的手指頭，中國人要的是手指頭。」〔註2〕的確，哲學的宗旨並不在於學習一些現成的理論知識，掌握某些哲學家的思想內容，而在於培養和訓練我們思考問題、發現問題和解決問題的方法和能力。這並不是說思想本身並不重要，而是說方法是思想能夠存在和進行交流的前提，許多人都曾思考過宇宙、人生等問題，但何以沒能成爲思想家，關鍵在於他們不能用方法使這些零星的火花形成系統知識。

　　在馮友蘭學術生涯中，得到「點石成金」手指頭的關鍵時期就是美國留學階段，在此之前，他雖然認識到邏輯分析方法的重要性，但對邏輯也僅是「一知半解」，而眞正對邏輯分析方法進行全面而系統的學習還是在留學期間。

　　20世紀20年代初，馮友蘭到了現代西方哲學發展和交流的重鎮——美國

---

〔註 1〕 馮友蘭，《三松堂自序》〔M〕，北京：中國人民大學出版社，2004年，頁162。
〔註 2〕 馮友蘭，《中國哲學簡史》〔M〕，北京：北京大學出版社，2001年，頁283。

哥倫比亞大學研究院讀書。在那裡他既受到了實用主義哲學家杜威的影響，又受到了新實在論哲學家蒙太古的影響。所以在他的哲學中我們能同時看到經驗主義和理性主義兩種成分的自然融合。馮友蘭除了在他的老師蒙太古那接受理性主義外，還學習到最新、最系統的邏輯知識，因為蒙太古本人就是一位邏輯學家。所以，師從於蒙太古的馮友蘭在這段時期彌補了他少年時的遺憾，不僅對西方哲學有了深入地瞭解，也獲得了他夢寐以求的點石成金的手指頭。但遺憾的是馮友蘭並沒有把這個手指頭渡與他人，他雖然強調邏輯分析方法的重要性，但卻自始至終都沒有系統介紹這種方法，更沒有深入地研究過，我們也只能在他《新知言》這本書中獲得點滴的信息。在《新知言》中馮友蘭通過對西方各種哲學方法的分析，博采眾長的展現了自己的哲學方法論，「他的《新知言》就是為了說明他的哲學是接著西方現代哲學講的。」〔註3〕

## 一、柏拉圖的辯證法

　　在馮友蘭看來柏拉圖的形上學有理性主義和神秘主義兩方面，故他的形上學方法，即辯證法也包括邏輯的和神秘的兩方面。從柏拉圖「洞穴之喻」中可以看出，他的辯證法一種是「用理性底光，發現絕對」，這是辯證法的邏輯方面；一種是「用純粹底理智，看見了絕對底善」，這是辯證法神秘方面。馮友蘭認為柏拉圖辯證法的兩個方面並不是並列的，神秘方面是其邏輯方面的延續，在認識過程中，必須先「知有絕對」，然後才能「看見絕對」。那麼柏拉圖如何用「用理性底光，發現絕對」？馮友蘭認為柏拉圖首先嘗試的一種辯證法就是對一類事物作積極探究，這種方法主要分兩步：一個是「合的技術」（the art of composition），就是在不同的事物中尋求相同之處，這個步驟類似於邏輯學中穆勒五法之一的「求同法」；一個是「分的技術」（the art of division），就是分析比較事物的性質，這個步驟類似於邏輯學中的二分法，他又稱之為「分一半法」。

　　馮友蘭認為柏拉圖在《理想國》中想探討形上學，其最初的出發點是想用這種積極探究的分析方法確定事物的內容，但是由於形上學的研究對象是一切事物，而對一切事物作積極分析這是不可能的。所以，柏拉圖所主張的

〔註3〕　鄭家棟、陳鵬主編，《解析馮友蘭》〔M〕，北京：社會科學文獻出版社，2002年，頁304。

－51－

形上學目標——發現並認識絕對的善是無法用積極分析的方法得到的，這也是馮友蘭認為他失敗的一個方面。

但馮友蘭轉而又說柏拉圖這一失敗之處恰恰又是他成功之處。因為我們雖然用積極分析的方法無法認識什麼是絕對的善，但我們卻知道有絕對的善，認識到這點就會使我們相對於普通的人來說，就有了另一種心境，這就是辯證法的神秘階段。可以說柏拉圖的辯證法與馮友蘭的方法有某種契合之處，即柏拉圖辯證法中邏輯方面類似於他的「正的方法」，辯證法中神秘方面類似於他的「負的方法」。

在探討柏拉圖的辯證法時，馮友蘭還涉及到他的學生亞里士多德。馮友蘭指出，亞里士多德之所以批評柏拉圖其根本原因在於二者的哲學指向不同。亞里士多德更多的是關注現象界，而柏拉圖則更多的是透過現象界窺視共相界即「發現絕對」，所以亞里士多德才批判柏拉圖的哲學中存在著太多的形式主義成分。亞里士多德認為任何一種學問都必須有個出發點，我們要想對一門一無所知的學問有所知，前提就必須以這門學問之外的知識作為其出發點，即以所知求所不知。但他進一步指出，形上學作為一門以一切事物為研究對象的學問，其出發點就成了問題，柏拉圖的錯誤就在於用一種形式主義的類型說為其出發點。為了解決這一問題——亞里士多德引入了邏輯學基本規律之——即矛盾律作為其形上學的出發點，他認為「所有事物的最確定的原理就是關於它不會發生錯誤的原理；……它就是：同一個屬性不能在同一時間既屬於又不屬於同一對象並且是在同一個方面；我們必須事先假定任何可能進一步增加的規定，以防止邏輯上的困難。」〔註4〕但馮友蘭指出，亞里士多德的這個出發點同樣具有形式主義的成分，它恰恰印證了柏拉圖的類型說，「我們以同一名字，稱不同底事物，這就表示此不同底事物，有同一底性質。在這一點，亞力士多德與柏拉圖是相同底。……如果亞力士多德以矛盾律為形上學的出發點，柏拉圖可以說是以同一律為形上學的出發點，矛盾律是同一律的另一種說法。」〔註5〕據此馮友蘭提出，作為哲學中最哲學的形上學必須具有形式主義的成分。

此外，馮友蘭還指出亞里士多德與柏拉圖的類型說也有所不同，柏拉圖

---

〔註4〕 亞里士多德，《形而上學》〔M〕，李真譯，上海：上海世紀出版集團，2006年，頁90。
〔註5〕 馮友蘭，《貞元六書》〔M〕，上海：華東師範大學出版社，1996年，頁884。

認爲對於概念應有明確的知識，但對於現實事物的知識和認識都是不確定的，所以說柏拉圖的類型說並不對現實有積極的解釋，即不對實際有所肯定。而亞里士多德並不贊成他的老師對類型說的理解，他認爲類型說應該對事實存在作積極的解釋，我們不僅要知道要素是「有」，還要研究「有」及因「有」是「有」而有的性質，所以他用四因說（質因、式因、力因、終因）來對事實存在作了解釋。馮友蘭這樣評價柏拉圖和亞里士多德：「他（柏拉圖）的形上學，大部分是空靈底。亞力士多德的形上學，有些地方，是將他的老師的形上學的空靈部分，加以坐實。經此坐實，亞力士多德的形上學，即近於是科學了。……他（亞里士多德）是西洋科學的開山大師；而他的老師，則是西洋哲學的開山大師。」〔註6〕從這段話可以看出馮友蘭更欣賞柏拉圖的形上學及其方法。

## 二、斯賓諾莎的反觀法

　　馮友蘭認爲在西方哲學史中，建構形上學的方法除了柏拉圖的辯證法之外，還有另一種方法，就是反觀法。這種方法倡於笛卡爾，而大成於斯賓諾莎。

　　那麼什麼是反觀法，馮友蘭給出這樣一個定義：「我們反觀我們的思中底事物，其清楚底、明晰底是眞底。所以我們稱這種方法爲反觀法。」〔註7〕

　　笛卡爾認爲在日常生活中我們姑且可以順從於並不一定爲眞的意見，但是作爲一位哲學家要想尋求眞正意義上的眞理，就需要一種精神、一種方法，鄧曉芒稱之爲精神的「嘔吐」，即走一條與日常生活思維相反方向的道路，對於日常生活中不假思索的所有知識都傾倒出來，對其進行懷疑，然後再看看在「我」的心裏還能剩下什麼。〔註8〕笛卡爾有很強的懷疑精神，他曾經質疑整個世界的眞實性，「是否存在著一個邪惡的天才給我們編織著一個虛假的夢境而我們不自知？」所以，笛卡爾懷疑一切可以懷疑的東西，懷疑感覺、懷疑推論、懷疑心中所有的思想，但是他認識到有一點是不能懷疑的，那就是

---

〔註6〕　馮友蘭，《貞元六書》〔M〕，上海：華東師範大學出版社，1996年，頁885～886。

〔註7〕　馮友蘭，《貞元六書》〔M〕，上海：華東師範大學出版社，1996年，頁888。

〔註8〕　鄧曉芒，《黑格爾辯證法講演錄》〔M〕，北京：北京大學出版社，2005年，頁33。

正在懷疑、思考事物的「我」。因此，在反觀後他提出哲學的第一原理，即「我思故我在」，認為這是無可懷疑的，並從這一原理出發推出了「上帝存在」、「靈魂不滅」和「意志自由」。但是，馮友蘭認為笛卡爾的反觀法具有太多的心理成分和主觀因素。「我」這個概念是可以懷疑的，休謨和羅素都曾經對笛卡爾的這個概念以及第一原理進行懷疑，休謨就認為人的知覺中沒有所謂「我」及本體的知覺，我們的心看不出任何「真底關聯」，所有的外界事物不過是性質的堆砌，我們的心不過知覺的堆砌，在這些知覺中找不到關於上帝存在、靈魂不滅、意志自由等形上學問題的答案。金岳霖也曾經指出，笛卡爾的哲學是一種以唯主方式出發的哲學，即唯主學說，他的「我思」是站在邏輯和自我中心的兩個立場上才成為一個不可懷疑的命題，而單就邏輯立場來說，這種命題不是不可懷疑的。「一個人在他思想底時候，『我思』『我在』都是主觀地心理地沒有法子否認的命題。無可懷疑原則引用到知識論上去很自然地成為主觀上或心理上的無可懷疑。」〔註 9〕以這種學說建立的世界只是一種「私」的世界，而非客觀的外在世界。

那麼斯賓諾莎又是怎樣運用反觀法的？斯賓諾莎認為真理之所以為真理，關鍵在於有真觀念，真觀念有兩個特徵：內徵和外徵，這兩個特徵類似於邏輯學中概念的兩個邏輯特性：內涵和外延。斯賓諾莎認為判斷觀念的真假關鍵不在於觀念的外徵，而在於內徵。一個觀念如果需要靠外徵來驗證的話，即使這個觀念與它的外徵相符，它仍然不是一個真觀念。如果僅憑內徵就能斷定其為真，這才是真觀念。內徵必須具有確實性，真觀念內徵的這種確定性使人們不能懷疑它的真假。因此，我們只需要反觀我們的觀念，「以觀念為對象而觀之，若見它是清楚底、明晰底、有確實性底，它就是真觀念，否則就是假觀念。」〔註 10〕但這又存在一個無限循環論證的問題，那就是當我們在反觀我們的某一個觀念同時，也被另一個觀念反觀，如此循環，以至無窮，這樣我們永遠得不到一個最終的答案。所以，斯賓諾莎認為在我們反觀中存在一個真觀念，即「上帝」，它作為天賦工具成為我們推導出其它真觀念的出發點。之所以如此，是因為這個真觀念是以其自身作為自身存在的原因，即「自因」。正如斯賓諾莎對其描述的那樣：「上帝的無限底要素，及其

---

〔註 9〕 金岳霖，《知識論》〔M〕，北京：商務印書館，2000 年，頁 41～42。
〔註10〕 馮友蘭，《貞元六書》〔M〕，上海：華東師範大學出版社，1996 年，頁 890。

永恆，是人人可以知底，因為所有底事物，都在上帝之中，而且經過上帝，始能被瞭解。」〔註11〕

從馮友蘭對斯賓諾莎反觀法的論述來看，他的反觀法與笛卡爾相比，更具有邏輯分析性，但是斯賓諾莎反觀法的邏輯性、推理性並不徹底，因為他為了解決反觀法出現的無限循環論證的矛盾，提出的「上帝」觀念就絕不是邏輯的。所以，馮友蘭指出「斯賓諾莎的反觀法，有一部分是邏輯底」，他認為笛卡爾那種心理的反觀法不是一種好的形上學方法，但是，斯賓諾莎部分邏輯的反觀法同樣也不能算是一種好的形上學方法。

## 三、康德的批判法

馮友蘭介紹的西方哲學中第三種建構形上學的方法是康德的批判法。康德討論形上學方法的思想主要集中在《純粹理性批判》以及《任何將來底形上學的前論》（簡稱《前論》）。在《前論》中康德探討了形上學的性質，他認為一門學問性質的不同取決於三個方面：或其研究對象不同、或其知識來源不同、或其知識的種類不同。就形上學知識來源說，從形上學這一概念上就能看出它的知識來源不能來自經驗，只能來自先驗；就形上學知識的種類來說，康德區分了「有關形上學的判斷」以及「形上學的判斷」，「有關形上學的判斷」是「形上學的判斷」的工具，它可以是分析判斷，但是「形上學的判斷」則必須是綜合判斷。綜合這兩個標準，康德主張「形上學的判斷」必須是先驗綜合判斷。

在馮友蘭的著作中他並沒有嚴格區分「先驗」與「先天」兩個範疇，而在康德理論中這兩個範疇有著根本的區別，「先天」（a priori）是先於後天，即先於事情沒有發生之前就能斷言它，它先於經驗，也可以脫離經驗，因此還不一定就是知識，如形式邏輯在康德眼中就是一種不算是知識的先天存在，因為它完全脫離經驗。「先驗」（transzendental）是說除了能先天斷言外，更重要的是我們能夠清楚的知道這個斷言如何可能，所以它雖也先於經驗，但卻不能脫離經驗，反而是我們探討經驗的前提、根據。因此，二者的區別是層次的區分，是先驗的必定就是先天的，而是先天的不一定就是先驗的。「先驗」是關於先天的先天，是對先天的反思。〔註12〕因此，嚴格意義上說康德主張

〔註11〕馮友蘭，《貞元六書》〔M〕，上海：華東師範大學出版社，1996年，頁891。
〔註12〕鄧曉芒，《康德哲學講演錄》〔M〕，桂林：廣西師範大學出版社，2006年，頁16。

的「形上學的判斷」應該是先天綜合判斷，而非先驗綜合判斷。在康德的先天綜合判斷之上應該還有一種先驗自我意識對這些判斷起到統覺的作用，但在本書中筆者仍遵循了馮友蘭對其的稱謂。康德認為算學與純粹自然科學以及未來的形上學中的判斷都應該是先驗綜合判斷，算學（算術和幾何學）就是關於先天的直觀形式結構——時間與空間的知識，純粹自然科學則是關於先驗知解十二個範疇演繹的知識，純粹算學和純粹自然科學是對經驗及其現象的理解和把握，雖然形式結構不是從經驗中來，但由於它運用到了經驗中，所以需要經驗證實。而形上學則是對可能經驗的全體地把握，這就不是知解可以做到的，而需要上昇到理性層面，在知解中相對應的是範疇，在理性中相對應的是觀念，而形上學是通過理性觀念去整體的把握可能經驗。馮友蘭認為康德的理性觀念是必然概念，是不在經驗之中，也不能被經驗所證實的，因此我們不能簡單的肯定或否定它。康德的《純粹理性批判》就是要糾正傳統武斷主義與懷疑主義對理性觀念的誤用。康德認為如果把理性的觀念引用到經驗中，把它們作為客觀的對象，就會產生武斷主義，如果用理性把經驗領域限制起來，而徹底的否定就會產生懷疑主義。馮友蘭認為康德的目的就是要在「武斷主義與懷疑主義中間，得了一個真正底中道」。〔註13〕他指出，康德對傳統理性進行批判具有一定的積極意義，就是要我們明白理性在使用時是有界限的。對於「界限」這個觀念馮友蘭作了有別於「限制」的詮釋，他認為「限制」是一個消極觀念，而「界限」則是一個積極觀念。通過理性我們有了界限這種理解，我們知道界限以內是我們可以把握的，界限以外是我們不可知的，但是界限之外雖然不可知，我們卻可以對其有所假說，這種假說是一種「象徵底擬人主義」的假說。而形上學就是對界限外不可知的假說，同時又自知其為假說，它既不能被證實同樣也不能被證偽。所以，馮友蘭認為康德可能不自知的提供了建構新形上學的一種方法，即「負的方法」。

在探討康德批判法的同時，馮友蘭也涉及到黑格爾的辯證法。他認為被黑格爾稱之為「否定之否定」的哲學方法，並不是一種哲學方法，而只能算是一種哲學原理，因為「否定之否定」只能是事物自身發展變化遵循的途徑，作為一種方法應該探究的是「為什麼事物會有這種發展的途徑」。馮友蘭還指出，在黑格爾的方法論中時而會表現出反觀法和邏輯分析法的痕迹，但是他的辯證法卻並不是反觀法與邏輯分析法的整合。馮友蘭並不贊同黑格爾用辯

---

〔註13〕馮友蘭，《貞元六書》〔M〕，上海：華東師範大學出版社，1996 年，頁 904。

證法建構的形上學，認爲康德的形上學只是一種假說，而且自知其爲假說，而「他（黑格爾）將康德的假說坐實，正如亞力士多德將柏拉圖的類型說坐實。坐實即對於實際有所肯定，不合乎空靈的標準。」〔註14〕由此可以看出，馮友蘭更加推崇康德的批判法。

## 四、維也納學派的命題分類理論

馮友蘭雖然介紹了西方傳統哲學中許多建構形上學的方法，但是對他最有影響的還要屬維也納學派的邏輯分析方法。馮友蘭在進行哲學創作過程中借鑒了許多維也納學派的理論觀點，而最重要的就是其命題分類理論。

馮友蘭認爲維也納學派的工作主要是：一方面爲科學的建立奠定鞏固的基礎，另一方面是用邏輯與科學取消形上學。其實維也納學派並不僅僅像馮友蘭所說得那樣取消形上學，而是將德意志傳統哲學中那些他們視爲死透了或感染病變的部分全部取消。這是一場顛覆性的革命，它涉及到哲學、宗教甚至政治領域，從這點上看他們有點像文藝復興時期的「奧康剃刀」，剃掉了包括形上學在內的若干問題。

那麼，維也納學派如何理解哲學與科學的關係呢？其實在西方近代哲學中已經出現了一種趨勢，隨著邏輯和科學的日益發展，哲學特別是馮友蘭認爲最哲學部分——形上學的光芒逐漸被遮蔽或侵蝕。科學正在侵佔哲學的領域，在這樣的時代背景下，我們需要重新審視哲學存在的價值。維也納學派認爲「哲學並不是一種學說，而是一種活動。哲學不過是一種澄清和分析，以及在某些情況下揭露謬誤的活動」〔註15〕如果說科學是用來描述和認識世界的論述，那麼哲學就是用來論述科學關於世界的論述，從這點上看，維也納學派認爲哲學是從屬於科學的，是科學的奴婢，它存在的價值就在於保證科學概念和命題的確定性和正確性。在這種定位下哲學成爲鞏固科學根基，增加科學可信度的一種工具，而這種對哲學的理解也必將動搖傳統哲學體系中最核心的形上學的地位。奧地利哲學家克拉夫特在介紹維也納學派時就曾經指出，他們有一個共同的信條：「哲學應當科學化。對科學思維的那種嚴格要求被用來作爲哲學的先決條件。毫不含糊的明晰、邏輯上的嚴密和無可反

---

〔註14〕 馮友蘭，《貞元六書》〔M〕，上海：華東師範大學出版社，1996 年，頁 909。
〔註15〕 〔英〕布萊恩・麥基編，《思想家》〔M〕，周穗明、翁寒松譯，北京：三聯書店，2004 年，頁 140。

駁的論證對於哲學就像對於其他科學一樣都是不可缺少的。那種仍然充斥於今日之哲學中的獨斷的斷言和無從檢驗的思辨，在哲學中是沒有地位的。」〔註16〕

　　那麼，維也納學派如何運用科學與邏輯取消形上學的呢？這需要我們對他們的命題分類理論有一個簡單的瞭解。可以說維也納學派對命題的分類延承了休謨關於知識的分類。他們將命題分為兩類：分析命題和綜合命題。分析命題不需要經驗事實的證實，命題的主辭中已包含了謂辭的內容，謂辭只不過是揭示主辭中業已存在的東西而已，所以，我們只需要分析命題形式的邏輯結構就能夠自我斷定命題的真值，正確的命題是同語反覆，錯誤的命題是自相矛盾。如「白馬是白的」，這個命題中的謂辭「白的」已經包含於主辭「白馬」之中，因此是一種同語反覆，不需要我們非要到現實生活中尋找白馬進行驗證。綜合命題則是關於世界的經驗性描述，它的真值是從經驗中來同時也需要經驗事實的證明，如「太陽每天都是從東方升起」，這個命題只有建立在可證實性原則的基礎上才能是一個有意義的綜合命題。分析命題是恒真的必然命題，而綜合命題只能是具備可能正確性因素的或然命題。那麼，在眾多的命題中哪些是分析命題？哪些是綜合命題呢？維也納學派認為科學中的命題都是綜合命題，而邏輯學、算學中的命題都是分析命題。在我們的知識中除了這兩種命題之外，再也沒有另外一種命題了。而傳統如「上帝存在」、「靈魂不滅」、「意志自由」、「唯心」或「唯物」等等這樣的形上學命題在維也納學派眼裏既不是分析命題，也不是綜合命題，而是一種沒有任何可證實性的似是而非且沒有任何意義的命題，它只是一些好聽名詞的堆積。我們既不能對它給予肯定，同樣也不能對它給予否定，它不能增加一點實際的知識或功用，因此應該被取消。

　　馮友蘭對維也納學派的邏輯分析法以及命題分類理論持讚賞和肯定態度，他認為維也納學派利用邏輯與科學對傳統形上學命題的批判在很大程度上正確的，表現出「顯正催邪」的功用，但是不能因為摧毀了傳統形上學就武斷的認為形上學就被消解了。在馮友蘭看來維也納學派取消的只是壞的「拖泥帶水」、「披枷帶鎖」的形上學，而真正的形上學命題是不可能被取消的，它根本不在維也納學派批判的範圍內。因此他認為維也納學派用邏輯分析法所批判的

---

〔註16〕　〔奧〕克拉夫特，《維也納學派──新實證主義的起源》〔M〕，李步樓、陳維杭譯，北京：商務印書館，1999 年，頁 20。

並不是真正的形上學本身，只是歷史中的形上學，「他們沒有應用這個方法以研究形上學，而只應用這個方法以批評已有底哲學家的形上學。」〔註17〕

　　馮友蘭還通過對維也納學派分析命題的探討，進一步證明了他們企圖通過邏輯分析取消形上學命題意義的做法是不成功的。首先，他批評了維也納學派的約定說，維也納學派認為分析命題是一種關於語言的命題，它們是重複敘述命題，它之所以為真，是因為其中包含著我們對符號定義，如「如果凡人皆有死，如果孔子是人，孔子有死。」我們不需要判斷前提凡人是否都有死，孔子是否是人的真假，就完全能夠判斷這個命題是恒真的，因為我們已經賦予「如果」、「凡」等這些符號以某種意義。符號只是符號，我們賦予它何種意義，它就表達何種意義，而分析命題的真取決於我們對符號的約定。馮友蘭對維也納學派的這種約定說提出了兩點質疑：第一是所謂「予符號以定義」究竟是甚麼意義？對於這一問題，他認為用何種符號代表何種定義可以是人為約定，但定義所說卻不是人約定的。例如蘊涵命題中「如果……則」代表命題中的蘊涵關係，我們用這個語詞代表蘊涵關係，同樣，我們也可以用其他語詞或符號代表此種蘊涵關係，這可以是人為約定。但是命題間的此種「蘊涵」關係卻不是人為約定，也不是邏輯系統創造出來的，而是本來就有的，人們只是給本來就存在的關係配以符號而已。馮友蘭認為本來就存在的關係就是「理」，他指出維也納學派只注意符號，並不注意符號所代表的東西。但如果他們提倡分析，則分析恐怕不能簡單停留在文字或符號的筆畫上，分析工作如果不是析理，至少也應該是辨名。維也納學派認為符號的使用決定著命題的性質，我們可以通過改變符號的定義將一個分析命題變成綜合命題，馮友蘭對此也表示質疑，他指出，維也納學派改變後的綜合命題並不是由原來分析命題變成，它完全是另一個命題，原來分析命題並沒有消失，只不過我們用另一個符號替換了原來的符號而已。因此，馮友蘭認為維也納學派的約定說恰恰證明了「理」的存在。我們可以約定賦予符號以定義，但這不能表示我們可以隨意約定定義的內容，因為定義的內容表現理的內容，定義的內容只能是通過析理才能得到。雖然我們可以說一個概念的內容顯示其理的內容，但不能說一個理的內容必盡為它的概念所顯示。因為我們對於理的內容不能盡知，我們對定義的內容作規定，也正表明我們此種知識的限度。

　　馮友蘭提出的第二點質疑，就是「分析命題必然為真」這個「真」又是

---

〔註17〕馮友蘭，《貞元六書》〔M〕，上海：華東師範大學出版社，1996年，頁916。

什麼意義？按照我們的理解，分析命題的真和綜合命題的真都是同樣的意義，都在於與其所表示或所肯定的相應。但是維也納學派所理解的「真」意義卻不相同，他們認為綜合命題的真是與事實相合，分析命題的真是因為它是妥當的。那麼「妥當」又是什麼意思？對於這個問題，維也納學派提出兩個答案，一是妥當就是合乎言語的用法。如「紅是顏色」就是一個妥當的命題，因為按照語法，紅這個名就是顏色的名。馮友蘭認為這個回答把關鍵的問題迴避了，接下來我們可以繼續問，為什麼紅的名就是顏色的名，我們為什麼用「紅」這個符號代表這個事物，這都涉及到對「理」的追問。維也納學派的第二個回答是所謂妥當，因為是合乎邏輯規律的。如果否定「紅是顏色」這個命題，也就是說「紅顏色不是顏色」這是違反邏輯同一律的。對此馮友蘭提出了「邏輯規律是不是人約定的」的問題，我們可以用邏輯規律評價算學系統的合理性，但我們不能用邏輯規律來評價邏輯系統的合理性，邏輯規律不能是人約定的，而是「理」的表現。所以，維也納學派的這種約定說雖然最初的出發點是想取消形上學問題，但結果卻又引發了更多的形上學問題。

除此之外，馮友蘭批判了卡爾納普對分析命題的理解，並再一次強調了形上學不能被消解的觀點。卡爾納普將語句分為三種：一種是確有所指的語句，如「這玫瑰是紅底」（一甲）、「第一講是形上學」（二甲）、「張三到非洲去了」（三甲）、「金星與地球大概相等」（四甲）；一種是似有所指的語句，如「這玫瑰是物」（一乙）、「第一講講形上學」（二乙）、「這部書講非洲」（三乙）、「金星與曉星是一個」（四乙）；一種是無所指也就是語法上的語句，如「『玫瑰』之名，是一個物名」（一丙）、「第一講包括有『形上學』之名」（二丙）、「這部書包括有『非洲』之名」（三丙）、「金星之名與曉星之名是同義底」（四丙）。卡爾納普認為，第二種語句似有所指實無所指，這種語句帶有欺騙性和迷惑性，往往通過語言翻譯就可以等同於第三種語句，通過翻譯以後，第二種語句就沒有了。形上學的語句就是這種帶有欺騙性的第二種語句，因此，通過翻譯形上學完全可以被取消。

馮友蘭則認為，第一種語句確有所指，第二種語句在言語之外也有所指，第三種語句看似在言語之外無所指，但實際上也是有所指的，也就是說三種語句在言語之外都有所指。他指出，第二種語句不是都可以通過翻譯被取消的，在第二種語句中他區分了三種類型：一是與第三種語句等義的，一是與

第三種語句同義的,一是與第三種語句既不等義也不同義的。同義者是可以通過互相翻譯而取消的,等義者則不可以通過翻譯而取消的,既不等義又不同義者是不能相互翻譯的。

在馮友蘭看來卡爾納普例句中(四乙)和(四丙)是同義的,二者意義相同,並沒有少說什麼,因此原句可以通過翻譯而取消。(二乙)與(二丙)、(三乙)與(三丙)是既不同義也不等義。(二丙)中包括「形上學」之名的講演並不一定就是講形上學的講演,同理(三丙)中包含「非洲」之名的書不一定就是講非洲的書。所以它們之間是不能相互翻譯的。(一乙)和(一丙)是等義的,二者雖然真值都一樣,但卻不可以通過相互翻譯而取消。這是因為二者的意義是不同的,(一乙)是一個析理的語句,(一丙)是一個辨名的語句,(一乙)所說的玫瑰與(一丙)所說的「玫瑰」不在同一言語層次上,(一乙)的玫瑰是一個事物,是以玫瑰這個事物作為研究分析對象的,是第一層言語。(一丙)的玫瑰是一個詞語,是以「玫瑰」這個詞語作為研究分析對象的,是第二層言語。而且它們也不光只是層次的區分,也是關係的遞進,我們只有得到了(一乙)之後,才能以(一乙)為研究對象得出(一丙),只有知道現實玫瑰的性質,才能得出「玫瑰」這個名詞的性質。也就是說因為(一乙)真,才能得出(一丙)真,不是因為(一丙)真,所以(一乙)真,這就是馮友蘭所說的「辨名必歸極於析理」。而且馮友蘭認為卡納普將(一乙)通過翻譯歸結為(一丙),我們可以進一步問「物名」是什麼?進而再問「物」是什麼?通過翻譯是不能取消我們對於「物」是什麼這樣形上學的追問,因此卡爾納普的這種方法只是迴避問題,不能取消或者解決問題,這只是一種掩耳盜鈴的做法。

## 第二節　馮友蘭的哲學方法論

馮友蘭在綜合闡釋西方建構形上學方法的基礎上,開始表明自己的哲學方法,他將其分為兩個部分,或者更具體地說是兩個階段:「正的方法」和「負的方法」。

### 一、「正的方法」

馮友蘭吸收西方傳統哲學中自柏拉圖以來的邏輯分析法和斯賓諾莎的反

觀法，統稱爲「正的方法」。在以往我們常常忽略馮友蘭的反觀法，認爲所謂正的方法就是指邏輯分析法，其實不然，「形上學的正底方法，是以分析法爲主，反觀法爲輔。」〔註18〕馮友蘭對許多問題的理解都是運用反觀法得到的，如他對「哲學」概念的理解，他認爲「哲學是對於人生底、有系統底、反思底，思想」。他指出哲學之所以是反思，主要有兩點：以人生爲對象的思想是一種反思，反思以人生爲對象的思想也是一種反思，「以人生爲對象而思之，不免也要以思想爲對象而思之。這就是思想思想。思想思想底思想是反思底思想。思想是人生中底光。反思底思想是人生中底光的迴光返照。」〔註 19〕對思想的反思就是一種反觀法。又如馮友蘭對「覺解」的理解，所謂解就是瞭解，就是人在做某件事的時候瞭解這件事是怎麼回事的一種活動，這就是瞭解，它必須依賴於概念，而覺是自覺，它是一種不依賴於概念的心理狀態，「我們有活動，我們反觀而知其是某種活動，知其是怎樣一回事。此知雖是反觀底，但亦是瞭解，不過其對象不是外物而是我們自己的活動而已。」〔註20〕因此對於「解」的這種「覺」也是一種反觀法。

　　雖然馮友蘭在研究哲學問題中也運用反觀法，但他更注重分析法，即邏輯分析法。馮友蘭在《新知言》中集中大量篇幅介紹和批判了維也納學派用邏輯分析法取消形上學的觀點，但是事實上對某種思想批判的越多，受其思想的影響也就越深。馮友蘭在批判維也納學派消解形上學問題的同時又在很大程度上繼承、借鑒了其邏輯分析方法。正如他在《中國哲學簡史》中所說的那樣：「西方哲學對中國哲學的永久性貢獻，是邏輯分析方法。」〔註21〕但是馮友蘭的邏輯分析方法並不單純的照搬維也納學派，這需要我們簡單瞭解西方分析哲學的發展歷程。

　　分析哲學是 20 世紀上半葉西方哲學的主流，它發起於英國，卻很快席卷了整個歐洲，成爲當時影響力最大的一種時尚潮流，之所以如此，緣於當時西方的文化背景，科學所創造的輝煌文明導致了社會的迅猛發展。與此同時，亞里士多德創建的傳統邏輯體系停滯不前的狀況也發生改變，出現了語言更精確、形式更抽象的現代邏輯體系——數理邏輯，這些都促使人們對科學方

---

〔註18〕馮友蘭，《貞元六書》〔M〕，上海：華東師範大學出版社，1996 年，頁 927。
〔註19〕馮友蘭，《貞元六書》〔M〕，上海：華東師範大學出版社，1996 年，頁 861。
〔註20〕馮友蘭，《貞元六書》〔M〕，上海：華東師範大學出版社，1996 年，頁 526。
〔註21〕馮友蘭，《中國哲學簡史》〔M〕，北京：北京大學出版社，2001 年，頁 282。

法和邏輯方法的極度崇尚。分析哲學將科學與邏輯引入了哲學領域，以語言分析爲突破口，運用邏輯方法的精確性、科學方法的科學性，對西方整個哲學史中許多充滿爭議和分歧的問題特別是關於形上學問題進行批判性反思，重新確立哲學的定位問題。

分析哲學在這個大的主旨下從最開始就分化爲兩大流派：人工語言學派和日常語言學派。人工語言學派主張語言必須精確的描述世界，而日常語言內在結構的混亂經常會導致誤用。爲了排除這種現象，必須用邏輯來淨化日常語言，製造出一套嚴密的、形式化的符合現代數理邏輯理想的人工語言系統，這種系統一旦建立，傳統形上學的種種爭議就會被取消。日常語言學派則認爲傳統形上學的種種混亂的確緣於對日常語言的誤用，但這與日常語言本身是無關的。我們應該尊重我們目前使用的日常語言，日常語言的多義性恰恰能夠適應紛繁變化的特殊語境，而理性中人工語言的單一模式是不能夠適應這種多樣化需要的，況且是否能夠創造出這樣一種人工語言系統仍是一個懸而未決的問題。所以只要我們遵守日常語言的用法習慣，確定日常語言在某一特殊語境下的具體含義，我們完全有可能避免傳統形上學中的誤解。

維也納學派屬於分析哲學中的人工語言學派，但是我們在閱讀和研究馮友蘭哲學時，就會發現馮友蘭並沒有在嚴格意義上運用人工語言學派所主張的邏輯分析法，更多傾向於日常語言學派的邏輯分析法。之所以如此，一方面緣於馮友蘭雖然對西方邏輯感興趣，但是卻並沒有在眞正意義上系統地掌握當時邏輯的前沿知識——現代數理邏輯，只能算是在吸收西方傳統邏輯的基礎上接受了一些現代邏輯的薰陶；另一方面馮友蘭在很大程度上繼承了中國傳統文化中實用主義的影響，他崇尚邏輯分析法眞正目的是爲了彌補中國傳統文化中概念模糊、結構混亂的缺陷，賦予中國文化以現代意義。所以馮友蘭在一定意義上把邏輯分析方法理解爲「辨名析理」，正如他所說：「照我們的看法，邏輯分析法，就是辨名析理的方法。」〔註 22〕從這句話中我們可以看出馮友蘭的邏輯分析方法包括兩個方面：辨名和析理。

在馮友蘭哲學中，「辨」和「析」都是分析的意思。「辨名」不僅包括「辯」，即通過辯論明確概念，而且還要「析」即分析概念所表達的具體事物，分析使用該概念的具體語境，這樣才能清楚明晰概念所指，才能正確恰當地使用概念。「辨名」在馮友蘭中國哲學史研究中表現得最爲明顯，他運用邏輯分析

---

〔註 22〕馮友蘭，《貞元六書》〔M〕，上海：華東師範大學出版社，1996 年，頁 925。

法澄清了中國傳統哲學中含糊不清的概念，通過對具體文獻史料的考據和當時歷史背景的考察力爭再現特殊語境下概念的具體含義。「辨名」也是馮友蘭建構「新理學」哲學體系的一個主要重要工具，他「舊瓶裝新酒」對中國傳統哲學中的諸多概念如「理」、「氣」、「道」、「無極」、「太極」、「心性」等進行重新詮釋，賦予其現代意義。

析理就是對經驗世界的事物以及事物之間的關係進行分析，從而得出對事物以及整個宇宙的看法。在馮友蘭的哲學中，「析理」是一個非常重要的方面，如他的「新理學」就是通過對經驗世界進行析理得到四組命題以及相應的四個概念構造起來的。而且他在中國哲學史研究中，通過對中國傳統哲學發展脈絡的分析，劃分了哲學分期，明確了哲學派別，區分了哲學觀點等。在對社會、人生等問題的研究上，馮友蘭也秉承「析理」的方法提出了自己對當時許多社會問題以及人生問題的看法。

在馮友蘭看來，「辨名」和「析理」雖然各有職責，但並不是截然割裂的。他就曾經說過：「我們以為析理必表示於辨名，而辨名必歸極於析理。維也納學派則以為只有名可辨，無理可析。照他們的意見，邏輯分析法，只是辨名的方法；所謂析理實則都是辨名。」〔註 23〕從這上我們就可以看出馮友蘭的邏輯分析法與維也納學派的邏輯分析法存在著明顯不同。

## 二、「負的方法」

馮友蘭高度肯定了邏輯分析方法對哲學的重要性。但是他又指出，哲學的建立單靠「正的方法」是不行的，除了「正的方法」之外，還有一種方法對於哲學來說也是必不可缺的，就是「負的方法」。正如他所說：「真正形上學的方法有兩種：一種是正底方法；一種是負底方法。正底方法是以邏輯分析法講形上學。負底方法是講形上學不能講。講形上學不能講，亦是一種講形上學的方法。」〔註24〕

這是因為馮友蘭用邏輯分析方法對經驗世界進行「析理」，最後得到了四個概念。他指出，這四個概念是構成整個宇宙的基本範疇，但是當馮友蘭想再進一步解釋它們時，卻發現用邏輯分析法無從下手，除了「理」這個概念可以思議之外，其他都是「不可思議」、「不可言說」的，假使非要思議、非

〔註23〕馮友蘭，《貞元六書》〔M〕，上海：華東師範大學出版社，1996 年，頁 925。
〔註24〕馮友蘭，《貞元六書》〔M〕，上海：華東師範大學出版社，1996 年，頁 869。

要言說，那麼它所思議和言說的就不再是原來的範疇，即是「擬議即乖」。到此馮友蘭的哲學體系陷入了一個尷尬境地，那麼如何解決這個問題呢？馮友蘭回顧中國傳統哲學，在那裡找到了一種方法，即「負的方法」。

所謂「負的方法」也就是傳統哲學中的直覺主義、神秘主義。馮友蘭曾對此作了一個形象地比喻：「此種講形上學的方法，可以說是『烘雲托月』的方法。畫家畫月的一種方法，是只在紙上烘雲，於所烘雲中留一圓底或半圓底空白，其空白即是月。畫家的意思，本在畫月。但其所畫之月，正在他所未畫底地方。……用負底方法講形上學者，可以說是講其所不講。講其所不講亦是講。此講是其形上學。猶之乎以『烘雲托月』的方法畫月者，可以說是畫其所不畫。畫其所不畫亦是畫。」〔註25〕

馮友蘭以爲在中國傳統哲學中，運用「負的方法」最有代表性的就是道家和禪宗。道家的最基本的概念就是「道」，一般來說它有兩層含義：一是作爲一切事物得以生成的始基；一是對一切事物得以生成的始基的知識。就道家對「道」的第一層理解來看，「道」是超乎形象的，是邏輯分析所不能認識和言說的，從這點上看有點類似於他的「理」。而認識到「道」不可知的知識就是一種「無知之知」。道家認爲我們對普通知識的追求，只會使我們越來越熱衷於對事物進行區分，用此種方法建立的知識是不可能把握到「道」的眞諦，更不可能「入聖域」，「爲學日益，爲道日損」。所以道家主張「去知」，認爲「去知」是達到最高境界的方法，因爲「去知」的目的是爲了得到「無知之知」。值得注意的是這種無知是經過去知而後得的無知，是原來有而後沒有，這不同於原始的無知，原始的無知是本來就不曾有過。所以馮友蘭指出：「有原始無知底人，其境界是自然境界。有後得無知底人，其境界是天地境界。」〔註26〕道家通過「去知」所達到一種絕對逍遙境界的途經，就是一種「負的方法」。

禪宗認爲他們所講的佛家第一義爲「超佛越祖之談」，「禪宗的第一義，正可以說是『不言之辨』、『不道之道』。以第一義教人，正可以說是『不言之教』。」〔註27〕因此，如果對第一義有所肯定的話，禪宗稱之爲「戲論之糞」，也叫做「死語」。那麼人們又是如何知道不可說的「第一義」呢？禪宗認爲第

〔註25〕馮友蘭，《貞元六書》〔M〕，上海：華東師範大學出版社，1996年，頁869。
〔註26〕馮友蘭，《貞元六書》〔M〕，上海：華東師範大學出版社，1996年，頁763。
〔註27〕馮友蘭，《貞元六書》〔M〕，上海：華東師範大學出版社，1996年，頁948。

一義雖不可說，但卻有方法可以表顯，這就是負的方法。馮友蘭主要介紹了禪宗中臨濟宗的「四料簡」、「四賓主」方法和曹洞宗的「五位君臣旨訣」方法。

臨濟宗的「四料簡」主要指奪人不奪境（先用後照）、奪境不奪人（先照後用）、人境俱奪（照用同時）、人境俱不奪（照用不同時）。所謂境就是思議言說的對象，所謂人就是對對象進行思議言說者。禪宗主張第一義不可思議言說，故可以是境的必不是第一義所擬說的。因此要想得到第一義，就必須既拋棄境也拋棄人，更形象的說「四料簡」是臨濟宗得到第一義的過程，奪人不奪境和奪境不奪人都是這一過程的初級階段，只有把人境都拋棄了才能領悟到佛法第一義。人境俱奪又可以是人境俱不奪，這相當於道家經過去知而達到的無知之知。

曹洞宗「五位君臣旨決」所謂五位者，即偏中正、正中偏、正中來、偏中至（或作兼中至）、兼中到。正中偏就是無語中有語，即不用語言而用一些揚眉瞬目等動作以表顯第一義；偏中正就是有語中無語，即用一些馬牛不相及的話讓人知道第一義是不可思議言說的；正中來就是無語中無語，即不僅是語言對於第一義是無用的，同樣一些警示性的動作對於第一義也是無益的；偏中至就是有語中有語，即用語言對不可思議者進行強說，禪宗認爲這是「最下底方法」，相當於用「正的方法」去言說；兼中到既可以說是有語也可以說是無語。馮友蘭舉了一個例子：「龐居士問馬祖，『不與萬法爲侶者是什麼人？』祖云：『待汝一口吸盡西江水，卻向汝道。』」〔註28〕即用一種根本不可能實現的事情來表明第一義不可說。馮友蘭認爲，禪宗的方法就是一種用負的方法來表現不可說的第一義，即「其表示皆如以指指月，以筌得魚。以指指月，既已見月，則需忘指。以筌得魚，既已得魚，則需忘筌。指與筌並非月與魚。」〔註29〕

馮友蘭還指出，維特根斯坦作爲維也納學派的大師，雖然主張用邏輯分析法消解形上學，但是他的學說到了最後卻隱含著用「負的方法」建構形上學的意味。「我所說底命題，在這個方面說，是啓發底。瞭解我底人，在它已經爬穿這些命題、爬上這些命題、爬過這些命題的時候，最後他見到這些命

---

〔註28〕馮友蘭，《貞元六書》〔M〕，上海：華東師範大學出版社，1996 年，頁 955。
〔註29〕馮友蘭，《貞元六書》〔M〕，上海：華東師範大學出版社，1996 年，頁 955。

題是無意義底（比如說，它一經從梯子爬上去，他必須把梯子扔掉）。他必須超過這些命題，他才對於世界有正見。」〔註30〕

　　除了道家和禪宗之外，馮友蘭還提及到一種「負的方法」，就是寫詩的方法。他指出詩有「止於技的詩」和「進於道的詩」兩種。「止於技的詩」只是用可感覺者表示可感覺者，除此之外，無所表示。而「進於道的詩」則是用可感覺者表顯不可感覺只可思議者以及不可感覺亦不可思議者。只有「進於道的詩」才可以比擬為詩。「進於道底詩，必有所表顯。它的意思，不止於其所說者。其所欲使人得到者，並不是其所說著，而是其所未說者。此所謂『超以象外』。就其所未說者說，它是『不著一字，盡得風流』。就其所說者說，它是『言有盡而義無窮』。」〔註31〕因此，我們完全可以把詩引進哲學中，用一種詩的方式表達形上學的意境。

　　總的說來，馮友蘭的哲學方法論是由正、負兩種方法構成，他在建構其形上學時是由「正的方法」入手，而以「負的方法」結束。這是因為馮友蘭雖然主張邏輯分析法，但是他也不能解決西方哲學中邏輯分析方法與形上學的衝突，當他用「正的方法」推出四組核心命題和基本範疇後，卻發現這些範疇本身卻無法用「正的方法」進行解釋和言說，這是一種矛盾。面對這一困境，馮友蘭只能在中國傳統哲學中尋求幫助，這樣「負的方法」才得以登場。值得注意的是馮友蘭所謂「負的方法」不同於原始的直覺感悟，後者的境界只是自然境界，而經過邏輯分析訓練得到的「理智的直覺」是「經驗積累後的頓悟」，它們的境界才是天地境界。正如「烘雲托月」的畫法一樣，只有在對畫有了更深的瞭解之後，才能產生一種技巧的突破，才能蘊涵著境界的不同。只有用「負的方法」才能超越理性與語言的界限，才能達到形上學的境界，因此，由「正的方法」到「負的方法」不僅是馮友蘭構建其哲學的內在要求，更是一種邏輯的必然。

## 第三節　邏輯分析方法與馮友蘭的形上學

　　雖然馮友蘭積極推崇維也納學派的邏輯分析法以及命題分類體系，但是

---

〔註30〕〔奧〕維特根斯坦，《邏輯哲學論》〔M〕，郭英譯，北京：商務印書館，1985年，頁97。

〔註31〕馮友蘭，《貞元六書》〔M〕，上海：華東師範大學出版社，1996年，頁961。

卻並不贊同維也納學派用邏輯分析法取消形上學的做法，其很大原因在於受到中國傳統文化以及西方新實在論的影響。

新實在論大致形成於 19 世紀末 20 世紀初，在第一次世界大戰前後流行於歐美。他們繼承了古代柏拉圖和中世紀唯實論的觀點，認為世界上除了作為個別事物的殊相是獨立存在之外，還有一種本質和共相也是獨立存在的。但是新實在論之所以新就在於他們把當時的數學和數理邏輯引入其中，認為獨立存在的共相、本質是一種數學和邏輯的概念、範疇，它們是超驗的、自明的，不依賴於任何經驗事物而本身就具有實在的性質。數學和邏輯的介入，使新實在論不僅在體系結構和表達語言上更加嚴謹，而且使他們的共相不再像柏拉圖的「理念」那樣是一種高於現實的「理念世界」，而是存在於現實之中的「共相要素」。馮友蘭在美國哥倫比亞大學留學期間，他的老師蒙太谷就是一位新實在論者，因此，他對蒙太谷的哲學觀點印象非常深刻，可以說他的形上學中最基本的範疇「理」就類似於新實在論的「共相」。

除了新實在論對馮友蘭的影響之外，還有中國傳統文化的滲透。馮友蘭自幼就受到傳統文化的薰染，視中國文化為「正統」的觀念根深蒂固，「為往聖繼絕學」的志向驅使他必然會在中國傳統文化中尋求其思想生長的土壤，再加之當時羸弱的中國內憂外患，中國學者雖然對西方燦爛文化和發達科技神往已久，但對西方列強確也存在著強烈的民族仇恨，這種情結的交織使他們對西方文化的態度在「接受」與「拒斥」之間游離，馮友蘭也不免會受到這種情感的影響。所以，他主張用「舊瓶裝新酒」，他的「舊瓶」就是中國的程朱理學，因為縱觀中國哲學，馮友蘭認為除了先秦名家中公孫龍對於共相問題有所涉及外，只有程朱理學對共相與殊相、一般與特殊進行過詳細的討論。因此，馮友蘭才會把自己的形上學體系稱之為「新理學」，即雖然大體上繼承了程朱理學的思想，但是「我們是『接著』宋明以來底理學，而不是『照著』宋明以來底理學講底。」〔註32〕

總之，無論新實在論對其的影響還是中國傳統文化對他的薰染，都不允許他接受用邏輯分析法取消形上學的做法，所以，馮友蘭在《新知言》中說：「新理學的工作，是要經過維也納學派的經驗主義，而重新建立形上學。」〔註33〕

---

〔註32〕 馮友蘭，《貞元六書》〔M〕，上海：華東師範大學出版社，1996 年，頁 5。
〔註33〕 馮友蘭，《貞元六書》〔M〕，上海：華東師範大學出版社，1996 年，頁 918。

　　馮友蘭提出，構建形上學應該從「正的方法」入手，以「負的方法」結束，「如果它不終於負的方法，它就不能達到哲學的頂點。但是如果它不始於正的方法，它就缺少作為哲學的實質的清晰思想。」〔註34〕但是由於「負的方法」是一種靠理智的直覺對不可思議言說的形上學的領悟，所以是不可言傳的。因此馮友蘭雖然非常推崇「負的方法」，但是在其學說中說得最多的方法還是邏輯分析法，用得最多的方法也是邏輯分析法，「新理學」的形上學正是用此種方法構造出來的。

## 一、形上學的構造起點——經驗事實

　　馮友蘭認為形上學本身可以是超驗的、不切實際的，但這個不著邊際的形上學卻不能是「無中生有」、「空穴來風」，它必須以事實或實際的事物作為其研究對象，形上學的工作就是對經驗進行形式的分析和總括。那麼我們又如何理解馮友蘭所說的「經驗」呢？馮友蘭指出：「我們經驗中所有者，都是有事實底存在底事物，即實際底事物。哲學始於分析、解釋經驗，換言之，即分析、解釋經驗中之實際底事物。」〔註35〕馮友蘭又說：「在我們的經驗或可能底經驗中，有如是如是底事物。……一切事物，各如其是，是謂如是。一切底如是，就是實際。形上學就是從如是如是底實際出發，對之作形式底釋義。」〔註36〕在這段話中我們需要瞭解下列幾點問題：

　　第一，馮友蘭對「實際」的理解。馮友蘭將宇宙分為真際和實際，「真際是指凡可稱為有者，亦可名為本然；實際是指有事實底存在者，亦可名為自然。真者，言其無妄；實者，言其不虛；本然者，本來即然；自然者，自己而然。」〔註37〕因此，真際與實際是既區別又聯繫，一件事物如果屬於實際，那麼亦屬於真際，但是如果屬於真際，卻不必屬於實際。所以「有實者必有真，但有真者不必有實；是實者必是無妄，但是真者未必不虛。」〔註38〕而對於「無妄而虛」者馮友蘭稱之為「純真際」。因此，經驗指的是實際中的事物，而非真際中的事物，形上學的出發點是始於實際中的事物，而非真際中的事物。

---

〔註34〕馮友蘭，《三松堂全集》（第六卷）〔M〕，鄭州：河南人民出版社，1986 年，頁 304。

〔註35〕馮友蘭，《貞元六書》〔M〕，上海：華東師範大學出版社，1996 年，頁 13。

〔註36〕馮友蘭，《貞元六書》〔M〕，上海：華東師範大學出版社，1996 年，頁 919。

〔註37〕馮友蘭，《貞元六書》〔M〕，上海：華東師範大學出版社，1996 年，頁 11。

〔註38〕馮友蘭，《貞元六書》〔M〕，上海：華東師範大學出版社，1996 年，頁 11。

第二，馮友蘭對「形式」的理解。馮友蘭認為經驗可以分為內容和程序，「所謂經驗的內容，就是經驗者對於經驗的對象所有底知識。」〔註39〕但是對於經驗的程序，他並沒有作出解釋，有的學者認為馮友蘭所說經驗的程序就是指經驗的形式，並據此批評馮友蘭將經驗作內容和程序的區分是不合理的。我們可以把人們的思維作內容和形式之分，因為思維的形式是抽象的，它可以從具體的思維內容中提取出來，這是邏輯學研究的對象。但是作為一個特殊存在的經驗事實是無法劃分內容和形式的。然而我在閱讀馮友蘭著作時卻認為他所說的經驗的程序並不是指經驗的形式，而是指我們如何得到對於經驗對象所有知識的這一過程。因為馮友蘭認為，對經驗的程序作釋義是哲學中知識論研究的內容，對經驗的內容作釋義才是哲學中形上學研究的內容。知識論與邏輯學是有區別的，邏輯學研究思維的形式，而知識論研究獲得經驗知識的程序。

第三，馮友蘭對「釋義」的理解。他把「釋義」分成三個層面，一是對實際事物的內涵作「理智底分析」，如我們看到一個方的事物，對這個事物進行分析，在其許多性之中發現它有「方」之性，於是我們得出「這是方的」這個命題，這就是我們對其內涵進行了理智的分析；一是對實際事物的外延作「理智底總括」，說一個方的事物「這是方的」，不僅說明我們知道它屬於「方的事物」這一類，同時也說明我們知道存在「方的事物」這個類，這一命題將所有方的事物全部概括了；一是當我們對經驗進行理智的分析和總括之後，我們就會對真際有了一種理智的瞭解，然後用名言對不可思議、不可言說的真際進行思議和言說，這就是「理智底解釋」。這個「理智」就是邏輯，「我們用理智對於經驗作分析、總括，及解釋，所得底是邏輯底分析、總括，及解釋。說理智底，是就我們的官能說；說邏輯底，是就我得底結果說。」〔註40〕

馮友蘭正是從對經驗的內容作邏輯地分析、總括及解釋出發，開創出其「新理學」的理論構架的。

## 二、形上學的理論框架

要想建立現代和科學意義上的形上學體系，就必先釐定對形上學命題性質的理解，只有如此，才能避免近現代哲學中對形上學的諸多批評，並且也

〔註39〕馮友蘭，《貞元六書》〔M〕，上海：華東師範大學出版社，1996年，頁863。
〔註40〕馮友蘭，《貞元六書》〔M〕，上海：華東師範大學出版社，1996年，頁862。

只有如此，才能進一步確定形上學命題的具體內容。因此，馮友蘭在闡明其形上學的建立離不開人倫日用之經驗的立場後，最主要的工作就是提出自己對形上學命題的獨特理解以及由此引申的四組形上學命題及觀念，從而完成自己形上學的基本理論框架。

### （一）形上學的性質研究

馮友蘭並不是直接討論形上學命題的性質，他認爲西方諸多哲學家用以質疑和拒斥形上學的武器就是科學，那麼我們必須首先要正確理解科學與形上學的關係，總的說來，西方對科學與形上學的關係存在著三種不同的態度：

第一種認爲形上學是「先科學底」科學。馮友蘭認爲這是在嚴格的科學方法未被發現之前，用一種不能用實驗證明的方法建立的科學。因此，科學與形上學的衝突就只是一種進步的科學與落後的科學、好的科學與壞的科學的衝突。

第二種認爲形上學是「後科學底」科學。現代的科學不能用實驗的方法釋義全部的經驗，因此，對於現在不能釋義的經驗，就由形上學暫時釋義，留待以後科學進步，再對其進行真正意義上的釋義。因此，在這個意義上可以說形上學與科學研究的問題是一類的，形上學總在科學的後面，撿拾問題。隨著科學的發展，形上學可以撿拾的問題就會變少，直至最後無問題可以撿拾，形上學就沒有了存在的價值。

馮友蘭認爲這兩種觀點雖然在名義上有所差別，但實質卻是一致的。所謂的「後科學底」科學實際上仍是「先科學底」科學，它相對於現在的科學是「後科學底」科學，相對於將來的科學，卻是「先科學底」科學。

第三種認爲形上學是「太上科學」。這是一種以追求所謂「第一原理」爲目的的科學，它可以推出一切知識，如黑格爾哲學、馬克思主義哲學中的辯證法都是「第一原理」。

馮友蘭指出，這三種觀點的錯誤就在於都把形上學當成積極釋義經驗的一種學說。如果形上學需要對經驗作積極的釋義，就必須依靠實驗方法與經驗證實，而形上學是一種對不可思議、不可言說的思議和言說，所以這是不能用實驗方法和經驗證明的。因此，在面對注重可證實性原則的科學家們的質疑時，形上學的論證就變得蒼白而無力。

在批評這幾種觀點的基礎上，馮友蘭提出自己對形上學性質的看法。他認爲形上學和科學雖然都是從實際的事物說起，但是科學是對實際的事物作

積極的釋義，所以科學的命題是綜合命題，綜合命題是或然命題。而形上學對實際的事物只作形式的釋義，所以形上學的命題幾乎是重複敘述命題。馮友蘭用了一個比喻來形象地描繪了形上學命題的這種性質，鍾會慕名而來見嵇康，見嵇康正在鍛鐵，旁若無人，當鍾會離去時，嵇康問鍾會「何所聞而來？何所見而去？」鍾會答到：「聞所聞而來，見所見而去。」這種回答從表面上看它所說甚少，但實際上卻是包括甚廣的，形上學的命題就類似於這樣的命題。

需要注意「幾乎是重複敘述命題」中「幾乎」這兩個字，馮友蘭用此強調其是有別於重複敘述命題的。重複敘述命題在他看來是一種既不肯定主辭存在也不肯定謂辭存在的命題，正因為重複敘述命題對主辭和謂辭都不肯定，所以是恒真的。馮友蘭批評羅素對此種命題的理解，羅素在《數學原理》中認為重複敘述命題肯定了主辭的存在，所以不是恒真的，如「現在底法蘭西國王是現在底法蘭西國王」和「那個使圓為方底人是那個使圓為方底人」這兩個重複敘述命題就是假的，因為世界上沒有法蘭西國王和使圓為方的人。馮友蘭認為羅素的理解是錯誤的，其錯誤的根源在於把重複敘述命題看作是簡單命題，實際上這應是一個復合命題中的充分條件假言命題，即蘊涵命題。正確的理解應該是「如果甲是現在底法蘭西國王，那麼甲是現在底法蘭西國王」和「如果甲是那個使圓為方底人，那麼甲是那個使圓為方底人」這才是一個標準的重複敘述命題，是一個既不肯定主辭存在也不肯定謂辭存在的恒真命題。

而「幾乎是重複敘述命題」是肯定主辭存在，但不肯定謂辭的存在。幾乎重複敘述命題由於肯定了主辭存在，所以不能恒真，但卻幾乎恒真，因為只有主辭不存在的情況下，幾乎重複敘述命題才可能為假，但是這種情況是不可能出現的，如「事物存在」就是這樣一個命題，如果說某些事物不存在，這是可能的，但是想像所有的事物都不存在，這就是不可能的。或者退一步所有的事物真的都不存在，事物存在都只是人感覺的「堆積」，那麼我們也同樣不能否定這些感覺也是某種事物，即你對於這一命題的肯定或否定同樣也可以算是某種事物，所以這個命題不容質疑，是近乎必然的真。

形上學命題的這種特點使形上學具有「空靈」的性質，馮友蘭將人的知識分為四種：邏輯學及算學、形上學（包括知識論及倫理學）、科學和歷史。歷史是一種對經驗記述的知識，它的命題實且死；科學是一種對經驗作積極

釋義的知識，它的命題靈而不空；邏輯學、算學是一種對命題套子或概念作分析的知識，它的命題空而不靈；形上學是一種對經驗作形式釋義的知識，其命題空且靈，所謂空就是對實際無所肯定，或甚少肯定。所謂靈的就是命題可以適用於一切事實。馮友蘭認爲他所要建立的形上學就應該是由這種「空且靈」的幾乎重複敘述命題構成的。

### （二）「空靈」的命題和「超驗」的概念

在討論了形上學命題性質之後，馮友蘭從經驗事實出發，對其作形式的釋義，得到的第一個形上學命題就是「事物存在」，這是馮友蘭形上學理論體系的出發前提，它對於此系統而言就是一個毋庸置疑的、不證自明的公理，否定它就會陷入自相矛盾。馮友蘭正是從這一前提出發，對事物及其存在作形式的分析和總括，進而得到四組「空靈」的命題和「超驗」的觀念。

第一組主要命題是：凡事物必都是甚麼事物。是甚麼事物，必都是某種事物。某種事物是某種事物，必有某種事物之所以爲某種事物者。借用中國舊日哲學家的話說：「有物必有則。」

存在的事物都具有自己特有的屬性，這種特有的屬性使事物成爲自己而與其他事物相區別。但是事物除了表現爲個性的特點外，還表現爲共性，即任何事物都可以按照它的屬性歸結爲某類，而事物之所以爲某種事物，原因在於它存在著成爲某種事物的理，從這個命題中馮友蘭推出了「理」這個觀念。

通過對第一組命題的分析，我們可以得出：第一，事物的理可以不依賴事物而存在；第二，事物的理可以先於事物而存在。由此可以說，有事必有理，但有理卻不一定有事。而所有的理組成的世界就是理世界，也就是眞際，馮友蘭還用中國一個傳統的概念「太極」來爲其命名。他認爲，極有兩個含義，一是標準，一是極限，每一個理對於它的事物來說，既是標準也是極限，所以一理就是一極，「所有眾理之全，即是所有眾極之全，總括眾極，故曰太極。」〔註41〕馮友蘭指出，太極是「沖漠無朕，萬象森然」。這也表明了「理」具有的兩種性質，「沖漠無朕」是指理眞而不實，雖然存在卻不是實際的有。「萬象森然」是指理是不生不滅，不增不減的沒有任何關聯的獨存。

正因爲馮友蘭所理解的理是「眾理」、是「太極」，所以，對於事物與理

---

〔註41〕馮友蘭，《貞元六書》〔M〕，上海：華東師範大學出版社，1996 年，頁 40。

的關係，他不贊成程朱理學「物物有一太極」的說法。他指出，我們可以說一個事物可以依照很多理，如桌子可以表現出「方之理」、「物之理」、「木之理」等等，但卻不能說一事物可以依照一切理，這不僅在實際上是沒有的，而且在邏輯上也是說不通的。但是馮友蘭接受了程朱理學的「理一分殊」的主張，賦予它以新的涵義，即依照一理而成的類與其個體之間可以是「理一分殊」。

第二組主要命題是：事物必都存在。存在底事物必都能存在。能存在底事物必都有其所有以能存在者。借用中國舊日哲學家的話說：「有理必有氣。」

存在並不是事物的必然屬性，而理才是事物的必然屬性，按照馮友蘭的理解我們可以從第一組命題中推出，事物存在必然有某種事物之理存在，但是有某種事物之理存在不一定就有某事物的存在。那麼導致事物存在於實際是否還有其他的因素，這就是馮友蘭得到第二組命題的出發點，正像他所說：「第一組命題，是就事物的性質著思得來底。第二組命題是就事物的存在著思得來底。」〔註42〕馮友蘭指出，事物存在需要兩個條件：所依照和所依據。「實際底存在底物，皆有其兩方面，即其『是什麼』，及其所依據以存在，即所依據以成為實際底『是什麼』者。」〔註43〕事物存在所依照者是「理」，事物存在所依據者是「氣」。一事物雖然必須存在理的規定才可能成為實際的事物，但是並不是有了理就肯定能成為實際的事物，除了「理」即事物規定的要素外，還必須有實現「理」的料，這就是「氣」。

雖然馮友蘭給事物存在所依據者命名為「氣」，但是它既不是西方科學意義上的概念，也不是中國傳統文化意義上的概念。雖然實現事物的料有相對與絕對之分，但是相對的料仍然是一種實際事物，仍然可以繼續分析它所依照和所依據者。當我們把所有的性統統加以分析並抽去，剩下不能再抽去者，就是絕對的料。馮友蘭指出雖然相對的料我們也可以稱為「氣」，但真正能夠與「理」相對應的還是絕對的料，名曰「真元之氣」，簡稱為「氣」。他認為這個絕對的料是我們通過分析而得到的，因此它完全是一個邏輯概念，沒有任何性質，所以無法對其做出判斷。嚴格的說它是無名的，但是為了表達的方便，我們只能為其起個私名，勉強稱之為「氣」。正因為「真元之氣」不為任何標準，自身也無極限，所以又稱它為「無極」。「我們的系統所講之宇宙，

---

〔註42〕馮友蘭，《貞元六書》〔M〕，上海：華東師範大學出版社，1996年，頁922。
〔註43〕馮友蘭，《貞元六書》〔M〕，上海：華東師範大學出版社，1996年，頁47。

有兩個相反底極，一個是太極，一個是無極。一個是極端地清晰，一個是極端地渾沌。一個是有名，一個是無名。」〔註44〕

對於「理」與「氣」先後問題，馮友蘭認為這根本是不成問題的問題，因為「先後」、「上下」是一個時空概念，它只能描述經驗中事物之間的關係。而「理」和「氣」在馮友蘭的系統中只是邏輯概念，它不是對實際的肯定，而是對真際的表顯。這種超驗的觀念是不能用表現經驗事物關係的概念來描述。所以，對於「理」和「氣」，馮友蘭認為無所謂先後。

如果馮友蘭的前兩組命題是對存在作形式的分析，那麼他的後兩組命題則是把存在作形式的總括。把存在作為一種動態的過程進行形式的總括，就得到了第三組主要命題：存在是一流行。凡存在都是事物的存在。事物的存在都是其氣實現某理或某某理的流行。總所有底流行，謂之道體。一切流行涵蘊動。一切流行所涵蘊底動，謂之乾元。借用中國舊日哲學家的話說：「無極而太極。」又曰：「乾道變化，各正性命。」

有人批評馮友蘭「存在是一流行」這個分析命題只是一種玩弄語言的遊戲，因為存在這個概念按照語言上的約定，本身就意味著流行，流行概念本身就涵蘊著動，因此沒有任何意義。馮友蘭批評這是一種本末倒置、倒因為果的說法，分析命題不是，或不只是代表言語上的約定。所以並不是因為「存在」是一動詞，所以存在是流行，流行涵蘊動。而是因為存在是流行，流行涵蘊動，所以「存在」是動詞。馮友蘭認為存在是一種不同於真際的有，它是流動的、變化的，而真際的有靜止不變的、永恒的。

為了解釋現實世界是變化日新的流行，馮友蘭引入了「道體」的概念，所謂「道體」就是無極而太極的程序，這裡的「而」是一個動詞，它體現了「道體」活動的趨勢，即氣實現理的流行。「無極而太極，此『而』即是道」。〔註45〕馮友蘭用「道體」連接了真際與實際兩個世界，描述了現實事物成盛衰毀的過程，即氣實現理而使事物成，氣離開理而使事物毀，氣實現理的多少而使事物盛與衰。馮友蘭認為道體的這種活動軌跡使事物體現為「物極則反」，事物按此周期變動，就是大用流動或是大化流行，也謂之道體之日新。

馮友蘭從四個角度將道體之日新分為「循環底日新」、「進退底日新」、「損益底日新」、「變通底日新」。從類的角度觀之，事物的類是不死的，死的只是

〔註44〕馮友蘭，《貞元六書》〔M〕，上海：華東師範大學出版社，1996年，頁53。
〔註45〕馮友蘭，《貞元六書》〔M〕，上海：華東師範大學出版社，1996年，頁70。

類中的具體事物，故此日新為循環的。從理的角度觀之，事物愈接近事物的標準及其極限，愈漸進其理的方向，則愈進步，反之，則愈退步，故此日新為進退的。從宇宙的角度觀之，宇宙在實際方面實現事物愈多，則愈富有，此為益，即進步的。反之則是損，是退步的。所謂富有或增多，並不是指宇宙或真際，在馮友蘭看來，真際的理是無增無減的，而富有或增多僅是指氣實現理的具體事物的富有。從個體角度觀之，個體會由一類轉為另一類，「入此新類時，此個體雖已脫離舊類，而其所原有之性，已包含於性之中，此程度是變通底。」〔註46〕

馮友蘭在探討道體之日新時，吸收了黑格爾辯證法中否定之否定原則，故在他看來道體的日新總體趨勢是進步的，是事物不斷合乎其理、趨近其理的過程。但他又指出，實際事物根本不可能完全合乎其理，所以，實際的世界只能是一種半完半不完全的狀態，「此『而』是半清楚半混沌，是由混沌達於清楚，但永不能十分清楚」〔註47〕，「無極而太極即如此一直『而』下去，此『而』是無終底，亦總是不完全底。無論自何方面看，它總是『未濟』。」〔註48〕

馮友蘭的這組命題主要解決的是實際事物如何得以存在的一個過程，通過這組命題他得到一個「道體」的觀念，「道體」就是氣實現理的流行。

馮友蘭認為，如果把事物作為一種靜態的存在進行形式的總括，就得到第四組主要命題：總一切底有，謂之大全，大全就是一切底有。借用中國舊日哲學家的話說：「一即一切，一切即一。」

「一即一切，一切即一」本是佛家華嚴宗所常用的，但是馮友蘭認為他所提出的這個命題中的「一」與佛家及西方哲學家所理解的不同。佛家的「一」是個個體，「一一毛中，皆有無邊師子；又復一一毛帶此無邊師子，還入一毛中」。西方哲學家的「一」或表示本體，或表示事物之間由於內在的關係聯繫成為一個不可分割的整體。新理學中的「一」就是「一切」的總名，也就是純粹對一切這個概念的另一種理解或者另一種命名，沒有任何實際的意義。

這個「一切」即是「大全」，即是「宇宙」。馮友蘭將「宇宙」概念引入其形上學，在他看來自然科學中的物質宇宙只能算是他所理解的「宇宙」的

〔註46〕馮友蘭，《貞元六書》〔M〕，上海：華東師範大學出版社，1996 年，頁 83。
〔註47〕馮友蘭，《貞元六書》〔M〕，上海：華東師範大學出版社，1996 年，頁 54。
〔註48〕馮友蘭，《貞元六書》〔M〕，上海：華東師範大學出版社，1996 年，頁 87。

一部分。馮友蘭在理解宇宙、大全時，著重區分其與「道體」的不同，他指出「我們說宇宙、大全，是從一切事物之靜底方面說；我們說道，是從一切事物之動底方面說。」〔註49〕所以，宇宙、大全與道體皆是說明同一問題的，只不過是觀察的角度不同罷了，故馮友蘭認爲「宇宙是靜底道，道是動底宇宙」。〔註50〕它們都是一個包含甚廣的概念，既包括形上的理世界，又包括形下的現實世界。

　　由此，馮友蘭通過對經驗進行形式的分析和總括得到了四組「空靈」的命題和四個「超驗」的觀念，構成了自己完整的「新理學」形上學體系，到此，其「正的方法」的使命就得以完成。

## 三、對形上學體系建構存在問題的反思

　　馮友蘭「新理學」的形上學是他用西方邏輯分析方法將中國固有的哲學思想體系化的一種嘗試，其現代化的意義是深遠的、重大的，但本書反思的重點是其體系內容結構以及建構過程中的一些不夠科學、不夠邏輯的方面。

### （一）對形上學內容結構的反思

　　在馮友蘭新理學形上學內容結構中存在著一些不合理因素，追其原因一方面源自他對維也納學派某些觀點出現了把握上的偏差，束縛了其對形上學命題性質的理解；另一方面也源自他對邏輯分析方法運用上不夠準確，造成了其命題與觀念的推論過於牽強。具體表現在：

　　第一，對形上學命題性質界定的模糊性

　　馮友蘭對維也納學派拒斥形上學的理由存在某些誤解，他認爲維也納學派主要是通過命題分類理論將形上學拒斥於哲學門外。前面已經提及，維也納學派將知識命題分成兩類：分析命題和綜合命題。分析命題因爲其謂辭的內容已經被主辭所包含，所以我們不需要借助於經驗，完全從對邏輯結構的分析就可以辨別其真僞。而綜合命題是對經驗事實的陳述和概括，因此它的真僞來自於經驗並需要經驗來證實。馮友蘭認爲維也納學派把形上學命題歸結爲綜合命題，但由於它不符合可證實原則，所以是一種無意義的存在，只會給我們的認識帶來混亂，應該給予取締。不可否認維也納學派的確利用了

〔註49〕馮友蘭，《貞元六書》〔M〕，上海：華東師範大學出版社，1996 年，頁 69。
〔註50〕馮友蘭，《貞元六書》〔M〕，上海：華東師範大學出版社，1996 年，頁 70。

命題分類理論作為拒斥形上學的依據，但更主要的原因在於維也納學派認為形上學知識不是一種關於實際的知識，洪謙就曾說過：「所以某種形而上學之能被『取消』或不能被『取消』，與某種形而上學之以某種命題為根據，毫不相關。某個形而上學家視他的形而上學是否為一種關於實際的知識理論體系，才是其唯一的標準了。」〔註 51〕正是這種對文本的誤解使馮友蘭對維也納學派拒斥形上學的批判顯得底氣不足。

為了克服維也納學派對形上學命題的批評，馮友蘭重新界定形上學命題的性質。在他看來形上學命題應該是一種幾乎重複敘述的命題，正是這個「幾乎」使他的命題來自於經驗，具有了綜合命題的性質。而它的「重複敘述」性，又使其具備了分析命題的性質，如此界定就可以解決形上學被消解的問題，但是這樣卻使他的形上學命題變得含糊不清。這也表現出馮友蘭一種矛盾心理，他既想在綜合命題與分析命題之間尋找折衷，又企圖在綜合命題與分析命題之外尋找途徑，所以，他的形上學命題既是分析命題又是綜合命題，或者說既不是分析命題又不是綜合命題。「形上學中底命題，僅幾乎是重複敘述命題，所以也是綜合命題，也可能是假底。」〔註 52〕「照我們的看法，邏輯分析法，就是辨名析理的方法。……析理所得的命題，就是所謂的分析命題。」〔註 53〕在《新理學在哲學中之地位及其方法》一文中，馮友蘭也說：「在新理學的系統中，有四組主要命題。這四組主要命題，都是分析命題。」〔註 54〕

不可否認馮友蘭對形上學命題性質的理解中有許多可取之處，如他在一定程度上看到了近現代西方哲學家對命題分類存在著一定的偏執，即將分析命題與綜合命題看作是截然對立的兩種命題。美國哲學家蒯因就曾經如此批評：「現代經驗論大部分是受兩個教條制約的。其一是相信在分析的，或以意義為根據而不依賴於事實的真理與綜合的，或以事實為根據的真理之間有根本的區別。另一個教條是還原論：相信每一個有意義的陳述都等值與某種以指稱直接經驗的名詞為基礎的邏輯構造。我將要論證：這兩個教條都是沒有根據的。」〔註 55〕馮友蘭也認為分析命題與綜合命題之間並非截然的對立，

〔註 51〕洪謙，《維也納學派哲學》〔M〕，北京：商務印書館，1989 年，頁 183。

〔註 52〕馮友蘭，《貞元六書》〔M〕，上海：華東師範大學出版社，1996 年，頁 874。

〔註 53〕馮友蘭，《貞元六書》〔M〕，上海：華東師範大學出版社，1996 年，頁 927。

〔註 54〕馮友蘭，《三松堂全集》（第十一卷）〔M〕，鄭州：河南人民出版社，1986 年，頁 398。

〔註 55〕〔美〕蒯因，《從邏輯的觀點看》〔M〕，江天驥等譯，上海：上海譯文出版社，1987 年，頁 19。

他們的真都源於析理。但是他卻沒有看到分析命題和綜合命題都是人們在經驗世界的實踐中把握其規律性的認識過程的一種表現。所以，馮友蘭的失誤就在於雖然批判維也納學派的命題分類理論，但卻無法突破其理論的束縛，仍以此為標準，對形上學命題進行界定，才會使他對形上學命題的理解表現出左右搖擺的矛盾性。

第二，他的形上學命題內容並非「空靈」

馮友蘭指出，他的形上學命題是一種「幾乎重複敘述」命題，它雖來自經驗世界但卻只是對經驗作形式的釋義，除了肯定其主辭存在之外，不增加我們對於實際的知識，所以形上學命題的這種性質使它是「一片空靈」。但是在他的四組命題中有三組在推導相應觀念時所用的命題幾乎都不是「幾乎重複敘述命題」，而是一種有實際內容的蘊涵命題。這種命題本身就是對事物因果和蘊涵關係的考察，必然會對實際有積極的肯定，如第一組命題中的「某種事物是某種事物，必有某種事物之所以為某種事物者」、第二組命題中的「能存在底事物必都有其所有以能存在者」、第三組命題中「事物的存在都是其氣實現某理或某某理的流行」等，它們並不如馮友蘭所說得那麼空靈。

我們僅以第一組命題為例。首先，在第一組命題中用來推導「理」觀念的命題是：「某種事物是某種事物，必有某種事物之所以為某種事物者」，馮友蘭說過一個重複敘述命題應該是一個蘊涵命題，即傳統邏輯中的充分條件假言命題。我們先不考慮他的這種理解是否正確，我們可以加上聯結詞把它補充完整，「如果某種事物是某種事物，那麼某種事物必有某種事物之所以為某種事物者」，如此這個命題就並非只對經驗作形式的釋義，因為命題的前件「某種事物是某種事物」和後件「某種事物必有某種事物之所以為某種事物者」完全不是同一個東西，他們無論在邏輯真值上還是在內容意義上都不是等同的，前者是「器世界」的具體事物，後者是「理世界」的理，這完全不符合命題的「重複敘述」的性質，而是一個從特殊到一般，從殊相到共相的過渡。從「物」到「物之理」這就是一種對實際的積極釋義，所以他的命題並非空靈。

其次，馮友蘭用一組命題中的若干命題形成了推理，通過推理得出「理」、「氣」、「道體」、「大全」等關於「真際」的知識。但是如果我們具體分析就會發現這種推理是不可能必然推導出「真際」的存在，如在第一組命題中有如下三個命題：

「凡事物必都是甚麼事物。」

「是甚麼事物，必都是某種事物。」

「某種事物是某種事物，必有某種事物之所以爲某種事物者。」

我們可以用這三個命題形成推理，首先可以形成一個三段論：

甚麼事物，必都是某種事物

凡事物必都是甚麼事物

---

凡事物都是某種事物

然後再把這個三段論的結論作爲下一個推論的前提，又與第三個命題形成了充分條件假言推理：

某種事物是某種事物，必有某種事物之所以爲某種事物者

凡事物都是某種事物

---

必有某種事物之所以爲某種事物者

馮友蘭正是通過這樣一系列推理，得到了關於「理」的存在，但是我們必須瞭解影響一個演繹推理有效性的因素有兩個方面，一是推理形式是否有效，即是否遵循相應的推理規則；一是構成前提的命題是否眞實。在馮友蘭的這組命題中可以說推理形式是正確的，但是他的前提命題是否爲眞，這點馮友蘭卻無法說明，他只能通過預設它們爲眞得到如此結論，但是正是這種預設前提使他的推理結論不能是必然有效的，即不能是普遍爲眞的。

最後，我們分析馮友蘭預設爲眞的前提也不能推演出「理」的存在，按照馮友蘭對形上學命題性質的理解，那麼這些命題都應該是「幾乎重複敘述命題」，這種命題只肯定其主辭的存在，而不能肯定謂辭的存在。所以「某種事物是某種事物，必有某種事物之所以爲某種事物者」這個命題我們只能肯定是「某種事物」的存在，而對於「某種事物之所以爲某種事物者」是不能肯定的，如此，我們又怎麼由此推導出「某種事物之所以爲某種事物者」即「理」的存在。

## （二）對形上學體系構建過程的反思

馮友蘭在建構形上學體系程序中也存在著一些問題，一方面他無法眞正解決長期困擾我們的關於「經驗」與「超驗」之間的關係問題，另一方面他也無法徹底堅持其邏輯分析精神。具體表現在：

第一，能否從經驗世界出發邏輯的推導出超驗或先驗的世界。

馮友蘭同時接受了經驗主義和理性主義，因此，他哲學出發點是從經驗

出發，用邏輯分析方法上昇到對理性的認識，但是，我們能否從經驗世界出發邏輯的推導出超驗的理世界呢？我認為是不能，馮友蘭具有共相和超驗性質的理世界，在一定程度上類似於佛家的彼岸，是在我們經驗世界不可能被驗證的，沒有人能夠真真切切的「見」到過這樣的一種存在。所以，我們企圖通過理性的邏輯分析再現它是不切實際的。形上學與其說是一種知識，更確切的說應是一種境界，一種超越語言的國度，對於這樣一種境界，我們是既不能用語言形象的描述，也不能用邏輯嚴密的推導。我們只能通過「信」，我相信所以它存在，在許多中西哲學家那裡都存在這樣一個問題，就是企圖通過對經驗世界的觀察和分析，而確定形上的某種存在，並把它作為其哲學的出發點和終結點。但是，我們對經驗的觀察更多使用的是歸納法，是一種從個別到一般，從特殊到普遍的方法，這種歸納方法所得到的結論不是必然為真的，馮友蘭的「理世界」實際上是通過歸納方法得到的，「我們因分析實際底事物而知實際，因知實際而知真際。我們的知愈進，我們即愈能超經驗。」〔註56〕這就使他的「理世界」並不必然為真，而他卻對此確信不疑，並把它作為自己哲學體系的絕對預設，從此演繹出他整個的哲學體系。

第二，能否把邏輯分析方法作為形上學的方法。

通過上面的討論我們已經隱喻地涉及到這個問題，即形上學的觀念能不能用邏輯分析方法解說。邏輯分析方法類似科學方法，對於事物和現象總要問一個「是什麼」和「為什麼」，所以它經常與探索世界事物的因果性關聯聯繫在一起。但是當馮友蘭用邏輯分析方法對經驗世界進行探究和追問的時候，存在著一個很明顯的問題，即他對經驗世界的追問並沒有徹底貫徹邏輯分析方法的科學精神和邏輯精神。如當追問到為什麼某物是某物時，馮友蘭的回答是因為存在成為某物之理，但是某物之理是什麼以及為什麼某物會有某物之理時，馮友蘭卻無法用邏輯分析法回答。這就好比當我們看見海嘯，作為一個科學家可能會追問海嘯是怎樣形成的？而按照馮友蘭的理解，我們只需要知道有海嘯存在，是因為有海嘯存在之理，至於什麼樣的理是我們不能追問的！這個比喻也許並不恰當，因為海嘯是一種經驗世界的現象，我們可以用科學的、邏輯的方法探究其成因，但形上學的彼岸世界我們就無法用這種方法得到。所以，馮友蘭企圖用邏輯分析方法構建形上學體系的嘗試並不成功，也沒有達到他預期的提高我們境界的目的。如果用這樣的形上學來

---

〔註56〕馮友蘭，《貞元六書》〔M〕，上海：華東師範大學出版社，1996年，頁31。

指導我們的人生，就會讓我們對待任何事物不求甚解。當我們面對成功，我們會說我們之所以成功，是因為有成功之理，當我們面對失敗，我們也會說我們之所以失敗，是因為有失敗之理。人缺乏了積極向上、探求真知的精神，那麼人的存在價值和意義又在哪裏？洪謙曾指出，如果傳統的形上學是一些胡話的堆積，那麼馮友蘭的形上學就是一種空話，傳統的形上學雖然不是一種關於實際的知識，但卻是能給予我們情感滿足的「概念的詩歌」，「但是馮先生的形而上學似乎是兩者俱無一厝。雖然馮先生的形而上學也如傳統的形而上學一樣，想對於『人生境界』方面有所貢獻，不過事實上傳統的形而上學已經有了收穫，馮先生的形而上學似乎有新的努力，須有待於將來了。」〔註57〕筆者在閱讀其書時對於這點也深有同感。

所以，馮友蘭雖然對邏輯分析方法進行大篇幅的討論，對其給予了高度的重視，但是它除了在「辨名」中發揮了極大作用外，在「析理」中並沒有析出理的內容，只做到了析物以得理。因此，馮友蘭只是用它搭起了形上學體系蒼白無力的框架，而其中的「血肉」卻是用負的方法，即神秘主義方法填充的。

## 本章小結

雖然筆者過多突出了馮友蘭建構形上學體系的缺失，但總的來說，馮友蘭的邏輯分析方法對於中國哲學以及中國哲學史學科現代化轉型所做出的貢獻卻是不可泯滅的。馮友蘭的「三史六書」，體現了近現代中國學者們在學習和評價西方哲學的基礎上建構具有本民族特色哲學體系的一種嘗試，體現了近現代中國學者們推進中國哲學現代化進程的一種努力。正是因為這些學者們有「為天地立心，為生民立命，為往聖繼絕學，為萬世開太平」的崇高夙願，才會使他們有了奮鬥的動力，「雖不能至，心嚮往之」，他們的學說才會永久散發著眩目的光芒，因此對於有著這種境界的人，作為後輩的我們不僅要能客觀的評價，還要保持著一種「同情的瞭解」。

---

〔註57〕洪謙，《維也納學派哲學》〔M〕，北京：商務印書館，1989 年，頁 192。

# 第三章　邏輯分析方法與金岳霖哲學

　　金岳霖自小就有很強的邏輯意識。他曾經提到，中國有句古話曰：「朋友值千金」，這本是不錯的，但是如果與另一句古語「金錢如糞土」聯繫起來，就會產生一個非常荒謬的結論：「朋友如糞土」。這時金岳霖雖沒有步入邏輯學的大門，但是已經能夠自覺的運用邏輯方法對中國文化進行關聯性的反思。

　　金岳霖不僅對邏輯有了最初的懵懂，還對算學給予極大的希望，「好久以前，我對於算學家十分景仰，他們可以坐在書房裏寫公式，不必求合於自然界，而自然界卻毫無反抗地自動地接受算學公式。這在我似乎表示自然界有算學公式那樣的秩序。後來研究邏輯，自己又感覺到邏輯也有那閉門造車出門合轍底情形。」〔註1〕在金岳霖眼中邏輯也可以使我們運籌於帷幄之中，決勝於千里之外。

　　後來金岳霖的留學生涯帶來了一種結合算學與傳統邏輯的全新邏輯思想，再經過金岳霖周密、認真的反思，他逐漸體悟到在生生不息的經驗洪流中剎那芳華，如果我們在這個瞬息萬變的世界中以變應付變，就會疲於奔命而不自知，迷失在大千世界之中。但如果我們掌握了邏輯方法，並從這種方法和系統中把握邏輯的真諦，即「唯一的邏輯」，我們就能以不變應萬變，任你孫猴子如何七十二番變化，都無法逃出如來佛祖的手掌心。故金岳霖提出「邏輯是哲學的本質」，並在此基礎上，將邏輯不僅看作是分析哲學概念、言說哲學觀點、建構哲學體系的工具，更是一種形而上學最基礎的概念，一種宇宙生成中最本原的要素。

---

〔註1〕金岳霖，《論道・緒論》〔M〕，北京：中國人民大學出版社，2005年，頁2。

# 第一節　邏輯哲學思想

　　金岳霖的邏輯思想主要集中於《邏輯》一書，這是他早期的邏輯教科書。這部著作共分爲四部分，第一部分總結了西方傳統演繹邏輯思想，第二部分歸納傳統演繹邏輯的問題，第三部分介紹羅素、懷特海的現代邏輯系統，第四部分反思了邏輯與邏輯系統的性質和關係。

## 一、對傳統演繹邏輯的評價

　　在金岳霖早期對邏輯學的介紹中，並沒有將歸納納入邏輯學之中，他更傾向於把歸納看作是知識論相關的方法。金岳霖認爲「邏輯」一詞從最初的古希臘語法上考察，實際包含了兩方面，一是認識，一是技術，前者開創了我們對知識的追問，後者啓動了我們對邏輯法則的探尋，正是這兩方面的不同，使邏輯從最初逐漸分化成知識論和邏輯學兩門不同的學科。所以，雖然知識與邏輯在現實生活層面上是密不可分，但是在做學問上，還是應該將知識論與邏輯學分開研究，「歸納與演繹大不相同。我認爲它們終究是要分家的，所以這本書沒有歸納部分。同時從個人方面著想，我自己在知識論方面還沒有弄出條理的時候，我不能寫歸納法的書。」〔註2〕因此，在金岳霖《邏輯》一書中主要介紹和評價的是傳統演繹邏輯，並沒有提及歸納，而是在《知識論》中才集中解決了歸納問題。

　　金岳霖在對傳統演繹邏輯介紹的過程中，除了對傳統邏輯主要觀點進行普及性宣傳外，更多側重考察傳統邏輯學的缺失，從而爲現代邏輯的介紹埋下伏筆。

　　第一，在介紹名詞時金岳霖提出是否應嚴格執行定義規則的問題。他指出，傳統邏輯學中關於定義的規則，其中一條：定義項（右詞）不能直接或間接包含被定義項（左詞），違反這一規則，就會出現循環定義或同語反覆的邏輯錯誤。這個規則有其存在的合理性：一是在知識的先後上，定義的目的就是要通過已經瞭解的事物或名詞的意義說明未解之事，「右詞的職責就是使我們知道左詞的意義，或使左詞的意義清楚。如果左詞重現於右詞，則右詞不能盡它的職責。」〔註3〕二是如果在右詞中包含左詞，右詞的意義就不明確，

---

〔註 2〕　金岳霖，《邏輯・序》〔M〕，北京：中國人民大學出版社，2005 年，頁 1。
〔註 3〕　金岳霖，《邏輯》〔M〕，北京：中國人民大學出版社，2005 年，頁 7。

那麼下一步我們還要借助第二個定義明確右詞的意義，而第二個定義中如果也出現此種情況，就還需要第三個定義，如此推論就會出現無量推進而無止境的問題。三是一個邏輯系統的推演不允許出現這種情況，在邏輯系統中，從推演先後來看，右詞在先，左詞在後，右詞已經得到系統認可，而左詞尚未得到證明，所以，我們往往是要用已經是系統中的右詞來證明或推演左詞，如果左詞重現於右詞之中，就是「以一尚未發現的名詞去定一尚未發現的名詞的義」，〔註 4〕這是有違現代邏輯精神的。金岳霖指出，雖然我們有充分的理由支持這個定義規則，但是在現實生活的具體運用中卻涉及到一些複雜的問題，即「直接」或「間接」界定十分模糊，「所謂左詞不能重現於右詞，是整個的左詞呢？還是只要與左詞有關係的名詞均不能重現於右詞呢？還是左詞的部分均不能重現於右詞呢？」〔註5〕我們在現實生活中有時定義又不能不繞圈子，即使是代表人類思想、定義嚴謹的百科全書也免不了繞圈子，「如果定義從大的方面廣的方面不能不繞圈子，而在狹的方面又不能繞圈子，則問題不是任何圈子都不能繞，而是多麼小的圈子不能繞。」〔註6〕因此，這個定義規則的有效範圍到底該如何界定，才能使我們不會陷入如此尷尬的境地，就成為一個非常難以解決的問題。

而且，金岳霖受現代數理邏輯的影響，並不主張使用概念一詞，而是用名詞來表達。在他看來，傳統邏輯對概念的理解會引發很多複雜而又難以解決的問題，上面關於定義規則的使用限度問題就是一個。除此之外，還有如果概念是反映事物本質屬性的思維形式，那麼沒有現實所指的虛概念是不是概念？不反映事物本質的概念是不是概念？概念怎樣定義才能反映事物本質等等問題都很難達成共識。因此，概念本不在金岳霖的視野之中，但是為了使現代與傳統有一個恰當的過渡，他仍然勉強探討。為了除去那些能夠引發爭議的哲學問題，他接受了現代邏輯的觀點，將概念改為名詞，並單純從約定論出發，認為它就是一種人為約定的符號，它沒有真假，只是一種接受方式，這樣反映事物本質的概念、不反映事物本質的概念、以及外延為空的虛概念就都能囊括其中。

金岳霖還用命題代替了判斷，「最大的關鍵似乎是把邏輯裏的命題當作知

---

〔註 4〕 金岳霖，《邏輯》〔M〕，北京：中國人民大學出版社，2005 年，頁 7。
〔註 5〕 金岳霖，《邏輯》〔M〕，北京：中國人民大學出版社，2005 年，頁 7～8。
〔註 6〕 金岳霖，《邏輯》〔M〕，北京：中國人民大學出版社，2005 年，頁 8。

識論裏的判斷。判斷離不了心理，離不了歷史的背景，離不了一時一地的環境。……談名詞就談到官覺與感覺，談命題就談到判斷，愈注重在求知識的實際上的應用，愈不能得抽象的進步，愈注重實質，愈忽略形式；其結果是形式方面的對與不對的問題無形之中變成了眞與不眞的問題。」〔註7〕由此可以看出，金岳霖選擇名詞而不選擇概念，選擇命題而不選擇判斷，其目的都是希望能夠把邏輯學中形式和抽象的成分擴大到最高，將其中的心理成分降到最低，使邏輯學與知識論、心理學分開。

第二，金岳霖認爲將虛概念納入邏輯學的視野是其由舊入新的一個關鍵問題。傳統邏輯學一般不考慮命題中主詞的虛假性，更確切的說是直接認定主詞斷定的事物一定存在。而隨著邏輯學的發展，人們逐漸發現雖然在生活中虛概念並不多見，而且對於日常生活的正常秩序也不存在影響，但是爲了保證學科的嚴密性，虛概念就必須考慮。虛概念的介入使傳統邏輯中的許多問題暴露無遺，如傳統邏輯指出，概念的內涵與外延之間具有反變關係，而虛概念的出現，就使這種反變關係無法成立。因爲虛概念在現實中找不到相應的外延分子，所以它是外延最狹的概念，因此，無論增加或減少多少概念的內涵，也達不到縮小或擴大其外延的目的。

這個問題同樣出現在直接推理和三段論推理中。金岳霖指出，對於命題主詞有五種不同的態度，第一種是肯定主詞不存在；第二種是假設主詞不存在；第三種態度是不假設主詞存在；第四種態度是假設主詞存在；第五種態度是肯定主詞存在。在這五種態度中，第一、二種態度可以撇開，因爲在正常生活中，沒有一個人會提出一個命題，卻肯定或假設主詞不存在。

對於剩下的三種態度對推理的影響，金岳霖進行了詳細的考察。他指出，在傳統邏輯中，簡單命題 A、E、I、O 之間具有四種對待關係，A 和 E 命題之間具有反對關係，這是一種不能同眞，但可同假的眞值關係；I 和 O 命題之間具有下反對關係，是不能同假，但可同眞的眞值關係；A 和 O、E 和 I 兩組命題之間具有矛盾關係，是既不能同眞，也不能同假的關係；A 和 I、E 和 O 命題之間具有差等關係，是全稱命題眞，特稱命題必眞，特稱命題假，全稱命題必假的眞值關係，但是虛概念的出現使這種清晰的對待關係出現了問題。三種對待主詞的態度導致傳統的對待關係發生變化，當我們不假設主詞存在，即 $A_n$，$E_n$，$I_n$，$O_n$，$A_n$ 與 $E_n$ 不再具有反對關係，而是一種獨立關係，即

---

〔註7〕金岳霖，《邏輯》〔M〕，北京：中國人民大學出版社，2005年，頁8。

兩個命題的眞假無所對待，建立不了任何關聯；$A_n$ 與 $O_n$、$E_n$ 與 $I_n$ 之間的矛盾關係也不能成立，而是一種下反對關係；如果採用肯定主詞存在的態度，即 $A_c$，$E_c$，$I_c$，$O_c$，$I_c$ 與 $O_c$ 不是下反對而是獨立關係；$A_c$ 與 $O_c$、$E_c$ 與 $I_c$ 之間也不是矛盾關係而是反對關係；只有在假設主詞存在的態度，即 $A_h$，$E_h$，$I_h$，$O_h$，傳統邏輯中對待關係才能成立。然而以假設主詞存在爲條件，必然會將沒有外延的虛概念排斥在論域之外。

而且雖然以假設主詞存在的態度能夠使簡單命題的對待關係得以成立，但以此種態度進行換質換位推理時，就會出現一系列的問題。原因在於命題的主賓詞通過換位而產生位置的改變，命題的賓詞在前提中並沒有存在與否的討論，但是一旦成爲結論命題中的主詞，就產生了由於態度不同而出現眞值不同的問題。如「沒有人是鬼」這一命題正常情況下我們都會認爲其爲眞，不管我們對於鬼這一類的存在採用什麼態度。但是如果通過換位之後，就變成「沒有鬼是人」，這一命題我們就要具體考慮鬼類的存在問題，如果我們只是假設鬼類存在，由於這假設條件無法滿足所以命題就無所謂眞假。主詞存在態度同樣也影響著傳統演繹邏輯中非常重要的部分——三段論，它使三段論的許多推理形式無法成立。基於此點，金岳霖以現代邏輯的研究成果，重新定義了簡單命題的具體含義。他指出，全稱命題 A 和 E 是不假設主詞存在的命題，特稱命題 I 和 O 是肯定主詞存在命題，由此構成對當關係和換質換位以及三段論的推理形式和規則都應據此調整。

第三，金岳霖認爲傳統邏輯中命題的主賓式結構也存在一定的缺點。首先，這種主賓式命題通式目的在於通過主詞與賓詞的邏輯關聯表現現實生活中事物的本質與屬性的關係，可是它卻在一定程度上限制了傳統邏輯的討論範圍，表示個體、類的關係命題都被排除在外，這一特點在三段論推論中表現得尤爲明顯。傳統三段論本來是一種質的傳遞，主賓式的三段論推論表現了屬性質的傳遞過程，但是傳遞除了屬性質之外，還有一個更重要的方面，即關係質的傳遞，如「A 比 B 大，B 比 C 大，故 A 比 C 大」這是一個非常簡單直觀的正確推論，但是由於構成此推理不是主賓式命題，因此，傳統邏輯就把它排除於三段論推理之外。「把命題限制到主賓詞式，其不遵守此式者傳統邏輯無法應付。」〔註8〕其次，如果把命題限制爲主賓式，傳統邏輯中就有一個非常重要的部分需要說明，即聯詞「是」的意義。但正是這種主賓式的

〔註8〕金岳霖，《邏輯》〔M〕，北京：中國人民大學出版社，2005年，頁9。

結構使人們對「是」的理解存在分歧，金岳霖以「all men are mortal」爲例詳細的介紹了很多種對「是」的不同理解：（a）「是」表示主詞所表現的類與賓詞所表現的類具有包含關係，即人類包含於有死類；（b）如果主詞代表的是更具體的類中的個體，那麼「是」就表現爲個體與類的屬於關係，即人中的每一個體屬於有死類；（c）如果主賓式體現了事物的屬性，那麼「是」表現了主詞的事物具有賓詞的屬性，即人類具有「有死」的屬性；（d）如果撇開命題所表現的現實事物，僅從文法上看其結構，「是」僅表現爲兩個概念或詞項之間無條件的當然關係；（e）如果把主詞所表現的事物存在爲條件，則「是」表現在此條件下一定的滿足關係；（f）如果把主詞所表現的事物看做是肯定存在，則「是」就表現爲一種對實然的描述；（g）命題中的量詞「all」的理解也使「是」的意義不明，「all」在時間上是範疇「過去已往」、「過去已往到現在」還是「所有已往、現在以及將來」？就使「是」也存在著一個時態的問題。因此「是」就變成了一個含糊不清的概念。

第四，傳統假言命題中 implication 的意義不明確。金岳霖指出，傳統的蘊涵關係是一個非常不好界定的關係，他介紹了當時西方現代邏輯中四種關於蘊涵的解釋：眞值蘊涵、形式蘊涵、穆爾蘊涵和嚴格蘊涵。

所謂眞值蘊涵是由事實上兩命題的眞假決定，「這種蘊涵關係既是兩命題事實上的眞假關係，也可以說是眞假值的關係，所以簡單的稱爲『眞值蘊涵』」。〔註9〕在羅素《數學原理》中的 P‧M 系統就是在此意義上使用此種關係的，但是由於它只強調命題的眞假關係，這樣，「蘊涵關係」就僅僅解釋爲眞值上運算。這種眞值的運算會出現一種「蘊涵悖論」的奇怪現象，即我們可以得出一個假命題可以蘊涵任何命題，同樣也可以得出任何命題可以蘊涵一個眞命題，這就使日常生活中「如果——則」的意義關係無法在這種解釋下得到恰當的體現。

形式蘊涵可以說是對眞值蘊涵的歸納，通過對無量個體的考察普遍抽象的結果。類似於謂詞邏輯中的全稱命題：$(x)\cdot\varphi x \supset \psi x$，由於是無量個體，那麼在有限時空中有量個體可以爲假的命題在無限時空中就不一定爲假，這就使形式蘊涵擺脫了眞值蘊涵的悖論，從而在一定程度上變成了意義上的蘊涵關係。但金岳霖指出，這並不是對形式蘊涵的唯一解釋，如果「$\varphi x$」表示的是一個複雜而同時又是不可能的命題，那麼形式蘊涵也可以解釋爲嚴格蘊涵。

---

〔註9〕金岳霖，《邏輯》〔M〕，北京：中國人民大學出版社，2005年，頁234。

穆爾蘊涵中的「蘊涵」使用的不是「implication」而是「entailment」，即 p、q 兩命題具有「entailment」關係，就意味著「q 可以由 p 推論出來」。如「這本書是紅色」entail「這本書有顏色」，也就是說「這本書有顏色」可以由「這本書是紅色」推論出來。把蘊涵解釋為「entailment」一方面避免了真值蘊涵的悖論，另一方面凸顯了日常生活中意義方面的蘊涵關係，但其缺點就是使用範圍太過狹窄。

嚴格蘊涵中的「蘊涵」為「不可能」，這個「不可能」既不是「矛盾」的意思，也不是「不一致」的意思，它完全就是路易斯系統中的一個基本概念。p「嚴格蘊涵」q 就是指 p 真而 q 假是不可能的。這種解釋跟真值蘊涵極為類似，因此金岳霖指出，它雖然可以表現為意義上的蘊涵關係，但是由於它也不可避免的呈現了類似真值蘊涵的悖論現象，這就使它有時又不能表現意義上的蘊涵關係，所以「嚴格蘊涵雖可以是而不必是意義上的蘊涵」。〔註 10〕

金岳霖指出，在大多數情況下傳統的蘊涵關係似指一種意義蘊涵，但卻並不都是如此，由於日常語言的蘊涵意義所指不清，所以，這些蘊涵的解釋都不能包舉無遺，對於蘊涵關係還有待於進一步的考察和解釋。「現在所要表示的就是傳統的蘊涵關係，或者意義不清楚，或者有一致的意義而我們不知其意義之所在。」〔註 11〕

第五，在介紹假言推論時，金岳霖創造性的引入了一個在當時傳統邏輯中沒有的推論，即必要條件假言推論。其實，這種推論在傳統邏輯中沒有，在現代邏輯中也不必有，那麼以傳播現代邏輯為宗旨的金岳霖為何還要執意將其引入？筆者認為原因有二：一方面他受中國傳統邏輯思想的影響。在中國古籍《墨子》一書中，曾介紹過關於論證的方法。《墨子·經說上》將「故」分為「大故」和「小故」兩種，「大故」是充分必要條件假言命題，「小故，有之不必然，無之必不然。」「非彼必不有，必也。」很顯然，此為必要條件假言命題的邏輯性質，很有趣的是在此書中獨獨沒有西方邏輯中非常重要的充分條件假言命題。從這點我們可以看出在中國古代典籍中似乎認為必要比充分更重要，當然也不排除典籍在傳承過程中出現遺失或修改的可能。另一方面金岳霖認為雖然在西方傳統邏輯中必要條件假言命題沒有被明確承認，但是在日常生活中這種形式的使用率非常高。如果傳統邏輯是對日常語言的

〔註 10〕金岳霖，《邏輯》〔M〕，北京：中國人民大學出版社，2005 年，頁 238。
〔註 11〕金岳霖，《邏輯》〔M〕，北京：中國人民大學出版社，2005 年，頁 121。

抽象和體現，那麼這種形式就有必要同充分條件假言命題一樣被確定下來，所以金岳霖特別描述了這種命題的特點及其規律。他指出：「日用語言中的『除非──不』是表示必要條件的假言命題。這種假言命題可以說是把一部分的『如果──則』的命題翻轉過來的命題。」〔註 12〕但是金岳霖又強調此種互譯的情況僅僅是一部分，由於「如果──則」蘊涵關係的意義非常混亂，所以，有些命題在習慣上我們不能把它改變成為必要條件假言命題，如「如果我心情不好，我就去逛街。」這個命題是不可能轉換為「除非我去逛街，我心情好」。

除此之外，金岳霖還對傳統邏輯中一些細微的問題提出獨到的見解，如他在介紹析取推論時指出，由名詞或命題構成的析取推論有時可以互換，有時卻不能，傳統邏輯似乎並沒有注意到這點；在介紹二難推論時他特別強調二難推論僅僅是作為一種思想上的藝術，從其形式結構上來看，它並沒有什麼二難之處，「而所謂『難』者完全是實質問題，而不是形式問題。」〔註 13〕它只不過是人們在實際生活中對兩種選擇所觸及的利害關係的左右為難。所以在涉及到實質方面的辯論過程中，二難推論可以充當非常重要的辯論工具，但在形式邏輯中我們對其可以忽略不計，因此，在現代數理邏輯中這種二難推論僅僅作為系統中一個證明的定理出現，並沒有特殊的重要作用。

在介紹和批評傳統邏輯的最後，金岳霖強調這部分雖然多在批評，但並不是表示傳統邏輯一無是處，傳統邏輯所作出的積極貢獻是有目共睹的。因此，這部分的目的僅在於說明傳統邏輯並不是一個自足的演繹系統，其許多部分都是彼此獨立沒有關聯的，而且傳統邏輯中包含著許多非邏輯性的東西。金岳霖指出：「本書意不在此，不批評新式邏輯，不見得新式邏輯沒有毛病；也不僅是因為傳統邏輯有毛病。本書的宗旨在使初學者得批評的訓練，使其對於任何邏輯及任何思想，均能運用其批評的能力。」〔註 14〕

## 二、對現代數理邏輯的介紹

在對傳統演繹邏輯進行介紹和評價之後，金岳霖以羅素與懷特海合著的《數學原理》為藍本介紹現代數理邏輯的最新成果，其中包括未解析的命題

---

〔註 12〕金岳霖，《邏輯》〔M〕，北京：中國人民大學出版社，2005 年，頁 49。
〔註 13〕金岳霖，《邏輯》〔M〕，北京：中國人民大學出版社，2005 年，頁 126。
〔註 14〕金岳霖，《邏輯》〔M〕，北京：中國人民大學出版社，2005 年，頁 128。

推演即命題公理系統定理 67 條；具一表面任指詞的命題推演即一元謂詞公理系統定理 17 條；具兩表面任指詞的命題推演即二元謂詞公理系統定理 18 條；具相同的思想的命題推演定理 17 條；具敘述詞的命題的推演即帶有摹狀詞的謂詞公理系統定理 17 條；類的推演即類演算定理 82 條；關係的推演即關係演算定理 85 條。金岳霖所選擇的定理多是與在第一、二部分介紹的傳統邏輯相關，如矛盾律、排中律、三段論等，企圖用此表明現代形式化、公理化的邏輯系統完全可以將傳統邏輯的推理形式囊括於其中。

　　除此之外，金岳霖還用自己的語言方式表述了系統的組要成分：

　　第一，在介紹未解析命題推演時，簡單解釋了邏輯系統中基本符號的意義。如「├」為斷定符號，帶有此符號的命題具有一定的斷定成分，即在系統中斷定其為真的命題。「＝…Df」表示定義，此處金岳霖再次強調現代邏輯中的定義與傳統邏輯的理解不同。傳統邏輯中定義是要解釋被定義項的內涵，或更確切的說是為了解釋被定義項所反映事物的屬性，而在現代邏輯學中定義僅僅是一種符號的用法，它表示定義左邊和右邊意義相等，例如「p⊃q. =.～pvqDf」所要表示的不過是「如果 p 真，則 q 真」的意義是「p 是假的或者 q 是真的」。並且在現代邏輯中定義並不是一個系統所必須的成分，它可有可無，其作用不過是使一個系統的證明更簡單明瞭而已。此外，金岳霖還指出「～」相當於漢語的「非」，「□」相當於漢語的「或」，「‧」相當於漢語的「和」，「□」相當於漢語的「如果──則」，「≡」相當於漢語的「相等」（此「相等」為邏輯真值的相等，而非意義價值的相同）。金岳霖指出，這些符號都只是與漢語約略相當，其意義如深究，則存在很多問題。

　　第二，除了介紹系統基本符號的意義之外，金岳霖還探討了系統中基本命題的功用。他指出，在系統中基本命題具有兩個功用，一是推論的前提，一是推論的原則。他認為一個自足的系統不僅要有推論前提還要有推論原則，羅素和懷特海公理系統的第一個基本命題「真命題所蘊涵的命題是真命題」既是前提又是推論原則，這個基本命題就是我們現在熟知的分離規則。「本系統中的基本命題不僅是前提而且是推論原則；這不過是說，它們有兩種用法。以它們為前提是把它們當作結論的根據，由它們所能得到的結論是本系統所能承認為真的命題；以它們為推論原則是把它們當作推論的根據；合乎此原則的推論是本系統所承認為對的推論。」〔註15〕

---

〔註15〕金岳霖，《邏輯》〔M〕，北京：中國人民大學出版社，2005 年，頁 134。

第三，在介紹相同思想的命題推演時，金岳霖提出關於相同的理解，這個理解與羅素有細微的差別。金岳霖指出，所謂「相同」可以有以下形式：

a・φ 與 φ 相同；

b・φ 與 ψ 相同；

c・x 與 x 相同；

d・x 與 y 相同。

在這四種相同中，其中（a）和（b）為一類，是謂詞的相同，（c）和（d）為一類，是個體的相同。邏輯學所要探討的相同是自身與自身相同，即同一律。所以（b）和（d）不是我們想要研究的內容，那麼，同一律的相同到底是（a）還是（c）？是強調謂詞自身相同還是強調個體自身相同？金岳霖指出，在羅素《數學原理》中使用的是 x＝x，似乎更認可個體自身的相同，金岳霖表明如果是個體自身的相同，那麼就不可避免涉及到個體流變的問題，每一個體都有著成盛衰毀的生命周期，都無時無刻不在時空中流動，個體的變就使其自身相同成了一個無法言說的問題。金岳霖指出，如果非要強調相同是個體的，就必須把個體相同進行限制，只有把個體限制到時點——空點上，個體才勉強成為靜止，才能討論相同的問題。因此，金岳霖並不贊同羅素對同的理解，而認為相同應是謂詞的同，是概念的同、關係的同、共相的同，即「φ＝φ」。「如此則同一之同是完全的，絕對的，而事物的變化無論如何的快，決不至於影響到這樣的同，因為這樣一來，同一律對於具體的東西，沒有肯定的積極的主張。」〔註16〕

## 三、對邏輯系統理論的思考

金岳霖在介紹了羅素——懷特海的邏輯系統之後，並不滿足於其精細的技術程序，他還著重以一種哲學家敏銳的觸覺對邏輯以及邏輯系統做了整體而又深刻的反思，並為其形而上學的創作鋪設道路。

### （一）演繹系統

首先，金岳霖指出一個演繹系統應該具有的特點：

第一，演繹系統的出發點具有一定的武斷性。這種武斷不同於非演繹系統的基本原則。在非演繹系統中其根本原則雖然也帶有武斷性，但是這是一

〔註16〕金岳霖，《邏輯》〔M〕，北京：中國人民大學出版社，2005 年，頁 167。

種對其為真的武斷，其為真或已經證明或深信不疑或熱切期盼其為真，多少都帶有一定的主觀武斷性。而對於演繹系統的出發點我們既不需要證明其為真，也不需要假設其為真，更不需要期盼其為真，對於它的真假不在其討論的範圍內，演繹系統所要做的是怎樣從這些出發點中推衍出其系統其他構成部分。因此，此處所說的武斷實為選擇什麼樣的出發命題的武斷性。

第二，演繹系統必須具有自生性。金岳霖指出，一個演繹系統的出發點雖是武斷的，是系統外的思想，但是一旦被確定為系統的出發點，那麼由它們推演出來的系統構成必須是自生的，「所謂自生思想者即根據於系統的基本思想，用系統的產生工具與適合於系統所承認的方法，而產生的思想。」〔註17〕

第三，演繹系統的各部分必須具有關聯性。也就是說演繹系統內的各個組成部分必須彼此融洽，或者從消極意義上說，系統的各個組成部分不能出現矛盾衝突。因此，關聯性、融貫性是系統之為演繹系統的一個必要條件。「從反面著想，一演繹系統的最低限度是內部不能有彼此不相融洽的地方。但一系統在事實上彼此融洽不足以表示它是演繹系統。」〔註18〕

接著，金岳霖提出了演繹系統的構成要素。一個完整的演繹系統要求包括演繹幹部和演繹支部兩個部分，演繹幹部為系統的根本，而演繹支部則是從幹部衍生出來的，是系統的枝葉部分。在一個演繹系統中最重要、最基礎的部分就是演繹幹部，它決定了系統的特點。他指出，演繹幹部有兩個構成要素，基本概念和基本命題。對於基本概念和基本命題我們有選擇的自由，演繹系統不絕對要求我們必須使用哪些概念或命題作為系統的出發點，我們的選擇完全取決於我們對系統的最終目的，或者期待有什麼樣的系統。而且我們也有對基本概念和基本命題定義的自由，在演繹系統中基本概念可以有定義，也可以無定義。如果演繹系統基本概念有定義，那麼這個定義既不同於傳統邏輯知識中實質定義，也不同於名詞定義，實質定義表示的主詞所代表的具體東西在事實上有某種意義，名詞定義表示的是某種名詞在事實上有某種意義。而演繹系統中的定義表示的不是事實，它與具體的東西沒有必然的關聯，它所要表示的只是一種意志，即在這個系統中某名詞（基本概念）的某種用法，這個名詞與系統範圍之外事實上有無某種意義毫不相干。因此，系統中的定義是無所謂真假的。「在英文，這樣定義有時稱為『voluntary

---

〔註17〕金岳霖，《邏輯》〔M〕，北京：中國人民大學出版社，2005年，頁202。
〔註18〕金岳霖，《邏輯》〔M〕，北京：中國人民大學出版社，2005年，頁202。

definition』，所以如此稱呼者，因為它表示引用名詞之自由。」〔註19〕

雖然演繹幹部具有選擇的自由和定義的自由，但是這種自由並不是不受限制的，為了恰到好處地發揮其職能，還必須對它提出一些條件和要求。首先，對基本概念定義的要求。基本概念雖然可以有定義，也可以無定義，但是如果選擇有定義，那麼對於系統內基本概念的定義必須借助於系統外的思想，因為一個系統內的基本概念是系統支部得以自生的根據，如果我們用生於系統內的思想再去定義它，就會出現「循環定義」的邏輯錯誤。所以「如果我們在一系統的立場上，那一系統的基本概念是不能以那一系統的思想去下定義的」。〔註20〕其次，基本概念和基本命題選擇的要求。雖然一個演繹系統的基本概念和基本命題在選擇上可以武斷，但是我們的選擇還有一些最低條件。對於基本概念從質的方面說，我們必須選擇內涵少而外延大的概念，系統的推演歷程大多是由簡推繁，而內涵多的概念往往外延很小，這就使它不具有推出的能力，因此，無法充分發揮演繹系統自生的職能。從量的方面說，基本概念應該遵循經濟原則，即一方面數目不易太多，基本概念太多，其根本地位就會消減，系統自生的歷程和層次就會變得模糊不清；另一方面還要推論便利，如果推論不便利，推論的歷程就會相對複雜、冗長，這就使系統求簡的願望在推論方面不能實現。因此「我們似乎可以說基本概念的數目雖要少，但不宜少到減少推論不便利的程度」。〔註21〕

同樣，基本命題也必須滿足選擇上的最低條件，即夠用、獨立、一致。基本命題也應遵循經濟原則，數目不易太多，但也不能少到不夠用，所謂夠用就是指選擇的基本命題能夠達到系統構造者的最終目的，即推論出所有要推論出來的命題，「如果所要得到的命題都能發現於一系統之中，而一系統的命題又均是基本命題所推論出來的命題，則那一系統的基本命題為夠用，反之則不夠用。」〔註22〕所謂獨立就是說基本命題之間彼此不相蘊涵，也就是基本命題之間不能相互推論。道理很簡單，如果兩個基本命題（甲）（乙），（甲）蘊涵（乙），那麼（乙）完全可以從（甲）推論證明出來，我們不需要把（乙）在基本命題中體現出來，只把（甲）作為基本命題就足夠了，（乙）完全可以

〔註19〕 金岳霖，《邏輯》〔M〕，北京：中國人民大學出版社，2005年，頁262。
〔註20〕 金岳霖，《邏輯》〔M〕，北京：中國人民大學出版社，2005年，頁203。
〔註21〕 金岳霖，《邏輯》〔M〕，北京：中國人民大學出版社，2005年，頁203～204。
〔註22〕 金岳霖，《邏輯》〔M〕，北京：中國人民大學出版社，2005年，頁268。

在演繹支部中從（甲）中生出來。所謂一致就是無矛盾、無衝突，基本命題是系統的前提，而系統支部中的許多命題則是它的結論，如果系統的基本命題之間不一致，那麼就很難保證一個系統是演繹的，因此要想保證系統的關聯性，即系統的融貫、無矛盾，那麼就必須要保證推論系統幹部的各個基本命題保持一致。

最後，金岳霖強調演繹系統的職能，它是一個劃分界說的工具，其工具性體現在以下三個方面：

第一，保留的工具。一個演繹系統的幹部都各有其職責，原子是系統所要對付的對象，運算或關係是運用對象的工具，而基本命題既是系統中的大前提，又是運用工具的方法。在演繹幹部自生出演繹支部的過程中，符合基本命題運用原子的方法就成為保留的標準，在這種標準下，運算或關係就由運用的工具變成了保留的工具，因此，一個演繹系統的支部就是此系統所要保留的部分。

第二，淘汰的工具。在演繹幹部自生出演繹支部的過程中，不符合基本命題運用原子的方法就成為淘汰的標準，在這種標準下，運算或關係就由運用的工具變成了淘汰的工具。需要注意的是一系統沒有保留的不一定就是要淘汰的，因為會有一些所要保留的部分沒能保留下來，我們只能說一系統所要淘汰的部分必然是系統不需保留的部分。

第三，推行的工具。演繹系統是推行的工具主要表現為它的「自生性」，如果系統不具有推行的作用，那麼系統就不可能自生，不可能稱其為系統。而系統的推行工具有時在系統之外，有時在系統之內。如果一個系統的基本命題既是前提，又是運用工具的方法，則推行工具均在系統之內。如果一個系統的基本命題只是前提，那麼我們就必須借助一些系統外的推行工具。

## （二）邏輯系統

金岳霖在論述演繹系統之後，繼而又說明了邏輯系統的特點。他指出，一個演繹系統不必就是邏輯系統，而邏輯系統必然是演繹系統，邏輯系統與演繹系統的不同之處在於，邏輯系統雖然也是保留、淘汰和推行的工具，但相比之下其要求更嚴格。如果一個演繹系統是把可能分為 n 種，那麼在這個系統中列舉 n 種可能而分別承認之就是必然，分別承認 n 種可能的命題就是系統中的必然命題，在這個系統中列舉 n 種可能而都否認之就是不可能，都否認 n 種可能的命題就是系統的矛盾命題。在一個邏輯系統中所要保留是就

是必然命題，所要淘汰的就是矛盾命題，而推行工具把系統中的必然命題聯繫起來的、組織起來，使其成爲一系統。

除此之外，邏輯系統還要具有自足性。一個演繹系統可以只要求具有自生性而不並要求必須具有自足性，但邏輯系統必須自足。自生和自足的不同就在於，自生只是要求從出發點的基本概念或命題可以推演出系統的所有支部，而自足則是「不求於外」，自足的系統就是我們在使用此系統時不需要借助系統外任何知識、科學或其它材料。金岳霖指出，幾何系統就是一個不自足的演繹系統，它的推行工具有些在系統之外，需要借助於邏輯系統中表示「同一」、「所以」、「不可能」等思想，所以幾何系統不是邏輯系統。金岳霖還指出早期的布爾系統雖是一個邏輯系統但也不具有自足性，而現在的邏輯系統彌補了早期邏輯系統的缺失。

### （三）必然之形式與必然之實質

金岳霖爲了說明邏輯與邏輯系統的關係，引入了必然之實質和必然之形式的概念。他首先表明什麼是邏輯，「邏輯是一個命題或判斷序列，或可任意命名的從一個得出另一個的序列。但是它不是任意一個序列或具有許多可選序列的序列，它是一個序列並且只是這個序列。它是一個必然序列。」〔註23〕而什麼又是「必然」？金岳霖認爲必然是一個非常基礎的概念，它甚至比「真」更根本，因此我們不能用「真」去定義「必然」。金岳霖給它定義爲：「如果經過對給定前提的最後分析，一個並且僅有一個能從這些前提得出的結論保留下來，那麼一個序列就是必然的。」〔註24〕其中所謂「得出」並不是常識所理解的從前提真到結論真，而是「思想中遇到最小反駁的方向就是使前提的意義得以繼續的方向。使前提的意義得以繼續就是『得出』。」〔註25〕如果從邏輯學的角度說明必然的話，就是在一個演繹系統中分別承認 n 種可能，如 n 爲真、假二值，則對於一個命題 p 就會有真假兩種可能，那麼 $p \lor \neg p$ 就是表示必然的命題，它就是一個用來說明概括一切事實的範式，它雖然對事實沒有積極的說明，但任何事實都無法逃于這個範式，如「一個東西或者是桌子，或者不是桌子」這個命題永遠不會出錯。對於兩個命題 p、q 也是如此，$(p \lor \neg p) \land (q \lor \neg q)$ 也是一個表示必然的命題，如此類推。因此，金岳

---

〔註23〕金岳霖，《道、自然與人》〔M〕，北京：三聯書店，2005 年，頁 227。
〔註24〕金岳霖，《道、自然與人》〔M〕，北京：三聯書店，2005 年，頁 227。
〔註25〕金岳霖，《道、自然與人》〔M〕，北京：三聯書店，2005 年，頁 227。

霖所理解的「必然」其實就是邏輯學中的一個「合取範式」，而「合取範式」在現代邏輯學中是一種判定命題是否是重言式的重要形式。金岳霖將「必然」等同于英文「tautology」，並在此基礎上將「必然」與「邏輯」聯繫起來，邏輯就是「tautology」，就是「必然」，更確切的說是「必然之實質」。

那麼什麼又是「必然之形式」？金岳霖區分了「必然之形式」和「必然的形式」。他指出，「必然之形式」用英文表達就是「form of tautology」，而「必然的形式」用英文表達爲「tautological form」。「必然之形式」雖然要表示必然，但不一定能表示必然，不一定就是必然的，因此它是相對的，而「必然的形式」就是必然，它是絕對的。邏輯系統由於作爲系統出發點的基本概念無所謂必然，即使基本命題是必然命題，系統作爲保留的工具也不一定是必然的。因此，邏輯系統雖然是以表現必然、揭示必然爲目的，但邏輯系統並不是必然的形式，只能是「必然之形式」。「每一邏輯系統都是邏輯之所能有的一種形式，所以每一邏輯系統都代表邏輯，可是邏輯不必爲任何一系統所代表。邏輯系統是一種形式，雖然是必然之系統，而本身不是必然的。」〔註26〕

因此，金岳霖用「必然之實質」與「必然之形式」來說明了邏輯與邏輯系統的關係。總的說來，邏輯與邏輯系統是「必然之實質」與「必然之形式」、一與多、「type」與「token」、絕對與相對，靜與動的關係。

### （四）邏輯思維基本規律

金岳霖將傳統邏輯學中的思維三大基本規律：同一律、排中律、矛盾律改爲思議原則。他指出，我們根本不能把同一、排中、矛盾當作「律」，它們不同於自然律、法律和道德律。自然律具有不以人的主觀意志爲轉移的客觀性，任何事物都不能違背自然律，法律和道德律是維持社會秩序的根本，它們在一定程度上是自然律的體現，如果我們的行爲違背了法律或道德律，就會受到相應的懲罰或譴責。而對於思想律，我們的思維卻不一定非得遵守，即使不遵守，也只不過使我們的思維停留在感性階段而已。而且從現代邏輯的發展來看，它們也不能稱其爲「律」。現代邏輯系統只有系統的幹部和支部之分，而幹部的基本概念和基本命題是源自於邏輯系統構造者的目的，遵循便利簡單的原則而選擇的，並沒有命題的根本與否、重要與否的問題，也許一個命題在此系統中是基本命題，而在彼系統就不是基本命題。金岳霖對先

---

〔註26〕金岳霖，《邏輯》〔M〕，北京：中國人民大學出版社，2005年，頁212。

後區分為成文的先後和不成文的先後，「所謂成文的先後者是一系統內以語言文字或符號表示的命題的先後；所謂不成文的先後者是一系統內所有的命題彼此所能有而未以文字或符號表示的涵義。」﹝註 27﹞而一系統只承認成文的先後，即邏輯證明上的先後，邏輯系統依據幹部中的基本概念、基本命題，並以此為推行的工具所得以繼續的歷程，此歷程就是邏輯的先後。而三個思想律在不同的邏輯系統中由於出發方式的不同，所以成文的先後也有所不同，而且成文的先並不代表就比成文的後更根本、更重要。因此，在邏輯系統看來，沒有什麼命題比其它任何命題更重要，它們都是必然命題，都是必然真而不能假的命題，因此所有系統中的命題都是思想律。

　　金岳霖一方面強調它們不能稱為「律」，但另一方面又認為它們相對於其它命題而言，具有其特殊的價值。他認為在邏輯系統中，我們可以從兩個不同的立場考慮，一是就邏輯系統的實質上看，一是就邏輯系統的工具上看。前一種是側重於界說方面，後一種是側重於工具方面，金岳霖之所以將「同一」、「排中」、「矛盾」稱之為原則而不稱之為「律」就是基於後一種方面的考慮。但如果從界說方面看，那麼所謂的「同一」是指可能的可能，是可能之所以有意義的條件，「意義的條件不少，但至少有一條件為大家所承認的，此即普通所稱為同一律中的『同一』思想。」﹝註28﹞「排中」是「窮盡可能」、「拒絕遺漏」，即是保留必然的原則，「矛盾」是「拒絕兼容」，即是淘汰矛盾的原則。這樣三大原則不僅是邏輯系統中的定理，更是邏輯本身的顯現，它體現了邏輯的功用，它可以成為組織任何系統的標準和工具，從這一點看來，三大原則應該稱之為「律」，它們比別的命題更根本、更重要。

### （五）證明與證實

　　金岳霖將證明分為形式的證明和實質的證明。所謂形式的證明就是邏輯證明，即不需要借助經驗，僅從系統的前提出發邏輯推演出所要結論的方法。所謂實質的證明就是證實，即需要借助於對經驗的觀察、試驗、檢驗結論為真的方法。對於邏輯系統中哪些是證明問題，那些是證實問題，金岳霖做了詳細的說明。他指出三大思議原則就是只存在系統內部的證明問題，不存在系統外的證明和證實問題。在一個邏輯系統中如果三大思議原則是基本概念或基本命題，那麼他不存在的系統內的證明，因為基本概念或基本命題是解

﹝註27﹞金岳霖，《邏輯》﹝M﹞，北京：中國人民大學出版社，2005 年，頁 217。
﹝註28﹞金岳霖，《邏輯》﹝M﹞，北京：中國人民大學出版社，2005 年，頁 215。

釋系統的部分，是系統的「原質」，是其它部分得以證明的前提。如果三大思議原則不是系統的基本概念或基本命題，那麼我們完全可以依據系統的出發前提推論出來，如金岳霖介紹的羅素的 P・M 系統，在這個系統中「同一」、「矛盾」就是作為定理之一存在的。

　　至於三大思議是否有系統外的證明，金岳霖堅決否認，他認為如果我們不在一特殊的邏輯系統內討論證明，那任何證明都是直接或間接的「先」認可了思議原則「再」證明它們。

　　此外三大思議原則也沒有所謂的證實問題，因為證實問題總牽扯到經驗，而三大思議原則是必然命題、是先天命題，它們根本不是斷定和形容具體事物的命題，如「同一原則」，金岳霖所理解的「同一」不是具體事物的自身同一，即 x＝x，因為具體事物總會牽扯到性質以及關係的變遷，這樣的變會使同一原則時真時假，這樣它就不可能是必然命題。因此「同一」是謂詞的同一、共相的同一，它只在邏輯的「時點──空點」上，並不在經驗中，故證實問題也就無從談起。

　　金岳霖在對三大思議原則系統內證明問題進行說明時，強調「排中」原則的證明略有不同。他指出必然命題本身就具有「排中」性質，而邏輯系統就是要保留必然命題，因此在系統中對每一個必然命題的證明都是間接對「排中」原則的證明，故系統中「同一」原則、「矛盾」原則不僅在證明過程中直接利用了「排中」原則，而且它們的證明本身也是對「排中」原則的證明。從這上可以看出金岳霖似乎將排中原則放在了三大思議原則之首。

　　金岳霖還指出，系統中基本命題的條件──夠用、獨立、一致──僅有證實問題而沒有系統內部證明問題。因為這三個條件並不是一邏輯系統內部的問題，對它們的理解需要借助於系統外的思想。所以不可能用系統內的證明方法去解釋，只能用經驗證實的方法，如對於基本命題夠用與否，我們就必須在經驗中去檢驗，「夠用與不夠用的問題非常之重要，但我們的答案似乎只能根據於實驗。」〔註29〕如果通過實驗發現能夠從基本命題推論出所要推論的所有命題，則基本命題滿足夠用的條件，否則為不夠用，還需要在經驗中繼續研究。至於獨立和一致條件的滿足也需要借助經驗中的事實對基本命題的解釋。如果一個事實解釋對於第一個基本命題說的通，而對於其它命題都不通，則第一個基本命題對於其它基本命題來說是獨立的，其它命題的獨立性也是如此。

---

〔註29〕金岳霖，《邏輯》〔M〕，北京：中國人民大學出版社，2005 年，頁 269。

### （六）蘊涵與所以

對於推行的工具，金岳霖認為有很多，如「或」、「等」、「代替」等，但最重要的是「蘊涵」和「所以」。在金岳霖眼裏，它們雖同是重要的推行工具，但二者是有區別的。他指出，「如果——則」是我們在日常生活中經常使用的關係，但是我們在使用它的時候賦予了它很多豐富複雜的意義，如充分條件關係、因果關係、推論關係、時序關係等，我們至今為止仍然沒有尋找到（也許根本尋找不到）這些關係的共同標準，因此，這就使從邏輯的角度考察蘊涵關係變得十分困難。

但是不管它的意義如何不清，它都不等同於「所以」。金岳霖指出，「所以」（特指演繹方面的 inference）是一種以「蘊涵」為根據，但又不同於「蘊涵」的推論工具。金岳霖的觀點是受了 Lewis Carrol 的啟示。Lewis Carrol 在《烏龜對阿基里斯說了什麼？》一文中提到一個推理的無限性問題。在這篇文章中 Lewis Carrol 借用了芝諾悖論中的兩個「人物」：阿基里斯和烏龜。阿基里斯認為我們可以由「所有的人都是會死的」（甲）和「蘇格拉底是人」（乙）而得到「蘇格拉底是會死的」（丙）的結論，這在日常生活和傳統邏輯學中是一個毫無爭議的推論。但是烏龜提出疑義，它認為如果我們想得到（丙），單靠（甲）和（乙）是不夠的，還必須增加一個命題，即「（甲）和（乙）真蘊涵（丙）」（丁），如果沒有（丁）這個命題，我們是不可能得到（丙）的。但是增加了（丁）前提仍然是不夠的，我們還要增加一個命題，即「（甲）、（乙）和（丁）真蘊涵（丙）」（戊），如此類推，我們會發現要想得到（丙）這個結論，需要增加無量個命題作為補充前提，這麼一個看似簡單的推論在烏龜眼里根本不能成立。金岳霖借用這個故事隱喻的表示「蘊涵」其實是一個無限的鏈條，而我們要想保證日常生活推論的繼續，就必須使用另一種推論的工具即「所以」來強行打斷這一鏈條。因此「推論的原則一方面固然是普遍的推論方式，另一方面也可以說是打斷蘊涵煉子的原則。從前一方面著想，它有積極的用處；從後一方面著想，它又有消極方面的用處」。〔註30〕

強調「蘊涵」和「所以」的區別是金岳霖的一貫主張。他在解放後發表的《論真實性與正確性的統一》文章中也貫徹這一主張，批評當時人們對二者錯誤、混亂的使用。他在這篇文章中指出，「蘊涵」只是一種邏輯形式結構，它表現的只是對客觀規律一種真實性的反映，卻不表現這種蘊涵關係的前、

---

〔註30〕金岳霖，《邏輯》〔M〕，北京：中國人民大學出版社，2005 年，頁 240。

後件是否具有眞實性。而「所以」則是建立在實踐的基礎上，它不僅強調蘊涵關係的眞實性，還要通過確立蘊涵關係前件的眞實性，才能使「所以」後面的結論具有正確性。「『如果……那麼……』肯定前件與後件的蘊涵關係，它反映了客觀事實的規律。『所以』不但要肯定前後件的蘊涵關係，而且要肯定前件的眞實性，從而把前件轉化爲前提，並且通過肯定前提用『所以』的形式把後件肯定爲結論。」〔註31〕因此相對於「蘊涵」而言，「所以」才是能夠使眞實性和正確性得到統一的最有效的工具。

綜上所述，從金岳霖邏輯思想中我們不難看出，他並不滿足於單純地介紹西方現代的邏輯知識，更要爲中國哲學的現代化提供一種範式和工具，而且他對邏輯本身的哲學思考，也爲他今後眞正開展哲學創作埋下了伏筆。

## 第二節　邏輯分析方法與金岳霖形而上學

在金岳霖哲學中我們雖不能說邏輯是其主流思想，卻可以說邏輯方法是金岳霖哲學體系的主流方法，在這個意義上金岳霖才經常說「精深的分析就是哲學」。金岳霖不僅在進行著邏輯哲學化的工作，還同時進行著哲學邏輯化的工作，在金岳霖的哲學生涯中除了對邏輯方法進行宣傳和研究，還有其它重要的部分，其中最讓金岳霖念念不忘的就是「形而上學」。他在《論道》中開宗明義的提到在對待生活應有兩種態度：知識論的態度和元學的態度。所謂元學的態度就是「我雖可以忘記我是人，而我不能忘記『天地與我並生，萬物與我爲一』，我不僅在研究底對象上求理智的瞭解，而且在研究底結果上求情感的滿足。」〔註32〕金岳霖一直認爲「形而上學」（metaphysics）是一個好的名詞，它源自希臘語 meta ta physika，其字面意思爲「在自然事物之後」。它以超越物理和自然事物之上更本質的實在性和價值性爲目的，是我們探索自然終極實在、追求人生終極關懷的一種嘗試。爲了求得情感上的滿足，金岳霖以他的邏輯爲給養、爲工具、爲方法構造了道演的形而上學體系。

《論道》一書採用了箴言的形式，將短小精悍的命題進行編號，排成順序，組成了一個話語系統一層層展開問題探索。這種奇特的書寫方式一方面借鑒了維特根斯坦《邏輯哲學論》的寫作方式，另一方面也傳承了中國固有

---

〔註31〕金岳霖，《金岳霖集》〔M〕，北京：中國社會科學出版社，2001 年，頁 315。
〔註32〕金岳霖，《論道‧緒論》〔M〕，北京：中國人民大學出版社，2005 年，頁 15。

的名言雋語式的表達形式，這種中西合璧式的形式既表現了對傳統文化的依戀，又彰顯出它的現代意義。

## 一、「道，式——能」——形而上學的邏輯起點

道是金岳霖形而上學的最高範疇，也是其宇宙構造論的邏輯起點，因此在《論道》中開篇的第一個命題就是「道是式——能。」金岳霖之所以把他的哲學最高範疇定義爲「道」，其原因有二：

一是「道」是中國人情感之依託，是中國人追求的最高境界。「不道之道，各家所欲言而不能盡的道，國人對之油然而生景仰之心的道，萬事萬物之所不得不由，不得不依、不得不歸的道才是中國思想中最崇高的概念，最基本的原動力。」〔註33〕所以「生於斯、長於斯」的金岳霖在感情上願意把他體系中最哲學的部分作爲信仰奉獻給「道」，並賦予它邏輯的性質，希望通過這種分析活動使中國傳承幾千年的神秘之道能夠清楚明晰，煥發出一種科學的、理性的並仍然具有神性的光輝。「對於這樣的道，我在哲學底立場上，用我這多少年所用的方法去研究它，我不見得能懂，也不見得能說清楚，但在人事底立場上，我不能獨立於我自己，情感難免以役於這樣的道爲安，我底思想也難免以達於這樣的道爲得。」〔註34〕

二是中國近現代有著一種文化的比較傾向，總是將中國文化、西方文化以及印度文化進行比較研究，如梁漱溟就認爲這三個具有濃厚底蘊和積澱的文化具有不同的表現形式，代表了世界文化的歷史進程，並通過這三種文化的理解指明了中國文化的出路。金岳霖也不例外，他在選擇其哲學最高範疇的時候，曾經探討過印度文化中的「如如」、中國文化中的「道」、西方文化中的「邏輯」，最終選擇了「道」。其緣由在於他認爲印度的「如如」雖然是「最『本然』，最沒有天人底界限」，「在情感方面當然最舒服」，但是太過隨意、太過神秘、太過混沌。而西方的「logos」雖然很清晰、很科學、很尊嚴，但是界限太過森嚴、太過冰冷。只有中國的「道」既能表現出界限性，清晰性又能使人不覺得不舒服，既有「logos」的尊嚴，又不失「如如」的怡然自得，顯得張弛有度。

那麼，金岳霖又是如何理解「道」呢？他借助了邏輯分析而來的兩個範疇：「能」與「式」。

---

〔註33〕金岳霖，《論道・緒論》〔M〕，北京：中國人民大學出版社，2005 年，頁 15。
〔註34〕金岳霖，《論道・緒論》〔M〕，北京：中國人民大學出版社，2005 年，頁 15。

## （一）能

金岳霖借鑒了亞里士多德「質料因」，朱熹「氣」的某些因素。但朱熹哲學中的「氣」自身具有一定的性質，它能夠聚散、升降，又有清濁昏明之分，並形成人的善惡、賢愚之分，稟賦清明之氣就會使人為聖為賢，稟賦昏濁之氣就會使人為愚為鈍。所以朱熹理學中的「氣」具有太多的物質性和世俗性，而「能」更類似亞里士多德哲學中的「質料因」，在金岳霖的哲學體系中它是神秘的、隱晦的、不可名說的，雖然它是通過經驗邏輯思考的結果，這個「能」本身卻並不是邏輯的。「能」雖不可言說，但金岳霖仍然本著邏輯的、科學的探究精神，他沒有像馮友蘭那樣採用了中西合璧、正負相承的方法，而是直言面對，知其不可為而為之，對不可言說者進行言說。他指出，「能」既不是日常生活中的東西，也不是日常經驗中的事體，更確切的說它不是名詞，而僅僅是一個名字、一個符號，我們不能用任何詞語去形容它、摹狀它。它是我們對生活中東西、事體的規定性進行無量抽象和剝離之後「剩下」的「純質料」，因此對於給這個「純質料」如何命名金岳霖可能曾經傷透腦筋。如果貫徹邏輯精神的話，它就應該用「x」表示，但是這是金岳霖在「元學的態度」上所不能接受的，因為它不能給與我們情感上的共鳴。他也曾想直接引用西方哲學中的「stuff」或「質」，但是又覺得它不能充分體現其在宇宙生成中扮演的重要角色，最後他借鑒了周叔迦思想中的一個名字「能」，「我以為它是很『好』的名字，它可以間接地表示 x 是活的動的，不是死的靜的，一方面它有『氣』底好處，沒有『質』底壞處；另一方面它又可以與『可能』聯起來，給『可能』以比較容易抓得住的意義。」〔註35〕

由於「能」不具有任何規定性，那麼必然還應有另一個能夠構成宇宙千差萬別的成分，因此繼「有能」這一命題之後，金岳霖又引入了一個命題「有式」。

## （二）式

什麼是「式」？金岳霖引用了另一個名字給它下定義的，即「可能」，這也是他使用「能」的原因之一，它與「可能」遙相呼應。常識經驗告訴我們，所謂「可能」就是可以現實的一種趨勢，這是「可能」一種淺層含義。再深一層反思「為什麼可以現實」？是因為「能」的介入，它使「可能」表示為「可

---

〔註35〕金岳霖，《論道》〔M〕，北京：中國人民大學出版社，2005 年，頁 2。

以現實」的趨勢，因此「所謂可能是可以有而不必有『能』的『架子』或『樣式』」。〔註36〕「可以」就是邏輯方面的「無矛盾」。只要「架子」或「樣式」沒有矛盾，它就可以有「能」，它就是「可能」。金岳霖指出，元學中的「可能」與我們生活中的「可能」並不完全相同，我們生活中的「有可能」僅僅表示我們能夠想像得到的「可能」，而「可能是一件事，想得到的可能又是一件事。我們現在所想得到的可能不過是可能中極小極小的一部分而已」。〔註37〕

　　金岳霖指出，如果我們把窮盡一切的所有的可能包舉無遺，用「或」給排列組織起來，就會形成一個大的「可能」，這就是「式」，「式是析取地無所不包的可能」。〔註38〕邏輯的析取是「可以兼而又不必兼」，邏輯的析取式 p∨¬p，它是重言式，只要式中的可能自身不矛盾，即使是相互對立，相互矛盾的可能皆可以並存於式中。金岳霖這個觀點的靈感主要來自於維特根斯坦，他強調了世界與語言的同構關係，我們完全可以用邏輯形象描畫世界。在維特根斯坦看來，我們的世界是由原子事實構成，「所有一切存在著的原子事實的總和就是世界。」〔註39〕而命題就是一種關於事實的邏輯形象，所以「命題是我們所設想的現實的模型」。〔註40〕維特根斯坦指出，能夠表現、展開命題意思的每一部分我們稱之為「式」，「式預先假定它可能在其中出現的一切命題的形式。」〔註41〕由此可以看出，金岳霖對於「式」的靈感來自維特根斯坦，但他僅是做了選擇性的引用，並在此基礎上進行創造性的發揮，如金岳霖借用了維特根斯坦「式」這一語詞，但是卻沒有採用其意義。維特根斯坦的「式」是一個外延更大的概念，它包含了必然真的「重言式」，必然假的「矛盾式」和可能真的「命題」，並認為「重言式」是不能描述現實，而金岳霖則將「式」單純等同於「重言式」，認為重言式由於是確定的真，是必然的，因此恰恰是對世界的描述。

　　在解釋「式」的含義之後，金岳霖又進一步提出了一系列的命題來表現

---

〔註36〕金岳霖，《論道》〔M〕，北京：中國人民大學出版社，2005年，頁3。

〔註37〕金岳霖，《論道》〔M〕，北京：中國人民大學出版社，2005年，頁4。

〔註38〕金岳霖，《論道》〔M〕，北京：中國人民大學出版社，2005年，頁4。

〔註39〕〔奧〕維特根斯坦，《邏輯哲學論》〔M〕，張英譯，北京：商務印書館，1985年，頁25。

〔註40〕〔奧〕維特根斯坦，《邏輯哲學論》〔M〕，張英譯，北京：商務印書館，1985年，頁38。

〔註41〕〔奧〕維特根斯坦，《邏輯哲學論》〔M〕，張英譯，北京：商務印書館，1985年，頁32。

「能」和「式」的性質以及它們之間的關係，為了易於理解，筆者對這些命題稍事調整：

第一，能和式都無所謂存在、始終、先後；

第二，能和式都無生滅、無新舊、無加減；

第三，式常靜，能常動；

第四，式不二，能不一；

第五，式無內外，能有出入；

第六，式剛而能柔，式陽而能陰，式顯而能晦；

第七，無無能的式，無無式的能。

其中，第一、第二命題是針對能與式的共同點而言，由於能和式作為範疇，是「道演」出現實世界的本體論根基和邏輯前提，它們根本不在現實世界中，更不會受到現實世界時空的限制，因此，我們根本不能用如「存在」、「先後」、「始終」、「生滅」等具有時空意義的語言來形容描繪它們。

第三、第四、第五、第六命題則強調二者的區別，「式」是邏輯的必然，是一種架子或樣式，所以它是靜止的，而能具有能動性，它出入於可能範圍之中，故「式常靜，能常動」。式窮盡一切可能，在這個「式」之外根本就沒有可能，故「式無二」。而能沒有任何規定性，不決定任何事物的性質，沒有一定的形式，它可以套進許多的可能之中，故「能不一」。式外沒有可能，能的出入只能在式中，故「式無內外，能有出入」。式是有能的「架子」或「樣式」，是宇宙產生的形式因和目的因，故「剛」、「陽」、「顯」，而能沒有任何規定性，是宇宙產生的質料因和動力因，故「柔」、「陰」、「晦」。金岳霖在用這些語詞描繪能和式時，一再強調這些語詞如「動靜」、「內外」、「出入」、「剛柔」、「陰陽」等都是現實世界的語言，都不足以摹狀能和式，僅僅是借用這些意義含糊的中國式語言彰顯能和式的意味。

## 二、「可能界——現實界——存在界」——形而上學的邏輯構架

金岳霖在《論道》中構造了一個宇宙「演化」的體系，這種演化並不是科學中所理解的物種演化。在物種演化的過程中，時空這個概念非常重要，但在金岳霖的宇宙演化中，時空也是其宇宙演化的一部分，所以他所介紹的宇宙是一種邏輯推演而非時間綿延的程序。在這個過程中，金岳霖將宇宙分成了三個世界：可能界——現實界——存在界。

### （一）可能界

可能界是邏輯地先於其它兩個世界，其外延也邏輯地大於其他兩個世界。我們可以將其理解為本體界，它是宇宙演化的邏輯起點，在可能界中只有兩個成分：式與能。或者更準確的說是可能與能。在可能界由於能的能動性，使它總在可能之中出入，能未入可能之中，可能只是可能，只是潛在的，未發的現實。能進入可能之中，可能就不僅僅是可能，還是現實，現實的可能就不再是潛在的，而成為了共相。因此，我們可以說能進入可能使其成實，能走出可能使其成虛。

為了使能出入於可能成為構成宇宙的邏輯前提，金岳霖還要對其進行規定和約束，它的出入活動要遵循一定的現實原則，即現實並行不悖、現實並行不費。這在金岳霖的形而上學體系中是一個非常重要的原則，它是溝通可能界與現實界和存在界的重要橋梁，沒有它可能世界是不能現實為共相界的，沒有它我們也不能從存在界思議到可能界。但這只能說明它具有一定的合理性，卻沒有純理論上理由使它具有邏輯必然性，故金岳霖只能界定現實原則中「現實並行不悖」是一個先驗命題，而「現實並行不費」連先驗命題都算不上。因此在某種意義上，現實原則的提出相當勉強，雖是重要的原則，但也是其形而上學體系中最薄弱的環節。

有了現實原則，就會使能出入於可能表現為以下的情況：

一是不能不現實的可能。所謂不能不現實的可能就是必然要現實的可能，否定這種可能的現實，就會陷入矛盾。在《論道》中，這樣的可能非常稀少，「式」就是一個不能不現實的可能，所以金岳霖才提出「無無能之式」，式是析取地無所不包的可能，所以在式外什麼都不存在，因此能的出入只能在式中，而式也同時是可能，能總在式中，必然就是「式」這一可能的現實，所以「式」是一個不能不現實的可能。

二是老是現實的可能。「所謂老是現實的可能就是無時不現實的可能」。〔註42〕金岳霖用先天和先驗來區分了「不能不現實的可能」和「老是現實的可能」。金岳霖創造性的使用「先天」和「先驗」這兩個概念。在他看來，先天和先驗都表示先於經驗的意思，但先於經驗並不表示離開經驗。金岳霖指出，從知識的產生而言，任何知識包括先天和先驗的知識都是來源於對經驗的獲取和分析，沒有經驗我們不可能「知它」，但是從知識的對象而言，「知它」並不等於

〔註42〕金岳霖，《論道》〔M〕，北京：中國人民大學出版社，2005年，頁24。

「有它」，我們需要借助經驗而「知」並不等於它們需要借助經驗而「有」，它們的「有」是先於經驗的。「這裡的『先』表示『有它』是『知道它』底必要條件。」〔註43〕

既然先天和先驗都是「先於經驗」，那麼它們之間又有什麼區別？金岳霖指出，我們獲得先天的知識雖然需要經驗，但是這種知識的確定性、必然性是超越於經驗之上，不需要借助經驗，既然不需要借助經驗，自然也就不涉及時間的問題，也就無所謂過去、現在和將來，它的真不受時間上的約束和限制。「式」這個「不能不現實的可能」的現實就是先天的，就是超時空的，即使時間打住、經驗不在，「式」仍然是不能不現實的可能。

如果先天的知識是必真，那麼先驗的知識只能是不會不真，它涉及到時間和經驗問題。這種知識對於過去以往為真，對於將來，只要時間不打住，經驗仍存在，它就不會不真。反過來說，只有在時間打住、經驗停止，這種知識才會是假。而「老是現實的可能」就是這樣的知識。「老是現實的可能是任何東西之所不能逃其現實的可能，否認這種可能底現實無時不是一假命題。」〔註44〕故「『先天』似乎總是『先驗』，而『先驗』不必是『先天』」。〔註45〕

三是老不現實的可能。這種可能是與「老是現實的可能」相對待的，這種可能就是指在時間中能永遠不會進入這個可能之中，即永不會現實。金岳霖指出「老不現實的可能」在我們的知識中也不少，如「無量」、「將來」、「時點」等都是「老不現實的可能」。

四是輪轉現實的可能。這種可能總是有能在此出入，這就使其在現實與不現實之間輪轉。金岳霖指出，未現實的並不就是老不現實的，有些未現實的可能會逐漸現實，而現實的並不就是老是現實的，有些現實的可能會逐漸虛空。因此邏輯學中的虛概念並不就是老不現實的可能，有些虛概念現在成虛而過去未必就虛，有些虛概念現在成虛而將來未必就虛。「輪轉現實的可能」是非常重要的可能，正是這種可能的輪轉現實，一些重要的概念如「變」、「先後」、「時間」、「秩序」、「終始」等才得以推導出來。

## （二）現實界

在可能界可能僅是潛在的，而可能與能的結合才使可能不再單純是潛在

〔註43〕金岳霖，《論道》〔M〕，北京：中國人民大學出版社，2005 年，頁 37。
〔註44〕金岳霖，《論道》〔M〕，北京：中國人民大學出版社，2005 年，頁 24。
〔註45〕金岳霖，《論道》〔M〕，北京：中國人民大學出版社，2005 年，頁 30。

的，而是成為共相，成為現實。所謂現就是出現的現，所謂實就是不空。按照並行而不悖的現實原則，在同一時間同一的能進入多數可能之中，這就是現實的具體化，即可能的現實就必然是具體化的現實。我們能夠使用謂詞來摹狀的都是現實的可能，即共相，但是無論我們用多少謂詞來摹它的狀，總會有一些東西是任何謂詞所不能摹狀的。「本條所說的『多數可能』都是謂詞所能摹狀的情形，『同一的能』就是謂詞所不能盡或不能達的情形。」〔註 46〕現實的具體化就在於它們有了不能摹狀的「同一的能」的進入。

金岳霖指出，現實的具體化更主要是體現現實並行而不悖的原則，要想體現現實並行而不費的原則，現實不僅要具體化，還要個體化。金岳霖的可能是等級式的，或圖案式的，而非平等的排列，而式就是一個最大的可能。因此可能雖然無量多，但如果能僅塞進一個等級高或外延大的可能中，它要不個體化到這個可能下的各個可能之中，那現實的程序僅僅是這些可能的輪轉現實，而其它的可能則缺少現實的機會，這樣既費能，又費現實的機會，因此現實要想並行而不悖，並行而不費，就必須個體化。所謂個體化就是具體化的分解化和多數化，「『分解』是指具體底分開，也就是我們分別底根據。『多數』表示不一。」〔註 47〕

當可能現實化並且具體化、個體化之後，這個可能就成為共相，因此金岳霖指出「共相是個體化的可能」，〔註 48〕即表現在各個體中的共同的、普遍的「相」，如紅是紅的個體的共相。共相與可能都是實在而非存在，它們都是 transcendent，並沒有時空上的秩序。但是共相由於是個體化的可能，所以這又使它具有一定的約束性，不像可能那樣自由，它不能完全脫離時空和時空中的個體。換句話說，共相下任何一個體的生滅並不影響共相的實在，就這一點而言，它是 transcendent，但共相下所有個體的生滅卻直接影響了共相的實在，當所有的個體都不存在了，共相也就不是實在的，而成為潛在的可能，就這一點而言，它又是 immanent。

因此，我們可以總結如下，可能因為有能而成為現實，成為現實的可能就成為共相，但這個共相一定是現實具體化和個體化的個體所共同的、普遍的「可能」。所有現實的可能就共同構成了金岳霖的現實界。在現實界中的共

〔註 46〕金岳霖，《論道》〔M〕，北京：中國人民大學出版社，2005 年，頁 49。
〔註 47〕金岳霖，《論道》〔M〕，北京：中國人民大學出版社，2005 年，頁 50。
〔註 48〕金岳霖，《論道》〔M〕，北京：中國人民大學出版社，2005 年，頁 52。

相與共相併不是彼此孤立，而是相互關聯的，我們稱之爲「共相底關聯」。這種關聯性源自於可能界的關聯，共相底關聯是現實的可能與可能之間的關聯，它有可能的關聯也有現實的關聯。如果表示共相底關聯的普遍命題是眞，那麼它表示的是共相底現實的關聯，如果表示共相底關聯的普遍命題是假，但又不是矛盾命題，那麼它所表示的是共相底可能的關聯。如果這些命題既沒有證明爲眞又沒有證明爲假同時也沒有矛盾，它們至少表示的是共相底可能的關聯，也許是共相現實的關聯。「一哲學系統底目標就是共相界底關聯底可能的秩序。沒有一個哲學系統完全是憑空的，也沒有一系統完全托出每一種秩序。」〔註 49〕共相底關聯在個體中可以表現爲不同的方面，但不管是何方面的關聯都應該有邏輯上的秩序。這種邏輯上的秩序金岳霖認爲是直線式的，這個觀點他也找不到純理上的根據，「這也許是因爲我對於邏輯有一種主觀的成見，心理上免不了以回頭的秩序爲非邏輯底秩序。」〔註 50〕這種對共相底關聯的要求就使其表現爲層次性、等級性、內外性。

共相如果分別的表現在個體中就成爲個體的性質，如果聯合的表現在至少兩個個體上就成爲個體之間的關係。因此，我們用來表現性質和關係的普遍命題都是共相的現實的關聯。「現實的關聯雖不必爲我們所知道的普遍的眞命題所表示，而我們所知道的普遍的眞命題所表示的都是現實的關聯。」〔註 51〕金岳霖認爲共相的關聯潛寓於存在界。正是由於共相的關聯，所以存在界的個體之間才會彼此聯繫、互相影響。一個體性質的改變會促使其它一些性質的改變，而個體的關係上的變動則會促使所有個體之間關係的變動，正所謂「牽一髮而動全身」。因此，每一個體都反映整個的本然世界，即「物物有一太極」，亦或是「月印萬川」。

## （三）存在界

個體的存在界有兩個邏輯依據，一是具有一定秩序性的共相的關聯，共相的關聯使個體存在具有了一定的性質和關係，使個體界表現爲一定的秩序性；一是殊相的存在，它源自於個體化的時空秩序。現實的具體化、個體化必然會引入時空問題，能塞入可能之中使可能成爲現實，這一現實必然同時也是時間和空間可能的現實，所以時間和空間是老是現實的可能。由於現實的個體化，

---

〔註 49〕金岳霖，《論道》〔M〕，北京：中國人民大學出版社，2005 年，頁 90。
〔註 50〕金岳霖，《論道》〔M〕，北京：中國人民大學出版社，2005 年，頁 72。
〔註 51〕金岳霖，《論道》〔M〕，北京：中國人民大學出版社，2005 年，頁 80。

使時空也成爲個體化的時空。「現實的時空不僅不會不是個體化的時與空。而且不會不是個體化的時──空。」〔註52〕這種個體化的時──空，是絕對的，是我們思議的產物。對於時間和空間我們可以採用「日取其半」的算學方法進行縮小，時間縮小的極限爲「時面」，空間縮小的極限爲「空線」，任何時面和空線都會有一個交叉點，金岳霖稱之爲「時點──空點」。整個時空就是由於「時點──空點」的至當不移而成爲一種絕對的時空秩序，它就是個體化時空秩序的邏輯依據。金岳霖強調絕對的時空秩序與個體化的時空秩序有著本質的不同，絕對的時空秩序的關係者是時點──空點，個體化的時空秩序的關係者是個體。絕對的時空秩序是至當不移的，個體化的時空秩序是相對的。

金岳霖進一步指出，個體之所以爲特殊的就根源於個體在時空秩序中的位置化。如果個體佔據的位置越接近絕對秩序中的「時點──空點」這個極限，那麼個體就越特殊，個體的特殊性就是殊相。整個個體存在界就是具有時間位置的本然世界，這個本然世界不同於包羅萬象甚至時空在內的本然世界。這個具體時間位置的本然世界中個體都是變動的。所謂變就是個體變更其時間上的位置，有大變和小變之分，如果一個體改變了它所有的共相，我們稱之爲大變，如果一個體僅改變了它的殊相，我們稱之爲小變。所謂動就是個體變更其空間上的位置，金岳霖指出，個體的動只有相對的動，即變更個體化的相對的空間位置，沒有絕對的動，原因在於絕對空間的關係者不是個體而是空線。個體界的變動既體現了共相的關聯，又體現了殊相的生滅，但更準確的說個體的變動體現的是可能界道演的形式即居式由能，「說個體底變動有共相底關聯，同時也就承認個體底變動居式。說個體底變動有殊相底生滅同時也就承認個體底變動由能，因爲所謂變動所謂生滅在本書底最根本的意義仍是能有出入。此所以個體底變動均居式而由能。」〔註53〕

## 三、「道演──無極而太極」──形而上學的邏輯演進

在對於宇宙構成進行了分層次的說明之後，金岳霖從總體的、流動的方面來把握道的流變，即無極而太極。「無極」和「太極」是在思議的範圍內運用邏輯分析方法而得，由於式和能都是超時空的可能界之成分，因此由這兩個成分構成的道自然也是超時空的。雖然「道無始亦無終」，我們卻可以邏輯

〔註52〕 金岳霖，《論道》〔M〕，北京：中國人民大學出版社，2005 年，頁 91。
〔註53〕 金岳霖，《論道》〔M〕，北京：中國人民大學出版社，2005 年，頁 140。

的思議它，它雖無始卻有極限，這個「無量地推上去的極限」我們稱之爲「無極」。無極之「無」一方面要表示道無始，另一方面表示其混沌。金岳霖認爲這種狀態其實是不能言說的，如果非要勉強的言說也只能是在最低限度上表示，無極是萬物之所從生的邏輯起點，在這一起點上萬物的生都是潛在的，萬物渾然一體，故爲一片混沌，它可以表達爲「有生於無」。「無極」雖混沌但不同於沒有任何規定性的「能」，在無極中還有式，能在「無極」時未入於式，能在「無極」時即入於式。就能之即入於式而言，可能必然會現實，故曰無極非能。就能之未入於式而言，一切可能都是潛存，故曰無極近乎能。所以金岳霖聲稱「無極非能而近乎能」。

　　道有邏輯的起點，自然也會有邏輯終點，金岳霖稱之爲「太極」。「無極是無，太極是有，無極是混沌，太極是清楚。無極雖不是道底始，而是道無始底極，太極雖不是道底終，而是道無終底極。無極非能而近乎能，太極非式而近乎式。」〔註 54〕太極非式是因爲太極和式有著很大的區別，式是無所不包的可能，而在太極時所有的現實都是可能的現實，但並不是所有的可能都現實，有些可能在現實的歷程中已經現實而在太極時不再現實，太極所現實的只是式中的一部分可能。太極非式但卻近乎式，這是因爲在太極中不可以不現實的可能和老是現實的可能仍然現實，而老不現實的可能也都現實，所以太極是最充實的、最清楚地、最純粹的。

　　雖然金岳霖詳細描述了無極和太極，但他更重視是「無極而太極」中的「而」，它表現的不僅是由無極到太極的整個「現實底歷程」，而且還指明了「現實底歷程」的方向。「它底方向是由近乎無極那樣的現實到近乎太極那樣的現實。」〔註 55〕因此金岳霖指出，「極」不僅具有極限的含義，還具有「目標」的含義。「無極帶點子『史』味，或者說帶點子『因』味，即英文中 on account of what 那種味道。太極帶點子『目標』味，即英文中 for what 那種味道。」〔註 56〕在太極由於所有能現實的式都現實了，故幾息而數窮、理成而勢歸，情盡性、用得體，因此就絕對的目標而言，太極就是至的表現，「至是登峰造極的至，至當不移的至，止的至，勢之所歸的至」。〔註 57〕金岳霖曾經一度考慮用

---

〔註 54〕金岳霖，《論道》〔M〕，北京：中國人民大學出版社，2005 年，頁 183。
〔註 55〕金岳霖，《論道》〔M〕，北京：中國人民大學出版社，2005 年，頁 186。
〔註 56〕金岳霖，《論道》〔M〕，北京：中國人民大學出版社，2005 年，頁 180。
〔註 57〕金岳霖，《論道》〔M〕，北京：中國人民大學出版社，2005 年，頁 182。

「至極」來表示更爲貼切，但由於「無極而太極」有著悠久的傳統，能夠給予我們更大的情感空間，所以金岳霖還是用了「太極」，並認爲太極就是至眞、至善、至美、至如。在太極由於理成而勢歸、幾息而數窮，萬物歸一，所有四通八達共相底關聯都通過命題完全的呈現出來，因此命題就表現爲一致、完全、融洽，這種命題的眞就是至眞的表現，也是道至美的一種呈現。如果我們能夠完全理解表現共相底關聯的命題並按其行動，那麼我們的行爲就是至善的表現，如果道是如如的話，那麼太極就是道的最高限度——至如如。

道居式由能，是無極而太極整個歷程中所有的一切，就這點而言，道不僅是全，而且是大全，即至大無外，這個大全也稱之爲宇宙。但此宇宙非科學可以測量的「手術論」中之宇宙，它不在時空中，雖唯一但不特殊，雖具體但不是個體。從靜態而言，它包含了可能界、現實界、存在界，從動態而言，它是由無極到太極的整個現實歷程。

## 四、對形而上學體系建構存在問題的反思

金岳霖用邏輯分析方法構造了一個非常壯觀的宇宙構成和推演系統，他對邏輯方法和哲學問題的熟練程度和研究深度都是當時中國很多哲學家望塵莫及的，其體系的邏輯性和嚴謹度更是其它哲學體系所不能比擬的。但這並不代表他的形而上學體系非常完美，其中存在諸多問題，表現在：

首先，金岳霖將邏輯提升到本體論的高度，把它作爲構成宇宙最基本的成分，即「式」。而金岳霖對「式」的定義十分混亂，他指出，可能是有能的架子或樣式，而「式」是析取的無所不包的可能，既然「式」是析取地表示了所有的可能，那麼它本身就應該是一個最大的「可能」，但金岳霖在後面又將式論述爲可能與可能之間的必然關聯，並在此意義上將式等同於邏輯，「邏輯就是『式』，也就是必然。」〔註58〕那麼就出現了一個問題：式到底是可能還是必然？第二個問題就是式既然是無所不包的可能，那麼它的「無所不包」包不包括這個無所不包「式」本身？如果「式」也包含在可能之中，那麼它就不可能「無所不包」，因爲它僅是可能之中的一份子；如果「式」本身不包含在可能之中，它也不可能「無所不包」，因爲它本身在可能之外。

其次，金岳霖對形而上學的另一個基本成分「能」的定義也存在許多問

---

〔註58〕金岳霖，《論道》〔M〕，北京：中國人民大學出版社，2005年，頁69～70。

題。一方面他強調，「能」類似亞里士多德哲學中的「質料因」，是沒有任何性質，它究竟是一種什麼樣的存在，其實我們是無法用語言對它進行摹狀的，它就是 x。但是另一方面金岳霖爲了促成「道」的演化流行，就必須有一個動力因，而「式」在金岳霖體系中只是一個靜止的樣式和架子的組合，它不能產生道的流行，因此，這個任務就必須由「能」來完成。故金岳霖在描述道的兩個成分之間關係時，又賦予「能」某些性質，如能動性，正因爲「能」的能動性，才使它出入於「可能」，「能有出入」，「所謂『出』就是跑出一可能範圍之外，所謂『入』就是套進一可能範圍之內。」〔註 59〕此外，金岳霖爲了說明可能如何現實爲具體時，指出「現實底具體化是多數可能之有同一的能。」〔註 60〕而「『同一的能』就是謂詞所不能盡或不能達的情形」。〔註 61〕在這個規定中也有不清楚的地方，如果謂詞不能描述何以知道這些「能」是同一的，如果有些「能」是同一的，就證明還有跟它們不同一的「能」，這似乎表明「能」除了能動性之外，還有其它一些性質。

　　總的說來，金岳霖在對「能」和「式」的規定中存在自相矛盾，這就很大程度上動搖了形而上學的理論根基。而且，金岳霖的形而上學體系並不是一個嚴格的邏輯系統。他在介紹邏輯思想時指出，邏輯系統不僅要是自生的，還應是自足的，即不需要借助任何外界的知識和經驗。而金岳霖的形而上學出發命題──「有能」、「有式」──並不具有這樣的自足性，它完全是通過實踐經驗獲得但卻不能用經驗檢驗的綜合命題。此外，可能界得以現實的現實原則也不具有邏輯必然性，它的眞依賴於現實經驗，它純粹是金岳霖從經驗中感覺和推論而來，因此，如果以此種命題和原則建立起來的系統不是一個邏輯系統，那也就根本談不上是對「必然」的反映。

# 第三節　邏輯分析方法與金岳霖的知識論

　　金岳霖曾經說過對待生活應該有兩種態度，這兩種態度截然相反。一種是元學的態度，即用形而上學求得情感的滿足；另一種爲知識論的態度，即探究人類知識求得理智的瞭解。「我可以站在知識論底對象範圍之外，我可以

〔註 59〕金岳霖，《論道》〔M〕，北京：中國人民大學出版社，2005 年，頁 16～17。
〔註 60〕金岳霖，《論道》〔M〕，北京：中國人民大學出版社，2005 年，頁 48。
〔註 61〕金岳霖，《論道》〔M〕，北京：中國人民大學出版社，2005 年，頁 49。

暫時忘記我是人，凡問題之直接牽扯到人者我可以用冷靜的態度去研究它，片面地忘記我是人適所以冷靜我底態度。」〔註62〕

那麼什麼是知識論？金岳霖認爲知識論就是以知識爲對象而作理論陳述的學問。知識的對象有兩種，一爲普遍的，即理；一爲特殊的，即事，知識的內容也相應的有兩種：明理的知識和知事的知識。金岳霖認爲知識的對象（即理與事）無所謂達與不達，不管我們對其態度如何，它們都是如如的。而知識的內容就涉及到達與否的問題，達就會有所得，未達就不可能成爲知識，所以知識的內容就是對理和事的達而有所得。金岳霖指出，雖然有的知識是關於特殊的事，但大都是關於普遍的理，故他把知識的對象僅限制到普遍的理，所以知識論就成爲以普遍理的知識爲對象，並進而達到明理的學問。

金岳霖並不探討知識是否存在的問題，而是像康德那樣直截了當的承認知識之有、知識之眞。他也不討論本體界，因爲不可知的本體界不是知識的對象。「作者在別的立場也許承認有類似本體而又無法可知的『東西』，但是在知識論我們仍無須乎牽扯到那樣的『東西』」。〔註63〕

那麼知識論又與其它學問有什麼不同？金岳霖指出，它們雖然都以普遍的理爲對象，但知識論不是科學，二者的目標不同，科學以眞爲目標，而知識論以通爲目標，僅從這點而言，知識論應隸屬於哲學。除此之外，知識論與其它任何學科存在著一個非常明顯的不同，其它學科的展開都必以假設或相信有知識爲前提，而知識論的目標是爲了說明其它學科所假設的前提何以爲眞，故「知識論之所要得的是眞之所以爲眞或對於眞得一種看法，或對於眞得一定義，它底目標是要得一通的看法。」〔註64〕

金岳霖不主張那種形式化的非此即彼的做法，反對因爲他的知識論涉及到心物問題就冠以唯心或唯物的頭銜，也反對因其知識論兼顧理事就扣上經驗主義或理性主義的帽子。他宣稱如果非要給他的知識論加以界定，他稱自己的知識論爲實在主義。

## 一、「有官覺」、「有外物」——知識論的出發方式

知識論又以什麼命題作爲出發命題呢？金岳霖借用法律中的 inquisitorial

---

〔註62〕金岳霖，《論道·緒論》〔M〕，北京：中國人民大學出版社，2005年，頁15。
〔註63〕金岳霖，《知識論》〔M〕，北京：商務印書館，2000年，頁5。
〔註64〕金岳霖，《知識論》〔M〕，北京：商務印書館，2000年，頁16。

和 accusatorial 說明傳統哲學中對待出發命題的態度，這在前面已經提及。inquisitorial 要求原告除非提出充分理由，否則不能說明被告有罪，以此種態度對待命題，就要求如果我們不能證明一個命題爲假，就不能放棄這個命題；accusatorial 要求被告除非呈交合理證據，否則無法證明自己無罪，以此種態度對待命題，就要求如果我們不能證明一個命題爲眞，就必須放棄這個命題。金岳霖指出，證明其爲眞與眞是兩碼事，我們知識體系中的命題大多是尙未有工具證明其爲眞的命題，傳統哲學中許多問題就在於對命題態度存在著某些偏執。

## （一）對唯主方式的批判

金岳霖指出，歷史中很多哲學家爲了使自己的體系在邏輯上立於不敗之地，大多采用了 accusatorial 的態度，即以無可懷疑的原則尋找無可懷疑的命題。這就存在著一個問題，這個無可懷疑的命題是指自明的命題還是指邏輯上無可懷疑的命題？金岳霖指出邏輯上的無可懷疑命題就是重言式，它雖不可懷疑，即永眞，但對世界同時也不肯定，沒有任何積極意義，因此它只在邏輯系統中有價值。知識論是不能以它作爲出發命題，故大多說哲學家都採用了單純自明的命題，如笛卡爾的「我思」就是這樣一個主觀者單純自明的命題，這種無可懷疑只是一種主觀上的或心理上的無可懷疑。

在這個基礎上，金岳霖把出發題材和出發原則統稱爲出發方式。他指出，歷史上的哲學家在構建知識論時把出發題材很自然的限制爲此時此地的官覺現象，把出發原則很自然限制爲主觀的無可懷疑原則。金岳霖把這種主觀的或以此時此地的現象爲出發方式稱爲唯主的出發方式，簡稱唯主方式，以此方式建立的學說稱爲唯主學說。「這樣的知識論在近代似乎是正宗的知識論。就正宗的知識論說，這主觀的或此時此地的官覺現象底出發方式又似乎成爲正宗的出發方式或主要潮流。」〔註65〕

金岳霖批評了這種唯主方式。他指出，這種唯主的出發方式有的只談官覺內容而不談官覺者，有的兼談官覺內容或主觀者官覺者。前者面臨以下的問題：第一，由於只談官覺內容，在官覺之外的外物不是我們必須承認的；第二，即使是「有外物」這一官覺內容，想用邏輯推導出來也是非常困難；第三，更重要的是，只談官覺內容，而不談官覺者「我」，那麼我們也必須推

---

〔註65〕金岳霖，《知識論》〔M〕，北京：商務印書館，2000 年，頁 42。

論出「我」的眞實存在。這一點也很困難，因爲我們只能從這樣的出發方式推論出限於此時此地的官覺者，但我們所要推論出來的是「獨立於一時一地底官覺內容而又在時間上有綿延的同一性的『我』或主觀者或官覺者」。〔註66〕如果持後者的出發方式，則雖沒有了第三個問題，但第一和第二的問題仍然存在。而且如果哲學家持嚴格的 accusatorial 態度，那麼主觀之「我」及「此時此地的現象」都是不能從邏輯上證明其爲眞的命題，故這些出發方式都是應該放棄的。

因此，金岳霖總結了這種唯主方式的缺點，即不能從主推出客。具體表現：第一，不能得非唯主的共同。唯主學說的共同只是主觀的共同，我們不能由主觀者及官覺內容推論或建立起主觀者官覺內容範圍之外的「他人」或「他人的反應」，因此，他們的共同只是「私」，以此爲評判標準只不過是以私衡私而已；第二，我們用此方式也得不到外物之有。對於外物我們可以有四種態度，肯定其有、假設其有、推論其有、建立其有。唯主方式就是採用後兩種態度，而放棄前兩種態度單純用後兩種態度所推論和建立的「外物」只能是官覺之內的「外物」。

金岳霖指出，我們之所以不自覺的用唯主方式研究探討問題，關鍵就是人類中心主義，這種優越感使我們很自然的擴大爲自我中心主義。「不在邏輯底立場上，連邏輯上的無可懷疑都沒有，單在邏輯立場上，『我思』不是一無可懷疑的命題，在邏輯和自我中心觀底思想兩立場上，『我思』才成爲拿來沒有辦法而只得承認的命題。主要點在自我中心觀。」〔註 67〕唯主方式的錯誤就在於站在「自我中心主義」和邏輯的雙重立場承認了「我思」而片面的忘記「正思的我」同時也是他人，是外物。

## （二）有效原則的提出

在批評唯主學說之後，金岳霖認爲我們應該徹底地端正我們的態度，放下身段，不再強調人類中心，不再以自我爲權威。確定知識論的主要目的就在於既要保持理論的眞正感，又要維持被知（理論對象）的實在感，即理論這一思想圖案的通且眞。而理論的眞正感要靠實在感而得到，因此通與眞相比，眞更重要。金岳霖指出要維持被知的實在感，有三個必要條件必須直接承認，一是要承認被知的獨立存在，此獨立存在是指獨立於知者不因知者的

---

〔註66〕金岳霖，《知識論》〔M〕，北京：商務印書館，2000 年，頁 47。
〔註67〕金岳霖，《知識論》〔M〕，北京：商務印書館，2000 年，頁 84。

知與不知而存在；一是要承認被知性質的獨立存在；一是要承認被知中的彼此各有其自身的綿延的同一性。而理論的眞正感除了以上被知的三個條件外，還有一個條件必須注意，即理論要公而不私，這個公就是非唯主的公，就是客觀的公。

在批評唯主方式採用無可懷疑原則而產生的諸多問題的基礎上，金岳霖放棄了對這一原則的使用。他認爲如果無可懷疑成爲一種束縛思想的工具，那麼我們可以採用一種邏輯系統構造時所使用的原則，即夠用。一個邏輯系統如果能從基本命題完全推出所需要的全體命題，那麼這個系統的基本命題就夠用，反之就不夠用。金岳霖將這一原則引入了知識論，並把它作爲其出發方式，稱之爲有效原則。「有效無效普通總是相對於目的說的，一種工具能夠達到某一目的，它就有效；不能達到該目的，它就無效。」〔註 68〕有效原則的引用目的就是要滿足理論的通且眞，而對眞的滿足尤爲重要。「有效不是對於對象底解釋而說的，是對於思想底安排而說的。」〔註 69〕而能夠滿足這一目的的有效命題，金岳霖指出有兩個：「有官覺」和「有外物」。

在金岳霖眼中「有官覺」和「有外物」都是知識論的出發命題，二者的地位是平等的，因此應該受到同等的對待，如果懷疑就同時懷疑，如果接受就應同時接受。唯主方式的失宜之處在於僅承認「有官覺」而企圖以此推論出「有外物」，這種將「有官覺」和「有外物」徹底分開，使本應地位平等的命題受到了不同等的待遇，這種做法是「非常之不公道的事體」。〔註 70〕

## 二、「事實，所與與意念的結合」──知識的邏輯指向

金岳霖採用了間接的方法討論官覺，即先論覺然後從不同的覺中去找官覺。對於覺，他認爲無論是以定義的方法還是從經驗的角度都是無法說清楚的，西方哲學中也存在這樣的困惑，無論用「awareness」還是用「consciousness」都無法準確表達其義。金岳霖指出，當我們在不深究地使用某些詞語時，總是自覺對其有了很清晰的界定，甚至認爲我們還能理解其「言外之意」，「這情緒維持著我們底信心使我們不懷疑到這個字底意義。」〔註 71〕但是這不過

---

〔註 68〕金岳霖，《知識論》〔Ｍ〕，北京：商務印書館，2000 年，頁 113。
〔註 69〕金岳霖，《知識論》〔Ｍ〕，北京：商務印書館，2000 年，頁 114。
〔註 70〕金岳霖，《知識論》〔Ｍ〕，北京：商務印書館，2000 年，頁 116。
〔註 71〕金岳霖，《知識論》〔Ｍ〕，北京：商務印書館，2000 年，頁 30。

是一種語言上的習慣，一種對傳統的情感和依戀，當我們真要徹底的說清楚這些詞語的含義時就會覺得非常困難，這就是我們常說的「詞不盡言」、「言不盡意」。出於此點，金岳霖放棄了對覺的定義，而是直接展開對覺的分析。

### （一）正覺

金岳霖認為覺除了官覺，還有夢覺、幻覺、妄覺。而如何判斷不同的覺，金岳霖認為根本沒有公正的內在和外在標準去評判它們。但從知識著想，我們只能以官覺為標準，因為各種覺中只有官覺承認自己是官覺，即當官覺作用時，我們能清楚的知道自己在官覺，而夢覺、幻覺、妄覺則沒有這個認識。所以金岳霖採用了官覺中心主義的辦法，即用官覺去區分包括官覺本身在內的各種不同的覺。

為什麼能以官覺為標準區分不同的覺？金岳霖認為在官覺中有一種非常重要的覺，即正覺。我們能以正覺為標準去決定什麼是錯覺，什麼是野覺，什麼是夢覺，什麼是幻覺。所謂正覺就是「正常的官能者在官能活動中正常地官能到外物或外物底一部分。」〔註72〕這個定義中兩次出現「正常」二字，金岳霖認為正常就是類型化。「一官能個體具有所屬類底類型就是該個體遵守所屬類底法則。」〔註73〕正是這種類型化的正覺提供了「法則」──「正覺底秩序」（所與底秩序、外物底秩序）使我們能對不同的覺進行校對和區分。

這樣金岳霖把覺做了如下區分，覺分為官覺、夢覺、幻覺。而官覺又有正覺、野覺和錯覺。能隨時以正覺去校對的官能活動為官覺，而不能隨時只能在事過境遷之後以正覺進行校對的官能活動為夢覺、幻覺。

### （二）所與

校對不同的覺是正覺的一個功能，除此之外，正覺還有一個更重要的職責，它是知識論或官能活動的最基本題材，所有關於知識的活動都直接或間接的根據於正覺。而正覺的內容金岳霖稱之為「呈現」，正覺的呈現為所與，它是知識最基本的材料。正覺的呈現是客觀的，所謂客觀和「正常」意思相近，即類型化。「客觀的呈現不只是某官能個體底呈現，而且是同種中正常的官能者所能得到的正常的呈現。」〔註74〕正覺的呈現既然具有類型化、客觀化，那麼正覺的呈現不僅是呈現而且兼是所與，它是外物或外物的一部分，

〔註72〕金岳霖，《知識論》〔M〕，北京：商務印書館，2000 年，頁 125。
〔註73〕金岳霖，《知識論》〔M〕，北京：商務印書館，2000 年，頁 128。
〔註74〕金岳霖，《知識論》〔M〕，北京：商務印書館，2000 年，頁 147。

而其它官覺如錯覺、野覺僅有呈現。「所與有兩方面的位置，它是內容，同時也是對象；就內容說，它是呈現，就對象說，它是具有對象性的外物或外物底一部分。」〔註75〕

所與作爲知識的最初材料，需要借助收容和應付的工具才能成爲知識。所謂收容就是間接的保留所與，所謂應付就是官覺者對所與能有行爲上的反應，金岳霖把這些工俱稱爲趨勢。這些趨勢有習慣、記憶、想像、意志、相信、語言、抽象等，它們有的是官覺者本來就有的，有的則需要靠後天的教育和訓練。在這些趨勢中金岳霖最重視的就是抽象，抽象是我們把握共相與可能的趨勢，抽象使我們由意象跳到意念，使我們執一以範多、執型以範實。「抽象的成分實在是知識底必要條件。沒有抽象的成分，不但語言不可能，傳達不可能，意念不可能，知識也不可能。」〔註76〕對於這些趨勢，金岳霖雖然認爲它們有高低、輕重之分，但卻沒有獨立之分，官覺者在收容與應付所與時，這些趨勢不能單獨的運用，它們相互牽扯、相互影響、相互混雜在一起的。

### （三）意念

思想在金岳霖的觀念裏是可以分開來說，它包括思和想。思就是思議，想就是想像，思議的內容是意念，想像的內容是意象。思議的對象是普遍的、抽象的共相底關聯，即理。想像的對象是特殊的、具體的個體。思議特別注重抽象這一趨勢或工具，想像特別注重記憶這一趨勢或工具。思議活動所得是意念圖案，想像活動所得是意象圖案。意念圖案體現的是共相底關聯，意念或概念是圖案的關聯者，意思或命題是關聯集合；意象圖案體現的是意象的關係，意象是圖案的關係者，「——」是關係集合。意念圖案是知識類之所共，因此可以交換、傳達，意象圖案是知識類之所私。意念圖案表現理，因此沒有創作成分，而意象圖案並不一定表現理，因此可以有創作成分。通過如此區分，金岳霖指出，意念是經抽象得自於所與，它是思議的內容。我們可以運用抽象對於意念進行摹狀和規律，所謂摹狀就是「把所與之所呈現，符號化地安排於意念圖案中，使此所呈現的得以保存或傳達」。〔註77〕所謂規律就是「以意念上的安排，去等候或接受新的所與」。〔註78〕所以意念的摹狀

---

〔註75〕 金岳霖，《知識論》〔M〕，北京：商務印書館，2000 年，頁 130。
〔註76〕 金岳霖，《知識論》〔M〕，北京：商務印書館，2000 年，頁 236～237。
〔註77〕 金岳霖，《知識論》〔M〕，北京：商務印書館，2000 年，頁 356。
〔註78〕 金岳霖，《知識論》〔M〕，北京：商務印書館，2000 年，頁 364。

和規律就是以所與之所得還治所與。就意念之摹狀而言，它是保留、傳達經驗的工具，就意念之規律而言，它是接受所與、引用於所與的方式。金岳霖指出，我們常覺得意念的引用有困難，其原因一是意念是普遍的，它對於具體生活而言不夠精細，以普遍遷就特殊難免不能盡致；二是個體對意念的胡亂使用也會造成引用上的困難。

金岳霖指出，摹狀與規律無所謂時間的先後，二者互為充分必要條件，無規律不能摹狀，無摹狀不能規律。「意念底妙用，就是它底摹狀與規律合一」。〔註79〕就意念的摹狀與規律而言，它是先驗與後驗的綜合，就摹狀說，它就是後驗的，就規律說，它又是先驗的。「如果意念只有後驗性，它可以實而無效，如果只有先驗性，意念可以完全是空的。」〔註80〕金岳霖強調意念可以是一種先驗的形成經驗的接受方式，但它決不是先天的接受方式，因為先天的就意味著完全消極的，完全消極的對於經驗或事實無任何作為，如邏輯命題。邏輯命題是意念之所以摹狀和規律的基本條件，邏輯命題只是消極構成可能世界底秩序，而意念則是積極維持或顯現這個秩序。

### （四）事實

得自所與者還治所與的歷程表現為兩個階段：第一階段是化本然為自然，在本然世界中有普遍也有特殊，有固然的理也有不必至的勢，而「化」就是針對特殊而言，即化以本然之個體為相對 m 官覺類 n 官覺者的所與或呈現，在這一階段官能起到了非常重要的作用；第二個階段是化自然為事實，在這一階段，歸納就承擔著接受總則，化所與為事實。在金岳霖看來事實就是接收了或安排了的所與，換句話說就是用歸納的方式得到的表達所與的意念或意念圖案，因此它是一種所與與意念的混合物，「事實雖是自然所呈現的所與，然而不只是自然所呈現的所與。事實有知識者底接受與安排。……事實既有接受與安排，也有知識者所有的意念圖案上的秩序。」〔註81〕「事實雖是所與，然而不只是所與；事實雖有意念，然而不就是意念。它是以意念去接受了的所與，一方面它既有所與底秩序，也有意念底秩序，另一方面，它既有所與的硬性，也有意念底硬性」〔註82〕

---

〔註79〕金岳霖，《知識論》〔M〕，北京：商務印書館，2000 年，頁 385。
〔註80〕金岳霖，《知識論》〔M〕，北京：商務印書館，2000 年，頁 402～403。
〔註81〕金岳霖，《知識論》〔M〕，北京：商務印書館，2000 年，頁 780。
〔註82〕金岳霖，《知識論》〔M〕，北京：商務印書館，2000 年，頁 784。

這樣，在本然世界中的所與或呈現雖不可言說，但經過轉換的事實卻可以言說。「事實決不會是一團糟。它一定是名言之所能達的世界，一定有名言底秩序。」〔註83〕我們可以以時空、性質、關係、東西、事體、變、動等接收方式爲大綱，把形色狀態錯綜雜陳的所與化爲有條理、可以言說的事實。而對事實的研究成爲知識主要構成要素——命題。

## 三、「命題」——知識的構成要素

金岳霖把命題分爲三種：一是特殊命題，是對特殊事實的反映；二是普通命題，它是對限於時地的普通情形的反映；三是普遍命題，是對固然的理的反映。在這三種命題中，《知識論》關注的僅僅是普遍命題，它是純粹思議的內容。

金岳霖強調命題與句子和判斷都不同。命題雖然需要借助句子得以顯現，但並不是所有的句子都是命題，只有陳述句是命題。命題也不是判斷，判斷是一種事體、一種活動，它涉及到判斷者，自然會沾染上判斷者的主觀色彩如判斷者個人的才思、性格，判斷者所處的背景等等。判斷活動的最後階段就是對命題的斷定，這一斷定活動具有自認性、賭博性、客觀化的成分，即斷定者帶著以自我爲中心的情感自認某種命題顯現爲眞，並把這種自認的情感客觀化爲命題本身，因此判斷沒有眞假，只有對錯，命題的眞假是不以主觀者斷定的對錯爲轉移的。而斷定者對命題的眞假的斷定工具或方式一般採用兩種：證實和證明。在證實中觀察與試驗非常重要，它們既是發現命題的工具，也是證實命題的工具。證明不僅要有前提還要有推論方式，金岳霖強調不管什麼學問，它們的推論方式大都是邏輯所供給的。對於證明與證實，金岳霖認爲二者同樣重要，它們各職其責，證實是求知者知其然的活動而證明是求知者知其所以然和不得不然的活動。「『然』是一件事體，『所以然』或『不得不然』是另外一件事體。證明所供給我們的就是這不得不然底感覺。的確，在證明中我們所求的是眞，可是，不只是眞而已。果然所求的只是眞，我們不必要證明，只要有證實已經夠了。如果在證實之後，我們還要更進一步去求證明，我們所求的不只是眞而且是不得不眞。得到證明，我們才能恍然大悟說『懂了』。」〔註84〕因此前者是識，後者是懂，前者求識實，後者求明理。

〔註83〕金岳霖，《知識論》〔M〕，北京：商務印書館，2000年，頁505。
〔註84〕金岳霖，《知識論》〔M〕，北京：商務印書館，2000年，頁886。

對於命題的眞金岳霖堅持符合論，所謂眞的符合就是命題與它所斷定對象之間的符合，即所謂與所指的符合。這種符合必須具有三個標準：融洽、有效、一致。所謂融洽類似於我們日常生活中經驗得到的融洽感，但金岳霖特別強調命題的融洽不但是感覺融洽而且更是「所感覺的底融洽」；所謂有效是對假設前提而言，類似於實驗主義的有效，即斷定者在假設之下會有相應的行爲或思想，而其行爲沒有事實上的障礙，思想沒有不一致，那麼這個假設就暫時或局部有效；所謂一致是一命題與其它相干命題無矛盾。融洽是就命題與其對象的感覺上而言，有效是就命題與其行爲思想的結果而言，一致是就命題與其它相干命題的邏輯而言。金岳霖強調這三個標準分別是命題眞的必要條件，也就是說單獨一個標準不足以使命題爲眞，但如果三個標準合起來就是命題眞的充分且必要條件。

金岳霖指出，符合是對命題的眞而言，就判斷來說，我們只能說是一種符合感。符合與符合感是不同的，金岳霖指出在橫切的時間面上符合感與符合合一，但在縱向的時間川流中符合感與符合不一定合一。構成符合感的標準是融洽（含融洽感）、有效（含有效感）和一致感。融洽與有效都是針對特殊命題或普通命題的，因此融洽與融洽感、有效與有效感都具有時空性，而一致與一致感不同，一致感在時空中，一致則是超時空的。融洽、有效、一致感的時空性就使符合感也在時空中，因此，「判斷底對錯是有時間性的，一時認爲眞的命題，另一時，可以認爲假，一時認爲假的，另一時可以認爲眞。但是眞假底情形不是如此的。」〔註85〕

由於命題的眞揭示的是固然的理，因此它是超時空的，而眞的標準必然也是超時空的。在標準的超時空化的過程中，一致感起到了非常重要的作用，它後來居上。由於知識的進步使具有融洽與有效的命題數量增多，命題一致感的重要性和周密性也相應的增強，這就使一致感愈接近一致，當一致感超時空化爲一致時，融洽與有效也會憑藉一致感的超時空化而超時空化。「眞假底標準雖在時空中，然而它們是超時空化的。符合感中的一致感成分愈重，符合感中的分析成分愈綜合化，這些成分愈綜合化，符合感也愈超時空化。」〔註86〕這種眞的標準超時空化的過程就是意念凝固化的過程，也就是眞的普遍命題不斷被發現、概念不斷形成、意念的圖案不斷被推翻、修改、完善的

〔註85〕金岳霖，《知識論》〔M〕，北京：商務印書館，2000 年，頁 937。
〔註86〕金岳霖，《知識論》〔M〕，北京：商務印書館，2000 年，頁 941。

歷程，更是對眞理——表現理完整無外的概念結構這一知識極限的求索過程。我們所有的價值和尊嚴都在這一歷程中得到體現。

## 本章小結

　　思維的本性驅使人不斷地在具體事物中尋找無限性、普遍性的東西，人的存在本性也使我們不滿足於具體的科學知識，不滿足於站在世界之外的冷眼旁觀，而是要積極、熱情地投身於世界演化的洪流之中，獲取心靈的平靜和精神的皈依。金岳霖正是秉承如此情懷，執著於對宇宙、世界的邏輯分析。他融匯中西文化，既給近現代的中國帶來了有效的、科學的思想武器，更爐火純青地使用它探討知識論的問題，這是中國傳統哲學從未涉足的領域，金岳霖爲我們彌補了這一缺憾。更重要的是他以邏輯方法出神入化地構造了一個以「道」爲核心，以「無極而太極」爲演化軌迹的形而上學體系，實踐著人的思維本性與存在本性的終極追求。因此可以說，在金岳霖的哲學系統中，邏輯、知識論、形而上學相得益彰，共同體現著宇宙洪流眞、善、美的和諧與共融。

# 第四章 胡適、馮友蘭、金岳霖邏輯方法的比較研究

　　西方邏輯方法的傳播是 19～20 世紀中國新文化運動的一個重要內容。新文化運動是中國式的文藝復興，其如火如荼的展開促使人們思想、觀念的開放，喚起了人們追求真理的渴望，而此時西方的邏輯方法在國人眼中就等同於現代化、科學化。正是在這個意義上，胡適、馮友蘭、金岳霖三位哲學家把邏輯方法引入中國的文化界，將邏輯方法與中國社會現實和思想文化融合在一起。在這個融合過程中，三位哲學家在轉變社會現實、研究具體問題、探討人生問題，承接傳統文化等大方向上基本保持一致，但由於對邏輯方法的理解不同以及哲學旨趣的不同，也使他們在使用邏輯方法的過程中表現出一定的爭議和分歧。

## 第一節　胡適、馮友蘭、金岳霖邏輯方法的契合

　　近現代許多學者都將邏輯方法看作是中國社會轉型、文化復興的希望或者更準確的說是一種完成中國科學化、現代化的方法。梁啓超就曾在羅素來華的歡迎會上致詞說，我們應該把羅素看成是具有「點石成金」法術的呂純陽，希望這位西方的神仙能不吝賜教的將法術傳承給中國，也希望中國人能夠虛心求教，掌握這種法術，而不是抱守著「金子」不放，這樣才能衣食無憂。

　　對於這一看法，胡適、馮友蘭、金岳霖也都認同，胡適就曾借用一首詩

來表達方法對於當時中國的重要性。他指出，中國傳統知識在傳承上有一個致命的缺陷，就是知識或技術的家族性，將家人與外人劃分得十分清楚，這種技不外傳的傳統只會「授人以魚」卻不肯「授人以漁」，正如古詩云：「鴛鴦繡了從教看，莫把金針渡與人」。這是一種固步自封、敝帚自珍的陋習，它也是導致中國文化滯後的原因之一，因此，胡適呼籲在當時的中國應該放棄此種傳統的觀念，代之以一種積極迎接現代知識的開放、科學的觀念。我們不僅要知其然更要知其所以然，故他提出我們要「鴛鴦繡取從君看，要把金針渡與人」。胡適指出，要想知其所以然就需要一種科學的方法，在他看來這種科學的方法就是近代科學的近親——實驗主義方法，

馮友蘭和梁啓超的看法非常相似，他在介紹邏輯方法時也曾用中國「點石成金」的神話故事凸顯邏輯方法的重要性。並藉此表達了中國近現代社會和文化發展的首要任務：「邏輯分析法就是西方哲學家的手指頭，中國人要的是手指頭。正由於這個原故，所以西方的哲學研究雖有那麼多不同的門類，而第一個吸引中國人的注意力的是邏輯。」〔註1〕由此可以看出，用邏輯分析方法對中國固有文化的解釋和分析，是當時時代的主流精神之一。

金岳霖也同樣意識到了此點，他認爲中國哲學最鮮明的特點同時也是最大的缺點就是邏輯和認識論意識的不發達，它在還沒渡過萌芽時期，就過早的夭折，中國邏輯和科學論意識不發達是科學不能在中國出現的一部分原因，因此，當務之急就是要打破這種局面。基於這樣的認識，邏輯精神的宣揚就成爲金岳霖爲中國現代化努力奮鬥的一個主要方面。金岳霖自小就有一種對邏輯的潛在關注，他曾針對中國的諺語「金錢如糞土」和「朋友值千金」產生過質疑，認爲二者出現了嚴重的邏輯矛盾。而在留美期間，金岳霖更由最初的商業科毅然決然地轉爲政治學，他在給其兄長的信中寫道：「簿記者，小技耳，俺長長七尺之軀，何必學此雕蟲之策。昔項羽之不學劍，蓋劍乃一人敵，不足學也。」〔註2〕由此可見，當時的金岳霖以一種強烈的憂患意識努力尋求著統籌全域而非一人之技的方法。而一次巴黎街頭的辯論更使金岳霖發現了語言和邏輯的魅力，有一次，金岳霖和朋友張奚若以及一位美國姑娘在巴黎聖米歇大街上閒逛，在路上張奚若與這位美國姑娘不知爲什麼問題爭

〔註1〕 馮友蘭，《中國哲學簡史》〔M〕，北京：北京大學出版社，2001年，頁283。
〔註2〕 劉培育主編，《金岳霖的回憶和回憶金岳霖》〔M〕，成都：四川教育出版社，1995年，頁41。

論起來，雙方都企圖用邏輯方法作爲論證的工具，金岳霖此時也不甘寂寞，加入了他們的爭論之中。這次的爭論使金岳霖雖然仍然不瞭解什麼是邏輯，但卻有了一個「邏輯很重要」的意識。後來，受到羅素哲學的影響，金岳霖的邏輯方法逐漸成熟起來，他意識到許多歷史上有爭議的哲學問題通過邏輯的分析都可以變成論理問題，因此提出「精深的分析就是哲學」。「邏輯技術的完善是對哲學批評的幫助。通過嚴格的邏輯分析，可以徹底澄清或清除含混、模糊或無意義的思想。」〔註3〕

因此，胡適、馮友蘭、金岳霖三位哲學家都以邏輯方法對中國近現代重要性的認同爲契機，在用其轉換中國哲學的問題視域、從事哲學體系的創作、解決中國各種社會問題以及改造和傳承中國傳統文化等方面保持著相對的默契。

## 一、對邏輯方法科學的理解

什麼是邏輯，胡適認爲「邏輯即思想、辯論、辦事的方法。」〔註4〕這種方法是中國所缺乏的，正因爲此種方法的缺乏，中國出現了「目的熱」、「方法盲」等怪異現象，即對一些空虛名詞盲目崇拜，對於諸如「愛國」、「護法」、「衛道」、「孔教」等時髦口號，人們一致喝彩叫好，對於各種主張政策，人們也盲目隨從，趨之若鶩，但眞正瞭解它們的確切所指之人卻少之又少。這種現象在胡適看來是危險的，是病態的，要想解決此種病症，就不能僅僅高聲疾呼「科學萬能」、「方法至上」此種空洞的口號，還必須積極動員起來。一方面提倡一種正確的、科學的方法，另一方面培養存疑的態度，試驗的方法，批判的精神並用以研究解決各種具體問題。胡適認爲所謂科學的方法就是其師杜威的實驗主義方法，也是培養創造性智慧的方法。他認爲杜威所理解的思想「是用已知的事物作根據，由此推測出別種事物或眞理的作用。這種作用，在論理學書上叫做『推論的作用』（Inference）。推論的作用只是從已知的物事推到未知的物事，有前者作根據，使人對於後者發生信用。這種作用，是有根據有條理的思想作用。這才是杜威所指的『思想』。」〔註5〕在這

---

〔註3〕　金岳霖，《道、自然與人》〔M〕，北京：三聯書店，2005 年，頁 231。

〔註4〕　胡適，《胡適的聲音──1919～1960：胡適演講集》〔M〕，桂林：廣西師範大學出版社，2005 年，頁 2。

〔註5〕　萬懋春、李興芝，《胡適哲學思想資料選》（上）〔M〕，上海：華東師範大學出版社，1981 年，頁 73。

段話中可以看出杜威的哲學雖不講邏輯學中的演繹、歸納、大前提、小前提、三段論、求同求異等推理形式的專業知識。但他用推論定義思想，並以培養人們推論智慧爲己任，在此意義上，杜威和胡適的科學方法、實驗方法就是邏輯方法，邏輯方法就是實驗方法，二者是不可剝離的。「所以杜威先生的邏輯也可以叫作實驗的邏輯，工具的邏輯，歷史的邏輯。」〔註6〕

胡適指出，這種方法的使用在日常生活中隨處可見，正因如此，它才顯得平常而不覺，只有在人們遇到疑惑困難時，它的重要性才突顯出來。因此疑難境地是實驗方法的起點，它是人類追求眞知，關注方法的最初原動力，由此我們開始邁入方法的第二步，通過一生的經驗，運用所有的知識，尋找疑難的癥結所在，這一步驟類似中醫的「脈案」、西醫的「診斷」。第三步就要「大膽的假設」，根據病癥提出種種解決辦法，當然在這時一定要對這些思想中的辦法有一個清楚的認識，要瞭解它們僅僅是一種假說，並不是眞理。而對於這些假設我們如何檢驗其眞實有效性，這就進入方法的第四步，「把每種假定所涵的結果，一一想出來，看那一個假定能夠解決這個困難。」〔註7〕此時需要具體分析每一種解決辦法，但這種分析和驗證僅僅停留在思想之中，因此要想眞正有說服力，就必須在現實生活中證實或證明其有效性，看看它是否眞正能夠解決疑難問題，這就是運用方法的第五步。胡適以杜威的「五步法」表明了自己對科學方法的理解，但是嚴格的說杜威的「五步法」展現的是人們解決問題的步驟和歷程，而非方法的具體內容，在這一歷程中，時時刻刻、方方面面都滲透著邏輯方法的價值和功用。

雖然馮友蘭更加注重邏輯分析方法，但他在對方法的整體認識上卻與胡適的理解基本能夠達成共識。他認爲作爲知識能力有限的宇宙一份子之人類，如何知道自己獲得的知識就是眞理，需要借助一些方法，這種方法非常重要，馮友蘭稱之爲試驗邏輯方法。「我們求是之方法，其程序是步步推索，其性質是試驗底。」〔註8〕在馮友蘭看來，所謂試驗邏輯方法既包括演繹邏輯也包括歸納邏輯，既包括證實證明，也包括存疑假設。馮友蘭指出，如果光有科學試驗的方法是很難求得眞理的，還有一個重要的環節不能忽略，就是假設，馮友蘭稱

〔註6〕葛懋春、李興芝，《胡適哲學思想資料選》（上）〔M〕，上海：華東師範大學出版社，1981年，頁497。
〔註7〕葛懋春、李興芝，《胡適哲學思想資料選》（上）〔M〕，上海：華東師範大學出版社，1981年，頁73。
〔註8〕馮友蘭，《貞元六書》〔M〕，上海：華東師範大學出版社，1996年，頁155。

之爲「讀無字天書」。「但只研究歸納邏輯或科學方法，而不能讀無字天書之人，只見一大堆材料，如所謂『全牛』者，放在面前，簡直無下手處。科學作試驗，必須先有假設，否則試驗無從作起。但假設並不是寫在材料上，人人可以看見者。假設即能讀無字天書者所見本然命題之方法。無此見者，無論若何研究歸納邏輯及科學方法，皆只可以學科學，而不能成爲大科學家。」〔註9〕因此馮友蘭所理解的方法的程序包括兩個層面：一是歸納邏輯方法。馮友蘭指出，求是的程序既需要長時間的預備工夫，也需要精心嚴謹的修補或證明功夫，這兩個階段都需要邏輯試驗方法才能展開。如果沒有對經驗有一個搜集和整理的積蓄過程，我們不可能達到一夕頓悟、豁然貫通，就如庖丁解牛，如果沒有長時間解牛的經驗以及高於常人的觀察態度和科學方法就不可能有進於道的技術；一是假設的重要性。馮友蘭將科學試驗方法中的假設部分理解爲方法的開端，如果一個人沒有假設這一步驟的話，歸納邏輯和科學方法就只能是搜集和整理材料的方法，根本不能發現眞理。馮友蘭將假設稱之爲創作，即思考到眞理的樣子，並將之想爲實際者。馮友蘭指出，這種創作是一種心理狀態，它並不是時時刻刻都能存在，它可遇而不可求，僅僅是刹那或頃刻之間，「一夕頓悟」、「豁然貫通」。因此，方法的兩個部分缺一不可，二者相互作用，只有如此，才能做到「遊刃有餘」。由此可以看出，胡適、馮友蘭都看到了邏輯方法與科學方法的相同性，都強調在邏輯方法中歸納和演繹、實驗和假設的重要性。

　　比起胡適、馮友蘭，金岳霖對邏輯方法的理解和介紹更加專業和具體，爲此他專門撰寫了《邏輯》一書，不僅以一種現代化眼光重新審視了西方傳統邏輯，而且還不遺餘力的向國人傳遞最前沿、最嚴謹的邏輯方法。雖然在《邏輯》一書中金岳霖更多的強調了演繹分析的重要性，但是這並不表示金岳霖對歸納方法不重視，相反，出於對科學知識的推崇和信仰，使他不能容忍對歸納方法的根本質疑。當休謨用邏輯的論證、細膩的分析把支撐科學知識的歸納方法的有效性和合理性徹底推翻時，不僅西方科學界和哲學界爲之震驚和恐慌，它同樣也給金岳霖帶了極大的苦痛。他指出：「在辛亥之後的幾年中，因爲大多數的人注重科學，所以有一部分的人特別喜歡談歸納，我免不了受了這注重歸納底影響。後來教邏輯，講到歸納那一部分，總覺得歸納法不是一個像樣的東西，雖然在情感上我不願意懷疑到歸納本身。大概在好幾年之內我還是以歸納爲客觀的知識底唯一的來源。也許因爲我曾把客觀視

〔註9〕馮友蘭，《貞元六書》〔M〕，上海：華東師範大學出版社，1996年，頁201。

為被動地承受自然之所表示，歸納法給我以一種在理論上解決不了的困難。所謂『自然齊一』非常之雞肋磨人，一方面我不能大刀闊斧地把它扔掉，另一方面，我又不能給它以一種理論上的根據。歸納原則本身有同樣的問題。這原則不是從歸納得來的，但既不是從歸納得來的，又以甚麼為根據呢？實實在在在引用歸納為求知底工具的人們大概不會有這樣的問題，但是我底興趣是哲學的，這問題在我是逃避不了的。如果我們假設這世界本來是有秩序的，歸納不至於發生問題，但是，我們怎樣可以假設這世界是有秩序的呢？我們怎樣可以擔保明天底世界不至於把以往的世界以及所有已經發現的自然律完全推翻呢？」〔註10〕這種思想上的困難和情感上的痛苦促使金岳霖展開了對歸納方法漫長而又艱苦的思考，最後金岳霖用形而上學的道演確立了歸納原則的合法地位。他指出，人們對歸納問題的質疑就在於將運用歸納原則而得的結論與歸納原則本身畫上了等號。而作為一個知識論的研究者「我們底興趣不在結論上，我們底興趣是在原則上」。〔註11〕金岳霖以其形而上學為依託重新賦予歸納原則以權威意義。在他看來歸納原則是一個先驗原則，只要時間不打住，那麼這個原則永遠為真，不可能為假。進而金岳霖又強調正因為歸納原則具有很濃厚的時間性，所以只要時間不打住，作為前提的特殊例證就不會打住，這就使作為結論的普遍命題就無法得到保證，正是在這點上，人們才會對歸納原則產生諸多疑惑。他指出，人們對歸納原則產生失望或焦慮情緒，其原因有兩點：第一，人們對其結論投入過多的情感，人們盼望或相信它為真，這種偏執影響了人們的判斷，所謂希望越大失望越大。「在『A——B』未推翻之前，我們也許以為它是自然律或表示自然律，也許我們有歸納上的理由，或一門科學底理由，使我們相信它是自然律或表示自然律。但是，無論如何，無論我們底盼望如何，理由如何，我們所得到的『A——B』也許會推翻。」〔註12〕第二，人們對這一推理形式沒有清晰的認識。在金岳霖看來推理有兩個前提，歸納原則在推理中充當了隱含的第一前提，而特殊例證則充當了顯像的第二前提，用公式表示就是 $p \wedge q \rightarrow r$（p 表示歸納原則，q 表示特殊例證，r 表示結論中的普遍命題）。從這個公式可以看出，我們只能由結論為假而得到兩個前提至少有一個是假的，而不能得到兩個前提都是假

---

〔註10〕金岳霖，《論道·緒論》〔M〕，北京：中國人民大學出版社，2005 年，頁 2。
〔註11〕金岳霖，《論道·緒論》〔M〕，北京：中國人民大學出版社，2005 年，頁 426。
〔註12〕金岳霖，《論道·緒論》〔M〕，北京：中國人民大學出版社，2005 年，頁 431。

的,事實上金岳霖認爲成假的只是第二個前提而非第一個前提。金岳霖反覆強調通過歸納原則而得的結論不真不能證明歸納原則的無效,而僅能表示我們在引用歸納原則時對意念的取捨出了問題。

總而言之,胡適、馮友蘭、金岳霖雖然對邏輯方法的言說方式和關注重點各有不同,但是在近代科學日益發達並影響到生活方方面面的時代,他們對邏輯方法的理解基本相似,都涉及到了分析與綜合、演繹與歸納、觀察與實驗、真理和假說、證明和證實等內容。

## 二、用邏輯方法從事哲學體系的創作

三位哲學家並不僅僅把邏輯方法作爲一種專業知識進行宣揚,它還有其應當承擔的歷史使命,有其需要表現的深沉意義。胡適、馮友蘭、金岳霖還用其解釋中國風雲變幻的政治局面,用來解決紛繁複雜的社會問題,用來詮釋花果飄零的傳統思想,用來挖掘逐漸掩埋的文化精神,用來創建科學現代的哲學體系。

在三位哲學家中,胡適並沒有自己獨創性的哲學體系,他注重實用的觀念不允許他進行漫長而又嚴謹的哲學創作,要想以最快的速度解決中國的具體問題,轉換國人的精神面貌,釐清傳統的文化理路,最有效的辦法就是直接「舶來」美國實驗主義的哲學。正如他自己所言:「吾生平大過,在於求博而不務精。蓋吾反觀國勢,每以爲今日祖國事事需人,吾不可不周知博覽,以爲他日國人導師之預備。不知此謬想也。吾讀書十餘年,乃猶不明分功易事之義乎?吾生精力有限,不能萬知而萬能。吾所貢獻於社會者,唯在吾所擇業耳。吾之天職,吾對於社會之責任,唯在竭吾所能,爲吾所能爲。吾所不能,人其捨諸?自今以往,當摒棄萬事,專治哲學,中西兼治,此吾所擇業也。」〔註13〕正因爲求博而不求精,使胡適的思想顯得龐雜,求用而不求體,使胡適的哲學過於膚淺,基於此金岳霖才用「西洋哲學與名學又非胡先生之專長」來評價他。此評價未嘗沒有道理,但胡適能夠以思想家的敏銳視角和深切體悟,把美國實驗主義哲學的主旨以自己獨特的話語方式巧妙的植入中國文化之中,就足以使他能夠在中國哲學的傳承中占據一席之地。

在胡適的哲學研究中,他秉承了實驗主義的基本觀點,對超乎經驗的形

---

〔註13〕〔美〕余英時,《重尋胡適歷程:胡適生平與思想再認識》〔M〕,桂林:廣西師範大學出版社,2004 年,頁 175。

而上學問題採取了疏遠甚至抵制的態度。哲學問題必須與經驗事實和人的生活息息相關，因此，在胡適哲學體系中充當本體論的是他的經驗論，這與實驗主義經驗論一脈相承。胡適將它的方法注入到經驗論中，認爲經驗就是人應付環境的活動，而在這種活動中思想方法非常重要，我們用它積累已有的經驗，同時也用它應付將來的經驗。方法不同，應付環境的能力也會有所不同，展現每個人視野裏的實在也就不同，故胡適的經驗論以及實在論都是圍繞著方法展開的。除了經驗論，胡適的眞理觀也具有明顯的方法論意味，何爲「眞理」？胡適認爲「有用即眞理」，而判斷方法就是用實驗主義方法，它對待定的假設進行證實或證明，凡是能夠眞正產生實際效果，成功聯絡經驗的知識、思想、觀念就是眞理，因此眞理是我們用實驗主義方法製造出來的，眞理的權威也是我們用實驗主義方法檢驗出來的。總的說來，胡適以他的方法統籌了他整個的哲學思想。「我治中國思想與中國歷史的各種著作，都是圍繞著『方法』這一觀念打轉，『方法』實在主宰了我四十多年來所有的著述。」〔註14〕他在《留學日記》自序中也曾明白的點明了自己的思想：「我在一九一五年的暑假中，發憤盡讀杜威先生的著作……從此以後實驗主義成了我的生活和思想的一個嚮導，成了我自己的哲學基礎。……我寫《先秦名學史》、《中國哲學史》，都是受那一派思想的指導，我的文學革命主張也是實驗主義的一種表現；《嘗試集》的題名就是一個證據。」〔註15〕

再看馮友蘭的哲學創作，他指出，哲學必須能夠以名言說出，對於不管是可思議、可言說，還是不可思議、不可言說者，要想能夠成爲知識，就必須體系化，名言化，而思想能夠成爲體系化的學說就非要有邏輯方法不可。馮友蘭「新理學」的哲學體系之所以稱之爲「新」，其理由中有一點是表明邏輯方法的引入使從事哲學創作的人思想能力得以提高，使哲學體系更加科學、概念更加明晰、論證更加充分。馮友蘭「新理學」的哲學體系是由六部著作構成，包括《新理學》、《新事論》、《新世訓》、《新原人》、《新原道》、《新知言》，統稱爲「貞元六書」，「貞元者，紀時也。當我國民族復興之際，所謂貞下起元之時也。」〔註16〕貞下起元意謂抗日戰爭即將勝利，中國復興的新

---

〔註14〕 胡適口述，《胡適口述自傳》〔M〕，唐德剛譯注，桂林：廣西師範大學出版社，2008 年，頁 100。

〔註15〕 胡適，《胡適留學日記》〔M〕，合肥：安徽教育出版社，2006 年，頁 5。

〔註16〕 馮友蘭，《貞元六書》〔M〕，上海：華東師範大學出版社，1996 年，頁 373。

紀元即將開啓，而《貞元六書》的問世表現了馮友蘭試圖爲「抗戰建國」提供思想上的指導。在他的哲學體系中《新理學》是最核心的著作，它展現了馮友蘭的宇宙構造論。馮友蘭指出，哲學命題必須空靈，這一靈感源自現代邏輯。他認爲新舊邏輯的差異之處就在於對於主辭的態度上，傳統邏輯只考慮了主辭存在的情況，而現代形式邏輯則把一切命題都看作「如果——則」這樣的蘊涵命題，這種命題是不肯定主辭存在的。同時數學方法的介入使邏輯學更加形式化、抽象化，這種抽象化、形式化使現代邏輯中的命題對實際經驗極少肯定。馮友蘭認爲哲學與科學最根本的不同之處，「哲學或最哲學底哲學，所有之觀念、命題、推論，多係形式底、邏輯底，其中並無，或甚少，實際底內容，故不能與科學中之命題，有同等之實用底效力。」〔註17〕所以，哲學命題的「空靈」使其雖對實際很少肯定，但卻成爲統轄實際的最有效的力量。進而馮友蘭以這種空靈的命題構造了眞際和實際兩個世界，描繪世界運動的過程，並以邏輯方法分析出世界的構成要素：理和氣，在邏輯意義上討論宇宙世界的始終、有無、先後等問題。

　　《新事論》是《新理學》的具體化，他以新理學建構的形上學知識和邏輯學知識爲基礎，並運用邏輯分析方法解決實際的社會問題，如中西文化、經濟發展、傳統忠孝、禮儀教化、藝術文學、抗戰建國等，並希望能夠對中國的現代化轉型、民族的復興事業提供一些具有可操作性的建議。《新世訓》探討了一種生活方法，他認爲人的生活具有一定的規律性，如果我們能夠發現它們並依照它們生活，這種生活方式才是符合人性的生活，而邏輯方法能夠使我們實現這一願望。馮友蘭提供了一整套理想的生活方法，它包含了若干項目，如尊德性、行忠恕、爲無爲、道中庸、守沖謙、調情理，致中和、勵勤儉、存誠敬、應帝王等。馮友蘭用邏輯分析方法闡釋了它們的具體內容，並說明了它們的必要性。生活方法也是一種修養方法，馮友蘭以他的形上學爲核心，以他的邏輯方法爲手段建立的一整套儒家的人生觀。《新原人》可以算是馮友蘭人生觀的另一種補充，在這部著作中他提供了人生的四種境界：自然境界、功利境界、道德境界、天地境界。由於人的覺解的不同，境界也呈現出高低的差異，而覺解的程度是由我們的認知決定，即能否把握「道體」「宇宙大全」流動方式，而對宇宙道體的把握最基本的方法就是邏輯方法。因此，總的說來邏輯方法決定了人的覺解程度，同時也就決定了人境界的高

---

〔註17〕馮友蘭，《貞元六書》〔M〕，上海：華東師範大學出版社，1996 年，頁 14。

低。《新原道》是一本評判中國哲學得失的著作，它以「極高明而道中庸」爲評判標準評價了中國傳統哲學如孔孟、楊墨、名家、老莊、易庸、漢儒、玄學、禪宗、道學等思想得失。他認爲它們各有優缺，但總的說來它們都在一定程度上不符合「極高明而道中庸」的標準，而眞正能夠達到這一標準的就是自己的新理學，因爲新理學運用了現代邏輯的知識和方法，其內容是形式的、抽象的，因此是「極高明」的。而他的新理學所要人達到的天地境界也不是高高在上、脫離世俗的，而是在日常生活的人倫日用中得以落實，因此是「道中庸」。可以說《新原道》是馮友蘭中國哲學史的一種補充。《新知言》是馮友蘭介紹其哲學方法論的著作，他通過介紹西方不同方法，從而提出了一種整合中西的方法論，即「正的方法」與「負的方法」的結合，只有如此才能把握眞正的天道。總的說來，馮友蘭以邏輯方法爲工具將其它的哲學問題緊緊圍繞在形上學的周圍，構成了一整套完整的哲學體系。

金岳霖作爲一位中國的邏輯學家，他在建構體系時，更加注重對邏輯方法的運用。他嚴格考察、辨析、釐清使用概念的基本含義，搜集充足的證據證明自己的觀點和主張，緊扣主題，層層深入，步步推演，形成一套完整的、科學的、邏輯清晰的理論體系。

金岳霖的哲學體系除了《邏輯》一書外，還有兩個重要的組成部分：《論道》和《知識論》。《論道》是金岳霖的形而上學思想，雖然這部著作仍然保持了中國傳統名言雋語式的書寫體例，但其內部具有嚴謹而緊湊的關聯。這個以「道」爲核心觀念的形而上學，在金岳霖手中被組織成爲一個層層推演、處處分析的邏輯體系。他採用了冷靜的分析，不僅將道的橫向面抽絲剝繭爲兩個成分：能和式，更在道的縱向面上綜合展示其推演和流變。除了形而上學體系，金岳霖還大膽嘗試了國人不擅長的知識論創作。知識論從來不是中國傳統哲學意識，因此作爲一位中國哲學家，儘管如何西化，想要持之有故言之成理，自成體系也是非常困難的。他自己也曾如此評價：「比較滿意的是《論道》，花功夫最多的是《知識論》，寫得最糟的是大學《邏輯》。」〔註18〕《知識論》是他花費心思最多，時間跨越最長的一部著作。他用邏輯分析方法嚴格的界定了中國人看似瞭解實則模糊的西方概念如知識、唯主、所與、意念、摹狀、規律、時空、因果、度量、事實、抽象、歸納等。他在批判西方唯主學說缺失的基礎上提出

---

〔註18〕劉培育主編，《金岳霖的回憶和回憶金岳霖》〔M〕，成都：四川教育出版社，1995年，頁49。

了自己關於知識的有效原則，他的知識論從所與出發，通過各種手段、工具如認識、思想、語言、抽象等形成了意念圖案，意念圖案以它的摹狀與規律功能而成為事實，最後探討了知識的表現形式——命題的真假標準。由於邏輯分析方法已經內化為哲學體系的一部分，因此金岳霖哲學體系的創作質量非常高，儘管其中仍有許多差強人意之處，但總的說來無論是對概念的界定，還是評說他人的主張，提出自己的觀點，都能做到有理有據。

總的說來，無論是拒斥形而上學的胡適，還是主張重建形而上學的馮友蘭、金岳霖都能夠自覺將邏輯方法運用於哲學的研究和創作工作之中。

## 三、用邏輯方法分析和解決社會具體問題

中國自古就有「經世致用」的傳統，這種治學理論在近現代山河破碎、制度瓦解、文化飄零的時代下表現得更加強烈。因此，三位哲學家的思想承擔著沉重的歷史使命，散發著濃鬱的民族意識和愛國精神，即使自認為「哲學是概念的遊戲」，只在閣樓犄角冥思苦想，整天遨遊於抽象思想海洋中的金岳霖也不例外。「哲學涉及生活之緊密有如文學，也許比很多其他學科更為緊密。那些生來就研究哲學的人，以及那些由於自由受到政治侵犯或社會侵犯而投身於哲學的人，都不能不把上述真理當做自己的前提之一，或者積極原則之一。人們企圖提供現今所謂的人生觀，企圖理解人生，給人生以意義，過良好的生活，這是研究哲學的動力，比大家重視的純粹理智更原始的動因。」〔註 19〕因此不管哲學體系如何，不管哲學方法如何，它們的最終落腳點都要落實到社會生活之中。

胡適作為時代的弄潮兒，始終走在時代的前頭，引領著中國社會的變革。他尖銳的批判中國各種社會弊病，堅定自己的哲學立場，認為哲學一定是一種人的哲學，而不是哲學家的問題，哲學必須用來解決具體的社會問題，而非一些虛浮的標語。而如何解決中國的社會問題，就必須以一種理智的態度分析對照中西文明的差異，西方以追求幸福，逃避貧窮與衰病為目的，為此他們躊躇滿志，不斷進取，不僅創造了可以戡天縮地的物質文明，而且也創造了科學民主的精神文明。在此基礎上胡適宣稱「全盤西化」，用西方的文明武裝自己，努力達到西方文明的至高點：即科學和民主。我們不僅要學習西方先進的科學知

---

〔註 19〕金岳霖，《道、自然與人》〔M〕，北京：三聯書店，2005 年，頁 56～57。

識和技術手段，還要學習西方文明的精髓——科學和民主的精神，始終以一種理智的態度保持學術上的平等、自由，始終以一種民主的精神保持國家政體和人格的獨立。為此，胡適用科學的方法、批判的精神、懷疑的態度積極的投身於社會變革和文化轉型之中，尖銳的批判封建禮教，破除傳統思想權威，大力提倡白話文運動，宣傳科學的人生觀，掀起問題與主義之爭。

馮友蘭在他的《新事論》中運用邏輯分析方法討論社會具體問題，如他以類的知識探討了中西文化問題。他認為當今社會的文化究竟何去何從，眾說紛紜，有主張全盤西化的，有主張部分西化的，有主張中國文化本位的，而在馮友蘭眼中這都是錯誤的，其原因在於這些人不知類，僅是從一特殊文化比較另一特殊文化。「他們似乎不知，至少是不注意，中國人之所以是如何如何，乃因中國文化在某方面是屬於某類文化；西洋人之所以是如何如何，乃因西洋文化在某方面是屬於某類文化。」〔註 20〕如果僅以特殊的觀點看待文化，我們就會被眼前這個「五光十色的全牛」所迷惑，分不清哪是主要的，哪是次要的，哪是必然的，哪是偶然的。馮友蘭指出，我們現在知識豐富了，方法科學了，因此就更應對各種問題有一個清晰合理的認識，對於文化我們應該尋找它們所屬的類，而不僅僅只是以地域、國界來加以評論。馮友蘭指出：「一般人已漸覺得以前所謂西洋文化之所以是優越底，並不是因為它是西洋底，而是因為它是近代底或現代底。」〔註 21〕這就是我們必須拋開國界之圍，在文化的大宴上根據自己的實際要求選擇自己所需的食糧，不管西方的還是中國的，只要能促使我們文化的近代化或現代化，我們都要拿來據為己用，這才是正確的態度。

馮友蘭還用邏輯分析的方法探討了人們最關注的社會革命問題，並為中國的革命尋求理論支持。他指出，革命可以表現為兩種：一種革命是針對人的，如古代的武王伐紂。當王朝出現君不君、臣不臣的狀況時，不君、不臣之人就成為社會的害群之馬，所謂「亂臣賊子，人人得而誅之」，對於行不道德行為之人，革他們的命就變成了道德之事，故孟子說：「聞誅一夫紂矣，未聞弒君也」（《孟子・梁惠王下》）；另一種革命是針對制度的，當社會中有了成為主流的新思想時，這就意味某種社會制度的「大勢已去」，而另一種社會制度的「大勢已成」，社會要想進步，就必須變更它的體制。「如其所有，或

---

〔註20〕馮友蘭，《貞元六書》〔M〕，上海：華東師範大學出版社，1996 年，頁 226。
〔註21〕馮友蘭，《貞元六書》〔M〕，上海：華東師範大學出版社，1996 年，頁 229。

所將有，之新性，是關於一國或一民族的多方面，而且與其舊情十分不合者，則此一國或一民族的人的感覺不慣，必十分厲害。此種改革，如係用暴力以促成者，即所謂革命。革命是痛苦底，⋯⋯不過如一國或一民族在某種情形中必需有某種新性，否則此國或民族即不能存在，而此種新性，又非用革命不能得到，則革命雖痛苦亦是不得不有底。」〔註22〕因此，我們必須主動自覺的促成這種革命，所謂「窮則變，變則通」即是如此。「此國家或民族中最先感覺此種改革之必要之人，先著手為此種改革，即成所謂對於制度之革命。此種革命是為此國家或民族之存在所必需者」〔註23〕這樣馮友蘭為革命提供理論支持，認為它是道德的，主張革命者，是順應時勢，而主張守舊者，是逆勢而行。馮友蘭也分析了革命之所以能在中國開展的如火如荼的原因，一方面根植於中國的舊情，馮友蘭指出，在中國的歷史上，農民對制度不滿而產生暴動者比比皆是，這些歷史在中國無論是知識分子，還是目不識丁之人都能耳熟能詳。共產黨能夠準確又及時的分析和把握這一社會情況，以一種平民式、大眾式的宣傳方式使革命理論深入人心，使社會大多數人能夠瞭解其革命的意義和旨趣，這對革命的展開非常重要；另一方面在於革命也並不是僅僅以宣傳主義為要旨，更深層的原因在於共產黨人抓住了革命的關鍵環節，即經濟制度問題，這是當時社會問題激化的一個主要矛盾。「共產主義或社會主義，或上所說底民治主義，在一個社會內真正實行，都是一個社會已行生產社會化底經濟制度以後底事。如一個社會尚未行生產社會化底經濟制度，則在這個社會裏談這些主義，都真正是不合國情，都是空談無補。中國現在最大底需要，還不是在政治上行什麼主義，而是在經濟上趕緊使生產社會化。這是一個基本。」〔註24〕由此可以看出，馮友蘭非常善於使用邏輯方法分析解決中國社會的各種具體問題。

　　與胡適、馮友蘭相比，金岳霖很少討論社會具體問題，但是這並不表示他不關心社會人生。他也曾為袁世凱簽訂喪權辱國的「二十一條」而悲憤慟哭，也曾為尋求中國「抵擋萬人」之技而轉變專業，也曾在艱苦抗戰的日子裏堅持理想而顛沛流離，也曾在抗日戰爭之後抗議國民黨對學潮的污蔑與歪曲，也曾為新中國的成立而歡欣雀躍。因此，金岳霖在現實生活中是一個關

〔註22〕馮友蘭，《貞元六書》〔M〕，上海：華東師範大學出版社，1996年，頁331。
〔註23〕馮友蘭，《貞元六書》〔M〕，上海：華東師範大學出版社，1996年，頁125。
〔註24〕馮友蘭，《貞元六書》〔M〕，上海：華東師範大學出版社，1996年，頁340。

注人生、關注社會的愛國之人，只不過他與胡適、馮友蘭的關注方式不同而已。金岳霖指出，有些人認爲邏輯與日常生活相去甚遠，認爲我們沒有邏輯也能自如的生活，「正像人們一般認識的那樣，生活與邏輯沒有關係。生活據說是沒有邏輯的，理性很少在生活中起任何作用。我們未經我們的同意而來到世間，我們違反我們的意願離世而去；我們活著，一方面我們是我們的感情、我們的欲望、我們的希望和我們的恐懼的奴隸，另一方面我們現在並將永遠處於自然界，即奧斯本（H・F・Osborn）先生稱之爲四重原生質環境的神秘力量的統治之下。我們有時由於愛而恨，我們常常由於難過而笑；我們爲高興而落淚，我們隨哀樂而起舞；有時痛苦對我們是歡樂，有時歡樂表達我們的精神痛苦；我們爲我們知道不可及的東西而努力，我們活著並允許活著，無論我們選擇的道路是寬廣、容易，還是狹窄、平直，我們都看不清我們的目的地。」〔註25〕金岳霖指出，生活包含極大的豐富性和複雜性，「生活不是一組得到清楚陳述的、其間存在某些關係的命題。」〔註26〕簡單的斷定它是否合乎邏輯和理性，這本身是我們思維混亂的結果。但金岳霖又強調，雖然我們無法給生活下一個判斷，但是邏輯對生活都是必不可少的，無論我們如何否定它，它都在我們的生活中消極的起著作用。正如金岳霖所言，當我們在寒冷的屋子中嚮往著溫暖，那麼無論是販夫走卒、青樓歌女，還是飽學之士、達官貴人，只要他是正常人，他們都會用到一種因果關聯，即「如果生火，那麼屋子就會溫暖」來指導和實踐生活的意義。所以，在金岳霖眼中邏輯是不能證實的，它的存在就在於它是一種最便利、最節省的力量。「它爲我們提供便利，因爲它大概是最節省的力量。正是這種力量，節省了我們的生活、我們的思想和我們對我們生活的世界的認識。」〔註27〕由此可以看出，他以邏輯方法爲指導，用他的哲學體系和哲學信念影響生活的方方面面，邏輯的功用就不僅僅表現在科學與文化上，還與我們的生活密切相關。

## 四、用邏輯方法促進傳統哲學的改造

現代化不僅要求他們輸入學理，還要求他們承續中國文化的發展歷程，積極展開中國哲學從傳統向現代範式的轉換。具體表現爲：

---

〔註25〕金岳霖，《道、自然與人》〔M〕，北京：三聯書店，2005 年，頁 213～214。

〔註26〕金岳霖，《道、自然與人》〔M〕，北京：三聯書店，2005 年，頁 213～215。

〔註27〕金岳霖，《道、自然與人》〔M〕，北京：三聯書店，2005 年，頁 224。

一方面他們都在中國傳統哲學中尋求與邏輯方法相契合的學說資源。

胡適和馮友蘭引領時代的潮流，以新的知識構架和價值觀念重新審視中國傳統文化。他們跳出了經學的圈子，突破了權威崇拜的經學思維方式，不僅成就了中國哲學史學科的獨立，而且使在近現代瀕臨滅絕的傳統哲學重新煥發出生命力。胡適更把邏輯學、方法論作爲中國古代哲學發展的主線，對各家的論述精闢獨到。在中國各種文化中，胡適最看重的是墨家文化，認爲墨家提供了一種邏輯的、科學的精神，因此宣稱：「中國哲學的未來，似乎大有賴於那些未達的哲學學派的恢復，哲學學派在中國古代一度與儒家學派同時盛行。……就我自己來說，我認爲非儒學派的恢復是絕對需要的，因爲在這些學派中可望找到移植西方哲學和科學最佳成果的合適土壤。關於方法論問題，尤其是如此。」〔註 28〕因此，墨家的方法是胡適關注的焦點，他將墨家按照發展歷史分爲兩個時期：前期墨家，它是一種「宗教的墨學」，後期墨家是一種「科學的墨學」。胡適運用西方近現代邏輯學的概念和方法對後期墨家的知識與邏輯作了詳細地闡述，認爲他們不僅探討了邏輯的一般性質和作用，而且還介紹了各種具體邏輯方法，並把它們與西方邏輯方法進行比附，聲稱這些邏輯方法與西方邏輯相比豪不遜色。而對於惠施和公孫龍，胡適也用了大量篇幅介紹了他們，認爲他們雖是後期墨家的一個派別，但卻用邏輯方法製造太多的奇談怪論，其晦澀難懂、匪夷所思都給思維造成了一定的混亂。所以，這些反論人物在墨家邏輯的發展過程中起了消極作用，以此作比較，胡適極力主張復興墨家正確的邏輯方法。

對中國傳統文化的梳理除了胡適，還有馮友蘭。他爲了準確把握傳統哲學的精神主旨，清晰再現傳統哲學的發展脈絡，在進行中國哲學史寫作過程中，力圖做到平等、客觀，但他也在評述過程中有意無意的凸顯出墨家和名家的邏輯方法。正如他所言：「由於邏輯是西方哲學中引起中國人注意的第一個方面，所以很自然的是，在中國古代各家中，名家也是近些年來第一個得到詳細研究的一家。」〔註 29〕馮友蘭準確的抓住了後期墨家的問題意識，這個學派熱衷於對知識和名的討論，沉浸「辯」的研究和探索，在《墨經》中含有豐富的邏輯學和自然科學的知識，「後期墨家在批評道家的時候，揭示出了一些也在西方哲學中出現過的邏輯悖論，只有在現代建立了新的邏輯學，

〔註28〕 胡適，《先秦名學史·導論》〔M〕，合肥：安徽教育出版社，1999 年，頁 13。
〔註29〕 馮友蘭，《中國哲學簡史》〔M〕，北京：北京大學出版社，2001 年，頁 284。

這些悖論才得到解決。……我們看到後期墨家如此富於邏輯頭腦，實在令人讚歎。他們試圖創造一個認識論和邏輯的純系統，這是中國古代其它各家所不及的。」〔註30〕馮友蘭與胡適不同之處在於他對名家惠施、公孫龍的觀點也給予讚賞，認為他們善於理智的觀察和分析世界，對概念、命題等純理論的研究也非常深刻。

金岳霖雖然沒有像胡適、馮友蘭那樣過多的談論中國傳統哲學，但也曾表明過在中國傳統文化中曾經出現過一批思想家，他們發現人類思想、語言、觀念本身的重要價值，並認為如果不對其進行深入的反思和深刻的探索，就無法真正觸及到哲學的靈魂。因此，被先秦思想界斥責為「詭辯」的提出，實則是一種向語言、思想、觀念的大轉變，他們「開始主張分別共相與殊相，認為名言有相對性，把堅與白分離開，提出有限者無限可分和飛矢不動的學說。」〔註31〕這些思想家更多的是把哲學看做是一種精神鍛鍊的活動，從這個意義上，他們已經具有了西方哲學中那種理智分析的精神，如果這種學說傾向能夠繼續發展，中國的邏輯和認識論意識就不會不發達。

另一方面他們都用邏輯方法釐清了許多中國傳統文化中模糊不清的概念。

胡適認為必須考察清楚概念的具體所指，只有「字句解釋明白」才能真正領會各家學說的真諦。他將實驗主義提倡的歷史和邏輯的方法與中國考據學相結合，中國自宋至清逐漸形成的考據學不僅注重材料的校勘，更加執著於對文字的訓詁。胡適認為這種考據學在一定程度上具有科學的精神，它們強調證據的重要性，反對增字解經、望文生義，「故他們的方法是歸納和演繹同時並用科學方法。」〔註32〕但是嚴格的說，中國傳統的考據學並不是一個系統的方法，它對文字訓詁的偏執使學說支離破碎，而胡適宣揚的「清代的治學方法」是他用西方邏輯和科學方法改造過的方法。胡適就是用此種方法考察中國傳統文化中含糊不清的概念，如他對「儒」的考察。胡適通過對古文的校勘訓詁，搜集了充分的證據，證明中國的儒最初只是古殷朝的遺民，由於朝代的改變，它們雖堅持著殷朝的生活方式和宗教典禮，但生活的

---

〔註30〕馮友蘭，《中國哲學簡史》〔M〕，北京：北京大學出版社，2001年，頁112。

〔註31〕金岳霖，《道、自然與人》〔M〕，北京：三聯書店，2005年，頁53。

〔註32〕葛懋春、李興芝，《胡適哲學思想資料選》（上）〔M〕，上海：華東師範大學出版社，1981年，頁193～194。

艱辛又使他們產生了柔遜的人生觀。而孔子改變了原始儒的生活軌迹，成就了「振衰而起儒」的偉大功績，「把殷商民族的部落性的儒擴大到『仁以爲己任』的儒」，「把柔懦的儒改變到剛毅進取的儒」。〔註33〕又如胡適對孔子的「一以貫之」和「忠恕」概念理解。他認爲世人皆認爲這兩個概念僅具有倫理道德意義，其實其含義要廣泛得多，它首先表現爲知識論上，即注重推理和思考，其次才體現在人生哲學中的「推己及人」。「我的意思，以爲孔子說的『一以貫之』和曾子的說的『忠恕』，只是要尋出事物的條理統系，用來推論，要使人聞一知十，舉一反三。這是孔門的方法論，不單是推己及人的人生哲學。」〔註34〕胡適也對名實概念進行了考察，他認爲「實」古義就是「這個物事」，而「名」則是每一個「實」的稱謂，因此實表現的就是個體的、特別的，而名表現的就是一般的、共同的，它代表著實的共相，可以指稱一類的事物。

如果說胡適在界定傳統概念時更多使用的是考據方法，那麼馮友蘭則更多的是在說理的意義上著手於概念含義的明確。如他用現代的知識和方法重新詮釋《易‧繫辭》中「太極生兩儀，兩儀生四象」的具體意義。他指出，所謂太極指事物依照之理，所謂兩儀指陰陽。陰陽是相對於一物而言的，如果某理與依據之氣結合起來，能夠促使某物存在者，均爲相對於某物之氣之動者，即陽，如沒有某理與氣結合而對某物存在的成爲阻礙者，均爲相對於某物之氣之靜者，即陰。因此陰陽對於某物而言就有積極和消極、建設和破壞之分。所謂四象指陰陽變化導致事物發展呈現成、盛、衰、毀的四個階段，用陰陽八卦表示就是少陽、太陽、少陰、太陰。由於「理」、「氣」在馮友蘭哲學中是邏輯分析而得的概念，因此，他對太極兩儀四象的詮釋就具有一定的邏輯性和抽象性。「在我們的系統中，兩儀是兩個邏輯底觀念，以指一事物所有之兩種成分；四象是四個邏輯底觀念，以指此兩種成分之四種變化。」〔註35〕在馮友蘭的哲學體系中對傳統概念的釐清工作隨處可見，中國傳統文化不僅是其哲學創作的理論給養，更是其民族情感的依託。

〔註33〕 萬懋春、李興芝，《胡適哲學思想資料選》（上）〔M〕，上海：華東師範大學出版社，1981 年，頁 359。

〔註34〕 胡適，《中國哲學史大綱》（上）〔M〕，上海：上海古籍出版社，2000 年，頁 78。

〔註35〕 馮友蘭，《貞元六書》〔M〕，上海：華東師範大學出版社，1996 年，頁 68。

　　金岳霖在《論道》中同樣借用中國傳統範疇，並賦予它們邏輯和哲學的意義。如他用「道」、「無極」、「太極」描繪和構造宇宙的衍生，他指出，整個宇宙就是道的推演，它表現為「無極而太極」的流行，「無極」是萬物之所從生的邏輯起點，此時萬物渾然一體，故為一片混沌，但也正是這一片混沌成為萬物之所從的「從」，萬物之所生的「生」，即「有生於無」。而「太極」是道的邏輯終點，此時的宇宙中的「可能」都曾在現實的歷程現實過，而且所有老不現實的可能也都現實，「太極」是「式」的完美彰顯，因此是最充實、最清楚、最純粹的。

　　此外金岳霖還引入並重新改造了中國許多的傳統概念，如幾數、命運、性情、體用等。他指出，能之會出會入謂之數。能之即出即入謂之幾。能雖然老有出入，但「居式由能」，何時出入則完全取決於能，這就具有一定的偶然性，所以數所當然、幾所適然；數可先知、幾不可測。能之會出會入於個體為命，能之即出即入於個體為運。個體中的共相為性，個體中的殊相為情，個體的性相對於其它個體而言為體，個體的情相對於其它個體而言為用。作為現實歷程中有意志的個體可以改造我們的運，使個體得於時、適於時。但是對於道而言，一切命運皆不可改造，一切都是適然。有意志的個體總會有情盡性、用得體的渴望和追求，這是對道的本能體現。在有意志的個體的生命歷程中有很多的理想，有的理想在某一時間內會實現，但是「情盡性、用得體」這種終極的、絕對的目標和理想是絕不可能實現的。

　　總而言之，胡適、馮友蘭、金岳霖作為接受西方教育的人，他們深切的體會到西方文化的進步與科學，也清楚的意識了中國文化落後的現狀。但是作為一個在近現代倍受打擊的中國人，他們強烈的民族自尊心不允許它們拋棄中國固有的文化，這必然會激發了他們以現代化的話語方式和研究方法續接中國文化發展，促進中國文化民族性與世界性、傳統性與現代性的融合，再造中國新文明的責任感。正如胡適所言：「新中國的責任是借鑒和借助於現代西方哲學去研究這些久已被忽略了的本國的學派。如果用現代哲學去重新解釋中國古代哲學，又用中國固有的哲學去解釋現代哲學，這樣，也只有這樣，才能使中國的哲學家和哲學研究在運用思考與研究的新方法與工具時感到心安理得。」〔註36〕

---

〔註36〕胡適，《先秦名學史・導論》〔M〕，合肥：安徽教育出版社，1999年，頁13。

# 第二節　胡適、馮友蘭、金岳霖邏輯方法的疏離

　　胡適、馮友蘭、金岳霖雖然都看到了邏輯方法在中國社會以及文化現代化轉型過程中的重要性，也都以濟世救國的偉大情懷為中華民族的振興、傳統文化的傳承篳路藍縷，殫精竭慮。但是由於他們各自不同的生活經驗和文化旨趣，使他們在對邏輯方法的具體內容上、邏輯方法在哲學體系中所佔比重以及價值追求和研究目的等方面都表現出個性的差異。

## 一、對邏輯方法理解的分歧

　　胡適稱自己的方法為實驗主義方法，它完全是西方近現代自然科學發展的產物。他的方法一方面強調方法驗證的實際效果，一方面強調方法中試驗的重要性，不僅要注重方法的功用，更要注重方法的程序。胡適將思想的歷程從疑難困境的出現到問題的實際解決分成了五步，簡而言之就是遇阻、分析、假設、選擇、驗證。雖然在這五步驟中胡適準確的抓住杜威方法的精髓，在思想過程中存疑的態度和科學的方法成為制勝的法寶，但胡適不否認在思想進程中邏輯方法的重要性，無論是演繹還是歸納它們的身影無處不在，只不過各個步驟各有側重而已。「思想的作用，不單是演繹法，也不單是歸納法；不單是從普通的定理裏面演出個體的斷案，也不單是從個體的事物裏面抽出一個普遍的通則。看這五步，從第一步到第三步，是偏向歸納法的，是先考察眼前的特別事實和情形，然後發生一些假定的通則；但是從第三步到第五步，是偏向演繹法的，是先有了通則，再把這些通則所涵的意義一一演出來，有了某種前提，必然要有某種結果：更用直接或間接的方法，證明某種前提是否真能發生某種效果。」〔註37〕因此，胡適的實驗主義方法同時也是邏輯方法，二者從發展的源頭來看就是相互共進的，科學研究中沒有邏輯方法，則不能進步，邏輯知識中沒有科學方法，則不能精深。但胡適之所以不將自己的方法稱為邏輯方法，主要是由於亞里士多德開創的演繹邏輯在現代由於數學方法的介入使其的發展路向越來越形式化、抽象化，重分析而輕綜合，貴演繹而賤歸納，更重要的是它們越來越脫離實踐，遠離人群，僅僅成為一種概念的遊戲，這對於積極投身於社會活動，注重具體實際效果的胡適來說

〔註37〕葛懋春、李興芝，《胡適哲學思想資料選》（上）〔M〕，上海：華東師範大學出版社，1981年，頁78。

都是不能容忍的。正如他所言：「懂得這個道理，便知道兩千年來西洋的『法式的論理學』（Formal Logic）單教人牢記 AEIO 等等法式和求同求異等等細則，都不是訓練思想力的正當方法。思想的真正訓練，是要使人有真切的經驗來作假設的來源；使人有批評判斷種種假設的能力；使人能造出方法來證明假設的是非真假。」〔註38〕

胡適不僅對傳統邏輯有所不滿，對於語言考究、論證嚴密的現代邏輯家羅素的哲學方法也進行更加尖銳的批評。他說羅素自詡深得科學方法的精髓，並把自己的哲學建築在這種方法之上，一方面認為哲學的命題必須是普通的，即沒有任何具體內容的公式套子，只有這樣才能統籌萬物；另一方面認為哲學命題必須是先天的，它既不需要經驗所證實也不需要經驗所證偽。羅素對哲學命題的這兩個規定都深深刺痛了胡適的心靈，他指責道如果哲學只強調分析而不注重經驗的證實，那麼試問這種普遍性的哲學命題從何而來？「然而分析是很高等的一個知識程度，是經驗知識已進步很高的時代的一種產物，並不是先天的，人類從無量數的『經驗的證據』裏得來今日的分析本事，得來今日的許多『邏輯的法式』，現在我們反過臉來說『哲學的命題須是不能用經驗上的證據來證實或否證的』，這似乎有點說不過去罷？」〔註39〕更重要的是科學方法應該具有鮮明的目的性，它必須能夠具體指導生活，而羅素強調抽象的哲學和邏輯，根本無助於我們的社會和人生。「假如人生社會的問題果然能有數學問題那樣簡單畫一，假如幾個普遍適用的法式──例如『X＝A，A＝B，∴X＝B』──真能解決人生的問題，那麼，我們也可以跟著羅素走。但這種純粹『法式的哲學方法』，斯平挪莎（Spinoza）在他的『笛卡兒哲學』和『人生哲學』裏早已用過而失敗了。」〔註40〕

因此，胡適的方法雖然是邏輯的，但卻並不是純粹邏輯的，相對於邏輯而言，它的方法更強調經驗、假設、證實和實效的重要性，更能落實到人的生活之中。而馮友蘭和金岳霖雖然主張邏輯方法與人的生活息息相關，但卻缺少胡適關注當下效果，解決具體問題的功利主義色彩。對於他們而言，邏

〔註38〕 葛懋春、李興芝，《胡適哲學思想資料選》（上）〔M〕，上海：華東師範大學出版社，1981 年，頁 78。

〔註39〕 葛懋春、李興芝，《胡適哲學思想資料選》（上）〔M〕，上海：華東師範大學出版社，1981 年，頁 264。

〔註40〕 葛懋春、李興芝，《胡適哲學思想資料選》（上）〔M〕，上海：華東師範大學出版社，1981 年，頁 265。

輯方法固然對科學的展開非常重要，但作爲一介書生，他們更加關注的是邏輯方法與人生的關係。在他們眼中，邏輯方法對人生的貢獻是一種間接的，我們需要用邏輯方法對我們生活的世界進行探究，建立合理的宇宙觀，瞭解宇宙存在的方式，只有這樣我們才能爲漂泊孤零個體的人尋求心靈皈依的場所，爲迷失徬徨的人們建立精神栖居的家園，只有這樣我們才能正確的處理人類的生存方式。因此，馮友蘭認爲只有瞭解了宇宙的大化流行，才能「物物而不物於物」，只有知天，才能事天並樂天。金岳霖也強調邏輯對生活、認識和哲學的重要性，他指出：「我們遵循阻力最小的方向，然而這種方向是歷史確定的。人們發現，在我們與世界打交道時，無論我們考慮什麼，遵循阻力最小的方向只能是遵循自然界或人類思想中蘊含的某種確切的關係，就是說，遵循邏輯。我們這裡不是考慮邏輯是自然界規律還是人類思維規律的問題，邏輯可以二者都不是，也可以二者都是；我們要指出的是，沒有邏輯，我們的生活十分沉重，以致幾乎是不可能的。」〔註41〕因此，如果我們要想愉快的生活、要想展開哲學研究，要想正確的認識我們的世界，就離不開邏輯。也許因爲邏輯在日常生活中無處不在，人們才特別容易忽視它們，但它們的重要性卻不可小覷，我們無法設想沒有邏輯的生活，誰也無法不使用邏輯而能自如的生活。爲此金岳霖作爲羅素邏輯分析方法的信奉者隱喻的回應了胡適對羅素哲學的批評，他指出，實用主義用進化的思想改造了邏輯的性質，取消邏輯的恒眞和有效性，並爲此洋洋自得，殊不知這是一種對邏輯的膚淺理解，這種關於「進化的邏輯」本身就是一個悖論，即「進化的邏輯」本身是不是恒眞的，如果它是恒眞的，那麼就說明有眞理不是進化的，如果它不是恒眞的，那麼憑什麼使人信服？羅素關於邏輯的理解「也許十分深奧、技術性很強，以致問津者極少」，「但是由於它不再是一些膚淺的哲學家手中簡單的玩物，它成爲嚴肅的哲學批評和構造的空前可靠的工具。」〔註42〕

　　也許馮友蘭和金岳霖對邏輯方法的理解比較一致，但他們並不是完全相同。馮友蘭雖然在留學期間師從於現代邏輯學家蒙太古，也曾介紹和借鑒了維也納學派許多關於邏輯的觀點，但他的邏輯方法更多的表現於用傳統邏輯方法對日常語言的分析，因此，馮友蘭在一定意義上把邏輯方法定義爲「辨

〔註41〕金岳霖，《道、自然與人》〔M〕，北京：三聯書店，2005年，頁213。
〔註42〕金岳霖，《道、自然與人》〔M〕，北京：三聯書店，2005年，頁221。

名析理」。一方面通過分析概念、名稱的具體語境和演變歷史，明確它們的具體所指；另一方面通過對我們生活世界的分析和考察，發現事物內部以及事物與事物之間的「理」。馮友蘭用這種「辨名析理」重新理清了中國傳統哲學的歷史，創造性的建構了形而上學體系，現代化解釋和解決了社會人生等具體問題。

而金岳霖受過現代邏輯的專業訓練，對於現代邏輯系統的構造方法和精神有深刻的瞭解，懂得要想保證一個邏輯系統的自足和嚴密，就必須有它的出發前提，即基本概念和基本命題，它們必須符合簡單、夠用、獨立和一致等條件，也必須遵循現代邏輯的演繹程序。如他的《知識論》就是以「有官覺」和「有外物」作爲知識系統的出發前提，從而層層推演出「所與」、「意念」、「事實」、「命題」等相關命題。他在《論道》中用「有式」和「有能」作爲出發前提，步步論證出「可能界」、「現實界」、「存在界」相關的命題，從而使作爲形而上的本體世界與作爲個體人的知識世界交相輝映，構成了他完整而又嚴謹的哲學體系。

總的說來，他們對邏輯方法的理解還是具有一定的差別的，雖然他們都強調方法的重要性，但胡適注重方法的實證性和效果性，馮友蘭注重方法的辨析性和邏輯性，而金岳霖的邏輯方法較之馮友蘭而言，具有更高的技術性和系統性。

## 二、邏輯方法在其哲學體系中比重的不同

雖然胡適宣稱實驗主義方法是他從事哲學研究的基礎，他所有的工作都是圍繞著這個方法打轉。但是嚴格的說，實驗主義方法只是他學術研究的一個主要方面，他思想中所具有的實證精神和治學方法還有一個非常重要的部分，就是緣自宋而逐漸發展起來的清代治學方法。胡適認爲對於此種方法清代稱之爲「樸學」，它包含文字學、訓詁學、校勘學和考訂學等方面，因爲包含甚廣，所以給它起一個恰當的名字就非常困難。相對於「樸學」胡適更傾向用「漢學」來表示，因爲這個名字能夠比較恰當的表現出這一派學者的治學理路，他們不滿意宋儒「性理空談」的做法，而打出比宋儒更具權威的漢儒招牌，提出了一系列考據的方法。胡適指出，漢學的源頭是宋代程朱，他們的偉大之處就是在《禮記》一個篇幅甚少的文章《大學》中提煉一種指導人生的方法，而這一系列方法中最重要的就是「致知在格物」。胡適認爲這種

「即物而窮其理」是歸納方法、科學精神的體現，但是由於他們科學的工具不夠，又沒有科學應用的意識，也缺乏對純粹理智的態度，更重要的是對科學假設的忽視，使這種方法不可能開啓中國科學的發展。而清代的漢學要比程朱方法科學精緻得多，其強調證據的搜集，注重演繹和歸納的方法，具備懷疑和評判的精神，正所謂「大膽的假設，小心的求證」，這些都與杜威實驗主義方法如此契合，這對於從小就秉承漢學遺風的胡適無疑成爲一種相互融合、相互印證的契機。因此，實驗主義方法與漢學方法共同成爲胡適從事哲學研究的重要武器，右手是漢學方法，左手是實驗主義方法，正所謂雙手互搏，雙劍合璧，所向披靡。但是二者也所有不同，雖然胡適由於時代的要求，對實驗主義方法的宣傳和介紹使用的時間和精力要多於漢學方法，但是筆者認爲胡適方法和精神眞正的給養卻是地道的中國貨，他其實是用西方科學邏輯方法改造了中國古代治學方法。早在胡適留學之前，他就已經形成了一套考據學的方法，並以此選擇了杜威的實驗主義方法，因此，他在整理國故時更多使用的是他最熟悉、最有感情的考據學方法。胡適通過對中國時代背景的考察，在傳統考據學的基礎上，融會貫通杜威實驗主義方法。所以研究胡適實驗主義方法就不能忽視他最深層的學術溯源——考據學。

　　在此點上，胡適和馮友蘭既有相同又有不同，所謂同處在於邏輯方法對於他們而言都不是唯一的方法，在他們的哲學研究中還融匯了中國傳統方法。所謂不同在於馮友蘭並不精專考據學，他提倡的是另一種中國傳統的神秘主義方法。馮友蘭將邏輯分析方法看作是其「正的方法」的主要元素，而將神秘主義直覺方法稱爲「負的方法」。對於這種神秘主義方法，馮友蘭由最初排斥到考慮再到運用經歷了一個漫長的過程，這體現了馮友蘭哲學研究的發展進程。早在創作初期，馮友蘭雖認爲這種直覺、頓悟的神秘主義方法有它的可取之處，但卻不是哲學方法，哲學方法只有一個，就是邏輯分析，「凡所謂直覺、頓悟、神秘經驗等，雖有甚高的價值，但不必以之混入哲學方法之內。無論科學、哲學，皆係寫出或說出之道理，皆必以嚴刻的理智態度表出之。凡著書立說之人，無不如此。」〔註 43〕但是當馮友蘭開始思考建立形上學體系時，他逐漸認識到神秘主義方法的重要性和必要性，他認爲哲學是「對於經驗作理智底分析、總括及解釋，而又以名言說出之者。」〔註 44〕對

---

〔註43〕馮友蘭，《中國哲學史》〔M〕，上海：華東師範大學出版社，2003 年，頁 5。
〔註44〕馮友蘭，《貞元六書》〔M〕，上海：華東師範大學出版社，1996 年，頁 7。

經驗作理智的分析和總括，就是用邏輯方法明確概念的內涵和外延，但其目的在於「由著知微」。「理智底解釋」使我們可以從經驗到超驗，由實際到真際，不僅對真際有理智的瞭解，更重要的是同情的瞭解。馮友蘭表明兩種瞭解並不相同，理智的瞭解似乎還離不開邏輯方法，而同情的瞭解則已經擺脫了邏輯方法，預示著他的另一種方法，即神秘主義方法，「對於真際之理智底瞭解，可以作為講『人道』之根據；對於真際之同情底瞭解，可以作為入『聖域』之門路。」〔註45〕由此可見，後者是前者的昇華，前者是後者的條件，沒有邏輯方法的努力是不可能有對「負的方法」的正確理解和使用，「因此解釋亦只於思中行之，而且亦只思能領會之。」〔註46〕馮友蘭指出，這種神秘主義方法並不是中國特有的，西方很多哲學家都涉及到這種方法，如柏拉圖辯證法中的神秘主義，康德在批判法中為理性劃界，維特根斯坦所謂的「靜默」等，而在中國傳統哲學中，運用「負的方法」最有代表性的就是道家和禪宗。在馮友蘭看來哲學必須從經驗出發，而它的終點是對既不可以知也不可以說的超驗本體世界的把握，對於它們我們無法用思議和言說充分展現出來，無法讓人通過語言感同身受。馮友蘭新理學的目的就用邏輯分析方法提升人們的思維，讓人們發現有這樣的一個世界存在，而對於這個世界具體內容的探究，就只能是自己用神秘主義方法獨自去觸摸它。

因此，在馮友蘭的哲學體系中這兩種方法的職責非常明確，邏輯方法僅僅是一種觸及真際、「天道」的一個方法，但是當我們用邏輯方法由經驗而知道超驗之後，邏輯方法追尋探究的目的就達到了，它的任務就完成了，剩下的只能由「負的方法」來執行。而金岳霖跟胡適、馮友蘭相比，對邏輯方法的信念要堅決得多，即使非常重視思想和分析的維特根斯坦都主張對邏輯方法進行限制，他在《邏輯哲學論・序》中就指出：「這本書將為思維劃定一條界線，或者不如說不是為思維，而是為思想的表述劃定一條界線；要劃定思維的界限，我必須能從這個界限的兩方面來思考（因此我們必須能夠思考不能思考的事情）。因此，這個界限只能在語言中劃分，而在界限那一方面的事情，就簡直是無意思的。」〔註47〕因此，他聲明：「凡是能夠說的事情，都能

---

〔註45〕馮友蘭，《貞元六書》〔M〕，上海：華東師範大學出版社，1996 年，頁 15。

〔註46〕馮友蘭，《貞元六書》〔M〕，上海：華東師範大學出版社，1996 年，頁 9。

〔註47〕〔奧〕維特根斯坦，《邏輯哲學論》・序〔M〕，張英譯，北京：商務印書館，1985 年，頁 20。

夠說清楚，而凡是不能說的事情，就應該沉默。」〔註 48〕而深受維特根斯坦影響的金岳霖卻並不接受這個觀點。在金岳霖眼中，邏輯的使用沒有界限，它不僅能夠解決人生問題，觸及我們的靈魂，而且能夠展現世界，觸及超驗的宇宙。即使一般人所謂的直覺在金岳霖看來也是一種迅速的推理過程，只不過它推理的速度之快使我們看不到推導的過程而已，所以他提出「邏輯是哲學的本質」，任何哲學問題經過分析和轉換都能成為邏輯問題。金岳霖認為我們創造的哲學系統都必須有前提信念，這個前提的選擇出於自我的一種偏愛，但是這與前提的真實與否毫無關係，我們不需要對它們進行證實，不管我們證明也罷，不證明也罷，它們都不會因為我們有所改變。但是如果我們選擇的某種信念，並要以此為出發前提，理性的建構體系，那麼邏輯的有效性就成為重要的問題。「當論證支持一種信念的時候，哲學就開始有話要說。但是論證包括分析和綜合，其中前提和結論起著重大作用，而且如果哲學主要與論證有關，那麼邏輯就是哲學的本質。大量的見識令人神往，健全的實在感覺在今天大概比豐富的想像更有說服力。但是無論如何，嚴格的推理能力是必不可少的。哲學家受到批評往往不是因為他們的思想，而是因為它們發展哲學思想的方式，許多哲學體系都是由於觸到邏輯這塊礁石而毀滅的。」〔註 49〕因此，與其說金岳霖是哲學的動物，更確切的說他是邏輯的動物，他把哲學和人生都看作是一種概念的遊戲，終身樂此不彼。

## 三、邏輯方法追求和目的的迥異

　　美國的實驗主義可以說是西方哲學領域的「革命者」，他們根本不關心傳統哲學中所謂永恒不變的「本體實在」此種主流問題。在他們看來，哲學中眾說紛紜的二元對立——本體與現象、心與物、主體與客體等等都可以看作是不能被證實的假問題而予以取消，從此點上他們的目的與後來的邏輯實證主義相對一致。他們呼籲我們應該關注人類自身的生活，尋找更加精密、嚴肅的科學方法應付隨時進化的生活環境，促使新舊經驗恰當的融合，保證新舊真理自然的協調。而這種對現實生活的關注、對實際效果的檢驗，對新舊環境的應付和調控特點都是中國當時所急缺的。因此，胡適提出在面臨生死

〔註48〕〔奧〕維特根斯坦，《邏輯哲學論》‧序〔M〕，張英譯，北京：商務印書館，1985 年，頁 20。
〔註49〕金岳霖，《道、自然與人》〔M〕，北京：三聯書店，2005 年，頁 210。

存亡的危機時刻，我們又怎能有閒情逸致獨自在思想中馳騁，柏拉圖式的精神思考和抽象觀念都不能解決中國現實的具體問題。在胡適眼中，生活和經驗自身更值得我們關注，而經驗就是人們應付環境的辦法，在這個意義上，胡適突出了人在生活經驗中的絕對權威。所謂真理、規律都是人有效應付環境的產物，人對於它們是絕對的主宰，我們批評真理的標準就是看它是否能夠實際解決人的各種環境問題，如果能就是真，否則就是假的。由於人的環境不斷在變化，這就使相對於環境的真理也在不斷隨之改變，因此，胡適認為真理是相對的，傳統哲學的偏執就是過於相信絕對真理的存在，並企圖尋找永恒靜止的絕對真理。「他們所希望的是那『一旦豁然貫通』的絕對智慧。這是科學的反面。科學所求的知識正是這物那物的道理，並不妄想那最後的無上智慧。丟了具體的物理，去求那『一旦豁然貫通』的大徹大悟，決沒有科學。」〔註50〕由此可以看出，胡適排斥形而上學體系的建構，不贊成絕對真理的存在，故其方法的目的非常明確，就是為了應付中國急劇變化的生活環境，為了改變中國落後挨打的社會面貌。

而馮友蘭、金岳霖受中國傳統情結和西方新實在論的影響，他們雖然也認同哲學起源於人們對日常生活世界的追問，但認為這僅僅是哲學的開端。哲學並不止於此，如果僅此而已，哲學就同邏輯學並無二致，哲學一定要通過對經驗世界的追問和思慮觸及到超驗的本然世界，這對於他們而言就是一種客觀的、絕對的真理世界，馮友蘭稱之為理世界，金岳霖稱之為可能界。而本然世界的探究就構成了其哲學體系中最哲學的部分，馮友蘭指出，形上學一方面表現為「智周萬物」、「範圍天地」，另一方面又表現為「不離宇中」，它是我們超越自身思想極限的嘗試，體現了我們自身在宇宙中的清楚認識，體現了我們對絕對真理的追求，在此意義上，形上學保持著永恒的價值，散發著璀璨的光芒。因此我們不能放棄對本然世界的好奇和追求，哲學也不能沒有形上學部分，如果形上學不能建立，那麼他根本不配稱作哲學家。馮友蘭指出，我們之所以有真理是相對的觀點，其根源在於人本身，由於人類認識能力自身的局限性，使我們對真理的是非判斷時刻發生變化，有的以前為是而現在為非，有的以前為非而現在為是，這種是非的變化僅僅是由於人認識能力薄弱造成的，這與「是」本身的性質無任何關係。金岳霖也同樣認為

---

〔註50〕萬懋春、李興芝，《胡適哲學思想資料選》（上）〔M〕，上海：華東師範大學出版社，1981年，頁187。

世界中存在著一種靜止的東西，它就是必然序列，就是邏輯，也是絕對的真理。我們對必然的認識也許只是相對的真理，但它們之間並不衝突，而是一種邏輯與邏輯系統、一和多、必然之實質和必然之形式的關係。金岳霖反對胡適關於真理是人造的觀點，他指出，如果我們生活中的認識時刻都與變化的世界並駕齊驅，那麼生活對於我們來說寸步難行，「我們的認識若要對我們的生命是有用的，那麼與已知的世界相比，它就必須是更靜止的。……無論哪種方式，認識都不能逃避邏輯；它可能包含不同的邏輯種類或不同的邏輯系統，但是沒有某種邏輯或某個邏輯系統，認識就不能發展。」〔註51〕而哲學的任務就是對必然序列的把握。因此，在馮友蘭、金岳霖看來，邏輯方法不僅是我們生活和科學研究的最有效工具，更是我們構建形而上學最初的信念和最終的目的。他們始終堅信哲學中的形而上學是一個非常純淨的領域，「我們必須記住，『形而上學』一詞完全是個好詞，意味高於或超出物理事物或自然事物之外。……這裡用這個詞表示哲學的一個分支，這個分支探討那些非常基礎以致既不能證明也不能反駁的思想或概念。」〔註52〕

　　除此之外，馮友蘭、金岳霖主張用邏輯方法建構形而上學還有另外一個重要的原因，他們都認為形而上學與人生密切相關，但是此種相關並不是胡適所理解的用它去解決具體問題，而是認為它能夠滿足我們的情感，提升我們的境界。馮友蘭清楚的指出，哲學與科學的致知不同，「哲學與科學的不同，在於哲學底知識，並不是常識的延長，不是與常識在一層次上底知識。哲學是由一種自反底思想出發。所謂自反者，即自覺解其覺解。所以哲學是由高一層底覺解出發者。亞里士多德謂：思以其自己為對象而思之，謂之思思。思思是最高底思。哲學正是從思思出發底。科學使人有瞭解，哲學使人覺解其覺解。我們可以說：有科學底格物致知，有哲學底格物致知。此二種底格物致知，其所格底物，可同可不同。但其致底知則不同。科學底格物致知，所致底知，是與常識在一層次上底知。哲學底格物致知，所致底知，則是高一層次底知。科學底格物致知，不能使人透過夢覺關。而哲學底格物致知，則能使人透過此關。」〔註53〕如果人類能夠時刻透過夢覺關，那麼就能常駐

---

〔註51〕金岳霖，《道、自然與人》〔M〕，北京：三聯書店，2005 年，頁 223。

〔註52〕金岳霖，《道、自然與人》〔M〕，北京：三聯書店，2005 年，頁 229。

〔註53〕馮友蘭，《貞元六書》〔M〕，上海：華東師範大學出版社，1996 年，頁 545～546。

天地境界，有此境界之人就是中國人最高的理想「聖人」。此處的聖人並不是「吸風飲露。乘雲氣，御飛龍，而遊乎四海之外」之人，他的生活仍在世俗世界之中，但是由於他對天道「大化流行」的感悟，使他能夠對世間萬物有了一種痛癢相關的情感，有了一種渾然與物的經驗和境界，因此雖然他的生活仍是「挑水砍柴」，但對於他而言就有了更深的意義，即「無非妙道」。

金岳霖的理想哲學也是如此，在他看來哲學家不應與哲學分家，他本身就應該是實行其哲學的工具，「按照自己的哲學信念生活，是他的哲學的一部分。他的事業就是繼續不斷底把自己修養到進於無我的純淨境界，從而與宇宙合而為一。這個修養過程顯然是不能中斷的，因為一中斷就意味著自我擡頭，失掉宇宙。因此，在認識上，他永遠在探索；在意願上，則永遠在行動或試圖行動。這兩方面是不能分開的，所以在他身上你可以綜合起來看到那本來意義的『哲學家』。……在他那裡，哲學從來不單是一個提供人們理解的觀念模式，它同時是哲學家內心中的一個信條體系，在極端情況下，甚至可以說就是他的自傳。」〔註54〕

因此，作為哲學家的馮友蘭和金岳霖一生都努力追求與哲學的契合，並堅決將其作為自己人生的行動準則，正是基於對本然世界的信仰和追求，使二人能夠心心相惜。但由於對邏輯方法的理解和運用程度的不同，也使他們的形而上學表現出細微的差別：

第一，他們雖然都嘗試用邏輯方法建構獨具特色的形而上學，但馮友蘭的邏輯方法最終目的僅僅是發現本然世界，而打開本然世界的大門，得以窺視其面貌的鑰匙卻託付給了另一種方法，即「負的方法」。馮友蘭堅持本然世界是不可思議不可言說的世界，對於此世界邏輯方法無能為力，只有用神秘主義的方法去體悟。而在金岳霖看來，邏輯沒有界限，只有想像不到的，沒有思議不到的，我們不僅可以用邏輯方法發現本然世界而且還能分析其具體內容，瞭解它的演化歷程。更重要的是在金岳霖的形而上學體系中邏輯方法之實質邏輯已經上昇為本體論的高度，成為宇宙主要構成元素之一。

第二，金岳霖的形而上學是宇宙構造論，這個體系中的出發前提直接就是承認「有式」、「有能」、「道是式——能」。正如金岳霖在論述邏輯系統時所言，邏輯系統的出發前提是既不需要證明也不需要證實的，所以對於這些命題從何而來，金岳霖雖也簡單提及知識從經驗來，但並未作詳細邏輯論證。

---

〔註54〕 金岳霖，《道、自然與人》〔M〕，北京：三聯書店，2005年，頁60。

他的形而上學是以式和能爲出發前提一步步邏輯推演出整個現實存在的宇宙世界。而馮友蘭的形而上學與金岳霖相比更像宇宙分析論，他從我們日常經驗出發，通過邏輯的分析和綜合，一點點的抽象出宇宙最原始的成分：「理」和「氣」，但至於它們的具體內容是什麼，我們無從知曉。而宇宙又是如何演化，理與氣又是如何結合而成具體萬物的，在馮友蘭的哲學體系中也沒有論述。

第三，馮友蘭的宇宙是由兩個世界構成：真際和實際，對於真際如何演化爲實際，馮友蘭僅僅是寥寥數語，不曾邏輯地展開論證過程。而金岳霖的宇宙是由三個世界構成：可能界、現實界和存在界，並詳細的描繪了三個世界的演化關係。在筆者看來馮友蘭的實際相當於金岳霖的存在界，真際相當於金岳霖的可能界，而其中的現實界，在馮友蘭的形而上學體系中找不到與之對應的，馮友蘭也清楚的認識到了這點：「金先生和我的那兩部書，人們認爲，內容差不多，其實也有不同，在金先生的體系裏，具體共相保留了一個相應的地位，我的體系裏沒有。我當時不懂得什麼是具體共相，認爲共相都是抽象，這是我的一個弱點。」〔註 55〕可見，馮友蘭的思想觸覺不如金岳霖那麼深遠，論證也不如金岳霖那麼細緻。

第四，金岳霖反對在邏輯之外使用邏輯命題，因爲它們雖爲真但與事實無關，沒有任何作爲，故其形而上學與知識論體系的出發命題都是綜合命題，如「有能」、「有式」、「有官覺」、「有外物」等。而馮友蘭稱自己的形上學命題爲幾乎重複敘述命題，這種命題既似分析命題，又似綜合命題，但從他對此命題性質的界定而言，馮友蘭似乎更傾向於把形上學命題看作是分析命題。

第五，馮友蘭認爲命題不一定能夠如實的反映理世界，因此實際的命題有真假是非之分，由於人認識能力的有限，所以真理是非標準就只能有一個最低的底線，即融貫論，強調理論系統能夠自圓其說、持之有故、言之成理即爲是，否則爲非。而這種判斷真理是非的標準正是金岳霖批判的，金岳霖堅持真理的符合論，認爲判斷是非標準有三個：融洽、有效、一致。

第六，馮友蘭與金岳霖對無極和太極的理解也不同，馮友蘭的無極和太極是形上世界的兩個成分：氣和理，而金岳霖的無極和太極是道演的邏輯起點和終點。

---

〔註 55〕馮友蘭，《金岳霖學術思想研究・懷念金岳霖先生》〔M〕，成都：四川人民出版社，1987 年，頁 29。

其實馮友蘭和金岳霖的形而上學體系在具體內容上還存在著許多差異之處，筆者在此不一一贅述。總的說來，金岳霖對邏輯方法的理解和運用使他的形而上學體系比馮友蘭更嚴謹，更深刻、更精緻，但馮友蘭對中國傳統文化精神的把握比金岳霖更準確、更傳神、更到位。可以說馮友蘭用西方的方法和概念展示了中國傳統的哲學精神，而金岳霖則用西方的方法和精神描繪了中國傳統的哲學概念，筆者認爲馮友蘭的哲學體系比金岳霖更能使中國人得到精神情感的滿足，而金岳霖的哲學體系比馮友蘭更能增加中國人理智分析的快樂。

## 本章小結

近現代的中國學者對於西方邏輯方法的認同是建立在對其與西方文化、科學發展關係的深刻反思之後，而且他們努力的最終目的就是希望由此改變中國落後挨打的命運。因此，在對邏輯方法的價值與作用以及賦予它的歷史使命上，胡適、馮友蘭、金岳霖三位哲學家都能達成基本的共識，但是如果深究如何發揮邏輯方法的價值、如何實現其使命的具體細節上，他們的思想又存在著諸多差異。本章就是要通過對他們邏輯方法及其運用的同異之辨，表現他們不同的價值理念和問題旨趣。

# 第五章　胡適、馮友蘭、金岳霖邏輯方法與中國哲學的現代化

　　任何一種思想文化以及所蘊涵的方法都既有共同的一面，也有特殊的一面，既有世界性也有民族性，邏輯也不例外。正如沈有鼎所言：「人類思維的邏輯規律和邏輯形式是沒有民族性也沒有階級性的。但作爲思維的直接現實的有聲語言則雖沒有階級性，卻有民族性的。中國語言的特徵就制約著人類共同具有的思維規律和形式在中國語言中所取得的表現方式的特質，這由不可避免地影響到邏輯學在中國的發展，使其在表達方面具有一定的民族形式。」〔註1〕因此，邏輯方法在中國這種特殊的環境中孕育出特殊的形式，表現出中國化的特質。邏輯方法的這種特質源於中國的歷史背景，但是隨著近現代西方先進科學和技術的引入以及中國自身經濟和政治體制日益腐朽，人們逐漸意識到中國式邏輯方法也需要走向世界，迎接現代化的合理元素。

## 第一節　邏輯方法在中國的發展歷程

　　邏輯方法在中國文化發展中總是朦朧飄渺、若隱若現。有人常言及中國沒有邏輯學，此論未嘗不眞，但是作爲一個中國的邏輯學研究者，筆者從內心和情感上卻不願認同，故思量許久，確定了一個信念，即中國確實沒有西方特質的邏輯方法。如果西方邏輯方法代表了現代化的行動意向，中國邏輯

---

〔註 1〕 沈有鼎，《墨經的邏輯學》〔M〕，北京：中國社會科學出版社，1982 年，頁90。

方法的確不夠現代，它沒有形成完整的體系結構，沒有明確的思維形式，因此，嚴格的說，中國只有邏輯方法的萌芽。

## 一、中國邏輯方法的萌芽階段

中國的邏輯方法濫觴於先秦時期，這是中國歷史上社會急劇變遷的時代。社會解體，天子政權衰落、諸侯逐鹿中原，舊的體制分崩離析，新的體系尚未完善。這樣的社會背景造成原有文化機制的破碎，越禮僭分、亂臣庸君、弑君奪位等有違綱常法紀之事亦屬常見，當時思想家都認爲這些現象的出現都是由於名實相離相怨而造成的，正所謂「以名亂名」、「以名亂實」、「以實亂名」。因此人們開始關注名實的關係，這構成中國邏輯方法最初的問題意識。在此種意義上，中國先秦時邏輯方法又稱爲名辯，它是思想家追求理想制度和社會的非常重要的武器。

鄧析是最早將名實進行對舉論述的，他提出「名不可以外務」，「循名責實，君之事也。奉法宜令，臣之職也。」（《鄧析子・無厚》）意思是說不同等級的官名都有其確定不移的實際職責，每個官員都必須根據自己的職責要求行使自己的權利與義務，即「奉法宜令」，而君主則根據其具體名實的對應關係，考察官員的實際功績，即「循名責實」。制名的方法是「見其象，致其形、循其理，正其名，知其情。」（《鄧析子・無厚》）即通過對事物形象的初步認識，層層揭示事物內部的性質以及事物與事物之間的關係，並用名正確摹擬事物的各種屬性，達到名實一致。在鄧析對制名的論證中充分體現了邏輯方法的重要性，在制名過程中，既有分析又有綜合，既有演繹又有歸納和類比。鄧析不僅具體論述了制名的方法，而且將其運用於日常生活，據史料記載鄧析善辯，「操兩可之說」，「設無窮之辭」，《呂氏春秋・離謂》載：「洧水甚大，鄭之富人有溺者，人得其死者，富人請贖之，其人求金甚多，以告鄧析。鄧析曰：『安之，人必莫之賣矣。』得屍者患之，以告鄧析。鄧析又答之曰：『安之，此必無所更買矣。』」從這可以看出鄧析熟練掌握了分析辯論的方法，能夠從不同角度和立場出發，根據不同利益抉擇最有利的方面，這也是中國古代人們開始對語言、思維與生活之間關係的最初反思。

如果說鄧析是主張循實以制名，那麼與其同時代的孔子就是主張循名以正實。他的思想比鄧析要保守得多，孔子的理想就是用符合周朝的禮制去糾正「禮壞樂崩」的現實，恢復周朝名分等級制度。孔子正名的武器也具有邏

輯分析的元素，一方面他看到了名詞、語言以及事物之間的關係，提出概念是語言得以順利表達的必要條件，更是我們行為得以成功的基本前提，「名不正，則言不順；言不順，則事不成；事不成，則禮樂不興；禮樂不興，則刑罰不中；刑罰不中，則民無所措手足。故君子名之必可言也，言之必可行也。」（《論語・子路》）如果我們的名詞不規範，那麼我們就無法清晰、準確的表達思想，思想混亂，人們的行動就會受阻，邪說暴行盛行，天下的禮樂綱常就會崩壞。因此，要想天下歸一，就必須做到名實統一，言行一致。另一方面孔子非常注重類推的方法，即「能近取譬」。他的「己欲立而立人，己欲達而達人」和「己所不欲，勿施於人」的「忠恕」之道就是用類推的方法得到的。正如胡適在《中國哲學史大綱》中斷言「我的意思，以為孔子說的『一以貫之』和曾子說的『忠恕』，只是要尋出事物的條理統系，用來推論，要使人聞一知十，舉一反三。這是孔門的方法論，不單是推己及人的人生哲學。」〔註2〕

　　鄧析的「兩可」之說以及論辯方法給後來的名家帶來很大的啓示，他們開始對思維、語言、現實進行了哲學思考，但這種思考卻使名家走向了生活的反面。他們提出的觀點有違常識，正如荀子所言：「好治怪說，玩奇辭，甚察而不惠，辯而無用，多事而寡功，不可以為綱紀。然而其持之有故，其言之有理，足以欺惑愚眾，是惠施、鄧析也。」（《荀子・非十二子》）惠施和公孫龍這兩位名家的代表分別從前人論辯成果中汲取養分，發展出兩個截然不同的思想體系，但是不管他們的體系如何迥異，其方法卻是一致。傳說惠施博學而善著，「其書五車」，但早已亡佚，遺留下的思想只能見之於《莊子・天下篇》，他的「歷物十意」使我們能夠窺視其宇宙觀的端倪。他通過類推即「譬」來思考分析問題，將「大一」和「小一」、「日中」和「日睨」、「物生」和「物死」、「大同異」與「小同異」、「有窮」和「無窮」、「今日」與「昔日」等一系列對偶的概念進行比較分析，凸顯事物的紛繁變動性，強調事物的共生共融性。在惠施的哲學中，事物的流動使事物之名也成為變動不居的一種存在，他認為名詞外延的變動取消了內涵的界限，因此，概念與概念之間不存在絕對的差異和敵對關係，而是可以相互依賴和轉化，此觀點是鄧析「兩可」思想的極致。在歷史文獻中我們可以瞭解惠施在生活中巧言

〔註2〕　胡適，《中國哲學史大綱》（上）〔M〕，上海：上海古籍出版社，2000年，頁78。

善辯，非常擅於運用邏輯方法，特別是類推的方法，即「以其所知論其所不知，而使人知之」。(《說苑・善說》)公孫龍雖同爲名家，但其思想卻與惠施有所不同，他更多強調不變。他的指物論、堅白石論、白馬非馬論都貫徹其共相論的宇宙觀，其論證也極富邏輯性和思辨性，如他在闡明「白馬非馬」時，就從名詞的內涵、名詞的外延，名詞所蘊含的共相等不同的角度展開論證的。

　　先秦名家雖然在論證中運用邏輯方法，但卻僅僅把它當作論證工具，對它的研究只停留在初級階段，只能算是對邏輯和思維的懵懂覺醒，故其觀點大多與常識不服，雖「能勝人之口」，卻「不能服人之心」，沒能達到切實指導人類實踐的目的，而在中國文化的歷史中眞正對邏輯方法有較爲系統研究的則屬墨家。在《墨子》中墨家非常清楚的提出了方法的目的、內容和原則，就方法的目的而言，墨家認爲綱常的崩壞也造成言論的隨意和自由，論辯之風盛行，「邪說橫行，處士橫議」，而當時的名家如惠施、公孫龍等人利用了語言不嚴密性和隨意性提出了許多違背常理的論斷，造成了人們在認知上的混亂。有鑒於此，墨家主張確立正確的思維方法以「明是非之分，審治亂之紀，明同異之處，察名實之理，處利害、決嫌疑」。(《墨子・小取》)其方法的原則主要有：(1)摹狀描繪萬事萬物的特徵，總攬事物的全貌；(2)論證各種言說的可信度，比較、分析各種言說之間的關係以及異同；(3)用概念來命名事物，使事物與概念保持一致性，做到名副其實；(4)用判斷來表達思想，使判斷能夠準確的表達人們的情感；(5)用推理來揭示事物的成因，使我們能夠對事物有更爲深刻地認識；(6)按照同類的標準進行歸納和劃分，同時也要按照同類的標準在推理論證中進行選擇。在《墨子》一書中還介紹了許多具體的邏輯方法，如或、假、效、辟、侔、援、推等。這些邏輯方法與西方邏輯方法非常相似，其中「或」是一種選言推理，「假」是一種假言推理，「效」是一種直言推理。這三種都是屬於演繹推理，即由一般推導出個別，因此，它們的結論都是必然的。而「辟」、「侔」、「援」都是一種類比的方法，這是中國傳統思想最常用的論證方法。「推」是由個別推導出一般，它是一種歸納推理，它的結論不具有必然性。由此可以看出，墨家對邏輯方法的探討與西方邏輯方法相比毫不遜色，即使在今天，它仍然有著非常重要的理論和現實價值。

　　荀子思想既是先秦名辯思潮的精華，也是對中國傳統邏輯方法的總結，

他的正名思想比以往思想家更全面、更透徹。他一方面強調名根源於實，我們在制名的過程中，要始終堅持「稽實定數」，準確把握事物的類，不要被複雜多變的事物外表所蒙蔽，「同則同之，異則異之」；另一方面也要看到名一旦制定就具有了相對的獨立性和穩定的效力性，雖然在最初我們人為約定了某名代表某實，但是在經過社會約定後，逐漸形成了習俗，這個名字就具有了自己固定的內涵與外延，它就成為交流表達的思想工具。在荀子思想中提到辯說一定要做到「聽則合文，辯則盡故」，而辯說的方法，一為演繹法，「以類行雜」、「以一行萬」，即知道了事物的類，掌握事物的一般規律，我們就能以不變應萬變，「言之千舉萬變，其統類一也」。一為歸納法，「統其類」，就是我們通過對事物的分析，按照「同則同之，異則異之」的原則將事物分門別類，並成為把握個體的統帥。除了歸納和演繹，荀子更注重類比的方法。「以類度類」，要想知道以前的事情，我們只須考察現在的事情，在根據類比的方法，「度之以遠事」。

　　總的說來，先秦的名辨思想是中國邏輯方法的典型代表，而自先秦以後，中國邏輯方法的研究停滯不前，始終沒有長足的發展。因此，正是在這個意義上，我們才只能斷言中國只有邏輯方法最初的萌芽，它混存在古代龐雜的思想體系中，沒有形成獨立的形態，更由於種種複雜的歷史原因，其朝氣和力量也被扼殺在萌芽之中。究其原因，一方面在於中國特有的血緣宗法制度和尚農政策，在這種體制下家族、社會和國家顯得尤為重要，因此，如何處理好社會中的人際關係就成為人們普遍關注的問題，正是這樣的社會和政治要求使中國文化形成一種有別於西方哲學以社會倫理道德為主的表現形態。在古代中國人的眼中道德永遠比知識更重要，中國人崇拜的不是知識淵博的人，而是德行高尚的人。因此，除了先秦時期曇花一現的名辯思想外，很少有人有意識的對思想演變的程序以及方法自身進行深入而又專業的研究；另一方面中國古代特有的思維方式和語言表達方式也造成其思維方法的原始性。在中國古代，人們用以書寫的竹簡極為沉重，而且製作繁瑣，因此要求立言務求簡短，文約義豐。人們很少具體介紹論證的過程，而只是將結論寫出，後來約定俗成，成為思想家著書立說的一種傳統和風尚。因此思想家在著書立說時重在結論而疏於論證，這也是中國邏輯方法停滯不前，不足以成就中國科學的一個非常重要的因素。這樣的文化傳承方式，也使後人無法在文獻記載中考察中國邏輯方法的研究水平。

## 二、近代西方邏輯方法的東漸

近代同先秦時期非常相似，它也是一個社會體制轉型、政府朝代更迭的時期，在這一時期中西文化的衝突和碰撞達到了白熱化。舊有的正統文化被重新翻閱和審視，已經被歷史長河湮沒的文化體系也在大浪中沉沙泛起，與此同時代表現代意識的西方文化蜂擁而入，強勢的在中國思想文化領域占據了重要的位置。中國人在面對如此豐富多樣的饗餮大宴時，或驚奇、歡心，或憂慮、屈辱，五味雜陳，但不管怎樣，人們都鼓時代潮流之動而動，以自己的努力調配自己的盛宴。

在這一過程中，邏輯方法無疑成為文化盛宴中一道炙手可熱的大菜。它隨著西方文明而來，它在中國的傳播最早可以追溯到明朝末年，當時利瑪竇和徐光啓合譯了歐幾里得（Euclid）的《幾何原本》、李之藻與傳教士傅泛際合譯的《名理探》使當時的中國人大開眼界，西方幾何學以及亞里士多德的演繹方法和分析方法使當時的知識分子倍覺驚歎，並且它們與中國傳統重考據、善名辯的思想產生共鳴，為後來清代實學思潮的出現埋下種子。梁啓超曾分析道：「本朝學者以實事求是為學鵠，頗饒有科學的精神，而更輔以分業的組織；……所謂科學的精神何也？善懷疑，善尋間，不肯妄循古人之成說與一己之臆見，而必力求真是真非之所存，一也。既治一科，則原始要終，縱說橫說，務盡其條理，而備其左證，二也。其學之發達，如一有機體，善能增高繼長，前人之發明者，啓其端緒，雖或有未盡，而能使後人因其所啓者而竟其業，三也。善用比較法，臚舉多數之異說，而下正確之折衷，四也。凡此諸端，皆近世各種科學所以成立之由，而本朝之漢學家皆備之，故曰其精神近乎科學。」〔註3〕由此可見，清代實學思潮的科學精神就是「重證據，講方法」，無論是對經史子集的考訂和整理，還是對天文、地理、數學等科學的研究都時刻貫穿這種科學精神。

雖然在明朝之際西方邏輯方法就有傳入，但是由於清朝為了抑制資本主義的萌芽，維護封建王朝的統治，開始實行閉關鎖國，這種消極防禦的政策使西方文化的傳播被迫中斷。直到19世紀中葉西方列強用科學以及其方法武裝起來的堅船利炮敲開了中國封閉已久的大門，西方的科學文明才如同潮涌般地進入中國，這時中西文化的交流就不再像明朝那樣平和，而是帶有了一

---

〔註3〕梁啓超，《論中國學術思想變遷之大勢》〔M〕，上海：上海古籍出版社，2001年，頁113～114。

定的強制性和侵略性，西方的邏輯方法也同樣以不可抗拒的姿態再次進入了
中國人的視野。當時邏輯方法的譯著也如雨後春筍般的出現，如《萬國公報》
連續八期登載了英國傳教士慕維廉翻譯的培根《新工具》（1878 年），歸納的
邏輯方法被首次提及。英國傳教士艾約瑟翻譯了耶方斯的 *Prime of Logic* 而成
的《辨學啓蒙》（1885），首次系統的介紹了西方包括演繹邏輯與歸納邏輯在
內的傳統邏輯方法。田吳炤的《論理學綱要》（1902 年）、胡茂如的《論理學》
（1906 年）、王國維的《辨學》（1908 年）等，當時的思想界泰斗梁啓超也在
《新民叢報》中多次介紹了西方包括亞里士多德開創的演繹和培根的歸納在
內的邏輯方法，但對當時邏輯與科學方法影響最大的是嚴復的《穆勒名學》
和《名學淺說》兩部譯著。對於這兩部譯著在當時的影響，可由郭湛波的言
語中窺見端倪：「自明末李之藻譯《名理探》，爲論理學輸入中國之始，到現
在已經三百多年，不過沒什麼發展，一直到了嚴幾道先生譯《穆勒名學》、《名
學淺說》，形式論理學始盛行於中國，各大學有論理學一課。」〔註 4〕

　　1905 年嚴復將英國 19 世紀著名的邏輯學家和經濟學家穆勒（John Stuart
Mill）的著作 *System of Logic*——*Ratiocinative and Inductive* 進行翻譯，命名爲
《穆勒名學》，在穆勒的原書中共分爲六卷：論名稱和命題、論推理、論歸納、
屬於歸納的方法、論謬誤、論道德科學的邏輯，此外還有一個「引論」。嚴復
由於健康原因，只翻譯了「引論」、第一卷、第二卷以及第三卷的一部分。他
本著「信」、「達」、「雅」的翻譯原則，既強調內容的眞實，又強調語言的準
確和雅致，因此他在譯文過程中加注了大量的按語，或用來注釋原文，或與
中國原有文化資源進行對照，或闡明自己獨特的見解。

　　其實穆勒的這部著作研究旨趣和最終目的是爲了提倡一種新的邏輯方
法，即歸納方法。但由於嚴復只翻譯前面的演繹邏輯，而歸納邏輯卻只翻譯了
開頭，因此，《穆勒名學》並沒有將穆勒思想精髓展現出來，直到 1908 年嚴復
出版了另一部譯著《名學淺說》才彌補了這一遺憾。這部譯著的藍本與《辨學
啓蒙》相同，都是耶方斯的 *Prime of Logic*，嚴復在翻譯這部著作時非常注重翻
譯的眞實性和語言的準確性，因此經常「一名之立，旬月踟躕」〔註 5〕，故這

---

〔註 4〕　郭湛波，《近五十年中國思想史》〔M〕，濟南：山東人民出版社，2002 年，頁
　　　　　183。
〔註 5〕　〔英〕赫胥黎，《天演論・譯例言》〔M〕，嚴復譯，北京：科學出版社，1971
　　　　　年，頁 11。

部譯著無論是在思想內容的深刻程度還是在語言修辭的雕琢程度上都使《辨學啓蒙》黯然失色。但應該指出，耶方斯雖然在這部著作中介紹了穆勒的歸納方法，但他作爲布爾符號邏輯派成員之一，更多的側重於演繹方法的研究，僅僅把歸納方法看做是演繹方法的一個逆運算形式。而嚴復在翻譯這部著作時並沒有囿於原意，而是針對中國當時羸弱、落後的現狀，爲了達到袪除積弱、獨立自強的目的，對其進行了發揮和取捨，他將歸納方法定名爲「內籀」，將演繹方法定名爲「外籀」，並認爲「內籀」比「外籀」更根本，「然而外籀術重矣，而內籀之術乃更重。內籀西名 Inductive。其所以稱此者，因將散見之實，統爲一例，如以壺吸氣，引之向裏者然。惟能此術，而後新理日出，而人倫乃有進步之期。吾國向來爲學，偏於外籀，而內籀能事極微⋯⋯故曰：生今爲學，內籀之術，乃更重也。」〔註6〕

可以說，嚴復的這兩部譯著對當世瞭解邏輯方法提供了技術上參考，但是由於嚴復採用先秦古文的寫作體例，因此讓人讀起來十分吃力。梁啓超就曾對其書寫方式有所保留：「著譯之業，將以播文明思想於國民也，非爲藏山不朽之名譽也。文人結習，吾不能爲賢者諱矣。」〔註7〕而王國維對其的批評則更加尖銳直接：「然如侯官嚴氏所譯之《名學》，古則古矣，其如意義之不能了然，何以吾輩稍知外國語者觀之，毋寧手穆勒《原書》之爲快也。」〔註8〕而對邏輯方法語言書寫體例上的現代化轉型則是在新文化運動之後。

## 三、現代中國哲學對邏輯方法的宣傳和運用

自新文化運動以來，西方文化開始更爲系統和全面地傳入中國，邏輯方法在這一傳播背景下得以展開。早在 1915 年由「中國科學社」創刊了《科學》雜誌，此刊連續發刊 35 年，直到 1950 年才由《自然科學》接替。雜誌內容幾乎涵蓋了自然科學的方方面面，包括數學、幾何學、物理學、化學、生物學、天文學、邏輯學、經濟學、心理學、軍事學等。《科學》雜誌的宗旨「就是要圖中國科學的發達」。而要促使中國科學的發達，就必須有一系列嚴謹、

---

〔註 6〕 〔英〕耶方斯，《名學淺說》〔M〕，嚴復譯，北京：商務印書館，1981 年，頁43。

〔註 7〕 郭橋，《邏輯與文化——中國近代時期西方邏輯傳播研究》〔M〕，北京：人民出版社，2006 年，頁 47。

〔註 8〕 王國維，《王國維文集》（第三卷）〔M〕，北京：中國文史出版社，1997 年，頁 43。

系統、科學的方法。任鴻雋在《科學》雜誌創刊號的第一篇文章《說中國無科學的原因》一文中就提到：「誠得其方法，則所見之事實無非科學者。不然，雖盡販他人之所有，亦所謂邯鄲學步，終爲人廝隸，按能有獨立進步之日矣。」〔註9〕因此，對科學方法的宣揚成爲《科學》的重要方針。但是中國科學社在演繹與歸納方法上更傾向於對歸納方法的宣傳，任鴻雋提出：「（1）歸納邏輯是由事實的研究，演繹邏輯是形式敷衍。（2）歸納邏輯是由特例以發現通則，演繹邏輯是由通則以判斷特例。（3）歸納邏輯是步步腳踏實地，演繹邏輯是一面憑虛構造。（4）歸納邏輯是隨時改良進步的，演繹邏輯是一誤到底的。」〔註 10〕在他們看來沒有歸納方法就沒有科學的發展，而歸納方法的步驟就是分類、分析、歸納、假設、學說與定律，即從對事物的觀察和實驗中尋找普遍性原理，並用假設的形式通過證明或證實而進一步成爲我們公認的學說定律。他們對方法過程的理解與胡適所宣揚的美國實驗主義方法驚人的相似，可能是由於它們的營養成分都是源自英美文化體系的緣故，也可能是因爲科學方法的研究是當時的大勢所趨。

值得注意的是，此時的文化交融不再單純憑藉傳教士或中國人的譯著，而是注入了新的元素。中國如火如荼的學生運動以及文化運動吸引了西方哲學家來此駐足，西方兩個著名的哲學家杜威和羅素就在此時分別走進了中國人的生活世界，使當時的知識分子得以不出國門就能直接聆聽著名哲學大師的言教，進行面對面的交流。

杜威和羅素的哲學在當時產生了巨大、深遠的社會影響，被稱之爲「科學的哲學」，尤其是其哲學方法更成爲中國人宣言科學的有力武器。就兩位學者的思想在中國的社會反響而言，杜威當仁不讓，新文化運動的領軍人物胡適就是當時杜威哲學的忠實信徒，而早期的馬克思主義者李大釗、陳獨秀等也曾一度對其思想推崇備至。胡適將杜威提倡的實驗主義方法與中國傳統的考據方法結合起來，一方面用來整理中國傳統文化，使中國傳統中的方法論重放異彩，並在他的筆下成爲中國文化發展史的主流。另一方面胡適用它積極投身入社會具體問題的解決中，提倡白話文、破除傳統權威、主張婦女解

---

〔註 9〕　胡軍，《分析哲學在中國》〔M〕，北京：首都師範大學出版社，2002 年，頁22。

〔註 10〕　胡軍，《分析哲學在中國》〔M〕，北京：首都師範大學出版社，2002 年，頁28。

放、強調民主和科學等等，努力促使中國擺脫窘迫，再造中國璀璨的文明。

雖然杜威的思想一時轟動全國，但是其對中國文化領域的影響並沒有深入、持久下去，反而是羅素的實在論以及他提倡的邏輯分析方法更讓當時學者沉醉。羅素是當時世界非常有影響力的哲學家，他是現代邏輯的奠基者之一，終身致力於邏輯分析方法在哲學研究領域中的運用，主張對哲學進行形式語言的分析，尤其是他與懷特海合著的《數學原理》堪稱當時現代數理邏輯的最高水平，金岳霖《邏輯》一書就是對《數學原理》部分原理和思想的介紹和宣傳。羅素認為邏輯不單是一門學科，它更是哲學領域中唯一的科學方法，他用邏輯方法分析解決哲學中的諸多問題，對主觀、論理和神秘等唯心理論進行批判，重新建立我們關於外間世界的知識，並認為經過邏輯方法的分析和解釋之後，許多古老的哲學問題都可以因此而獲得全新的意蘊。「我們在第一講中討論過的論題和下面將要討論的論題，就其為真正哲學的論題而言，都可還原為邏輯問題。這並非出於偶然，而是由於這個事實，即每一哲學問題，當我們給以必要的分析和提煉時，就會發現，它或者實際上根本不是哲學問題，或者在我們使用邏輯一詞的意義上說是邏輯問題。」〔註11〕因此，羅素主張「邏輯是哲學的本質」，認為人們之所以對傳統哲學問題長期困擾，關鍵在於邏輯方法的不健全，而現代數理邏輯能夠擴大我們的抽象和想像能力，使我們關於世界的假說的理解更寬容，使我們分析複雜事實的方法更精密。因此「舊邏輯加思想以桎梏，新邏輯則給思想以翅膀。在我看來，新邏輯給哲學帶來了與伽利略給物理學帶來的同樣的進步，使我們終於能夠知道，哪些問題有可能解決，哪些問題是超乎人類能力，必須拋棄的。而且在看來問題可能得到解決的地方，新邏輯提供了一種方法，使我們能夠得到不僅體現著個人特性而且必會博得一切足以做出判斷的人們贊同的結果。」〔註12〕

羅素關於「邏輯是哲學的本質」等觀點在中國哲學領域產生了持久的影響，更在一些留學歸來的知識分子那裡獲得了支持，因此邏輯方法的地位被空前提高，成為重塑文化、解決社會具體問題、發展科學的無上法寶。而邏輯方法也在中西學者的共同努力下更具有現代形態，一方面其邏輯方法更科

---

〔註11〕 〔英〕羅素，《我們關於外間世界的知識》〔M〕，陳啟偉譯，上海：上海譯文出版社，2006 年，頁 24。
〔註12〕 〔英〕羅素，《我們關於外間世界的知識》〔M〕，陳啟偉譯，上海：上海譯文出版社，2006 年，頁 45。

學、更系統，另一方面對邏輯方法介紹也更通俗易懂。此外，學者們也開始靈活的理解和使用邏輯方法，並將其與其它方法結合起來，在中國的哲學和社會各個領域中發揮著更大的作用，如馮友蘭將邏輯分析方法與直覺主義方法結合起來，認為這才是把握宇宙眞諦的方法，胡適將邏輯方法與科學試驗和中國清代考據學結合起來，提出了「大膽的假設，小心的求證」的十字箴言，張申府、張岱年兄弟也試圖將邏輯分析方法與唯物論有機統一起來。

# 第二節　邏輯方法促成中國哲學現代化轉變

中國哲學的現代化是伴隨著中國社會的現代化轉型而來，這是中國在內憂外患的歷史環境中痛苦的覺醒，它出自中國人對國富民強的強烈渴望。在這一艱辛而又動蕩的過程中，人們也逐漸認識到所謂中西文化的碰撞和衝突，不僅僅是地域問題，也不僅僅是民族問題，更是一種時代問題，是古代與現代的無情相遇，是落後與進步的極大反差。因此，我們必須轉變觀念，拋開芥蒂，以一種積極進取的心態去促成中國無論是經濟還是文化的現代化轉型。正是在此時，邏輯方法成為實現人們進步願望的救命稻草，它在中國哲學的現代化轉變中作出了巨大的貢獻，而在這種現代化轉變過程中，胡適、馮友蘭、金岳霖對邏輯方法的認同、宣傳和運用更是功不可沒，在一定程度上促成了中國哲學的現代化。

## 一、觀念的現代化

中國素有五千年發展的文明史，在光輝燦爛的歷史長河中，中國的文化一直保持著獨立且強勢的姿態，在中國這個「天朝大國」的視域裏其它民族都是「蠻夷」，因此，在兩千年的不同文化碰撞和合流過程中，中國傳統文化都不曾遇到眞正的挑戰。中國的文人們寢饋於浩如烟海的文化典籍，而不知西方文明正在以不可抵擋之勢蓬勃發展，這種極度封閉而又極度自負的心理桎梏了中國現代化的腳步。在中國人的觀念和字典中，西方的科技和文化都是「奇技淫巧」，不值一提，而當西方的「奇技淫巧」擊潰中國高貴而又封閉已久的國門時，也擊潰了中國人「泱泱大國」的自信。中國人逐漸被迫意識到昔日的光輝已不復存在，人外有人、天外有天，中國當前最急迫的任務不是「保存國粹」，也不單純是「師夷長技」，而是轉變觀念，正視當前生存狀

態。在經過無數痛苦和迷茫之後，中國的知識分子逐漸有了正確的觀念，那就是中西文化之爭不單純是地域環境的比較和對抗，更重要的是古今之變，因此，我們應該在思想觀念和思維模式上都進一步現代化，就像馮友蘭所說：「一個戰士用他的武器，到最熟練的時候，也會覺得他的武器就成爲像他的身體的一部分，就像他的手腳一樣，達到這種程度，就叫做『化』。〔註13〕而做到現代「化」，第一步就必須做到觀念的現代化。只有思想觀念與世界接軌、與現代契合，才能將這個武器熟練運用。這就要求我們必須能以開放的胸懷迎進西方先進之文化，以理性的精神審視中國固有之文明。

胡適在這方面先聲奪人，他以一種實驗主義的觀念去衡量所有的文明，並認爲「新思潮的根本意義只是一種新態度。這種新態度可叫做『評判的態度』。……『重新估定一切價值』八個字便是評判的態度的最好解釋。」〔註14〕要想重新估定一切價值，就不能固守自家文化，所以一定要輸入學理，只有對西方的思想文化、文學藝術、宗教信仰有了一定的接觸，才能徹底瞭解中西文化的差異，才能正確估定文化中體現的現代性價值。因此，胡適在輸入學理、整理國故的過程中所持有的態度就是大方承認自己技不如人，「我們如果還想把這個國家整頓起來，如果還希望這個民族在世界上占一個地位，──只有一條生路，就是我們自己要認錯。……肯認錯了，方才肯死心塌地的去學人家。不要怕模仿，因爲模仿是創造的必要預備工夫。不要怕喪失我們自己的民族文化，因爲絕大多數人的惰性已盡夠保守那舊文化了，用不著你們少年人去擔心。你們的職務在進取不在保守。」〔註15〕

如果說胡適的態度過於激進，馮友蘭的態度相對於他而言要寬容得多。馮友蘭也曾在中西文化的強烈對比下徘徊過、沮喪過、迷茫過，苦苦的追尋中國文化的出路。在留美期間，他的這種追問更加迫切，並曾經針對這個問題請教過印度思想家泰戈爾，泰戈爾給中國的忠告就是，「現在西方對我們是取攻勢（Aggressive），我們也該取攻勢。我只有一句話勸中國，就是：『快學科學』！東方所缺而急需的，就是科學。」〔註16〕馮友蘭從這次談話中更深

---

〔註13〕馮友蘭，《三松堂自序》〔M〕，北京：中國人民大學出版社，2004年，頁254。

〔註14〕葛懋春、李興芝，《胡適哲學思想資料選》（上）〔M〕，上海：華東師範大學出版社，1981年，頁126。

〔註15〕葛懋春、李興芝，《胡適哲學思想資料選》（上）〔M〕，上海：華東師範大學出版社，1981年，頁345。

〔註16〕馮友蘭，《三松堂學術文集》〔M〕，北京：北京大學出版社，1984年，頁14。

切的悟到，與其學具體科學，不如掌握一種科學方法，「我們把事實研究之後，用系統的方法記述他，用道理去解說他，這記述和解說，就是科學。」〔註17〕因此，他在對待中西、新舊文化上強調我們不應該用舊文化批評新文化，也不應該用新文化批評舊文化，而是以一種開放寬容的態度進行新舊文化的互相闡釋和理解，「爲了更好地理解並更明智地適應這種新局面，他有時必須用過去來理解現在，有時又必須用現在去理解過去。也就是說，他必須把面臨的新文化和固有的舊文化聯繫起來。認爲二者並不是相互不理解的，而是相互理解的。」〔註18〕

金岳霖雖然沒有具體談論如何轉變觀念，但是他卻將馮友蘭對待中西文化的態度進行了具體的實行，他融貫中西，既抓住中國哲學的主旨和精神，又恰當的用西方的哲學問題與邏輯方法彌補中國哲學的缺失，既表現出詩意盎然的感情，又時刻彰顯推理論證的理智。

因此，在這場中國哲學的現代化轉型過程中，我們只有將所有文化都納入現實世界的熔爐中，以現代化爲藥引，才能使已經處在破碎和漂散狀態的中國文化重新煥發生命力，才能再造出符合中國現實國情的燦爛文明。正如胡適所言：「在這件大工作的歷程裏，無論什麼文化，凡可以使我們起死回生，返老還童的，都可以充分採用，都應該充分收受我們救國建國，正如大匠建屋，只求材料可以應用，不管他來自何方。」〔註19〕

## 二、方法的現代化

在中國人的眼中，世界就是一個有機的生命體，人與自然緊密聯繫，個人與「他者」也是密不可分。自然是神奇生命的締造者，我們作爲自然界的一份子，就是要在自然生生不息的整體流變中感悟生命的真諦，正如張載在《正蒙·乾稱》裏說：「因明致誠，因誠致明，故天人合一」，「乾稱父，坤稱母。予茲藐焉，乃渾然中處。故天地之塞吾其體，天地之帥吾其性。民吾同胞，物吾與也。」這充分體現了中國傳統文化中一種以整體——感悟爲主的思維方法。正是這種重整體、崇感悟的思維方法，使人們拒絕將任何事物作

〔註17〕馮友蘭，《三松堂學術文集》〔M〕，北京：北京大學出版社，1984年，頁15。
〔註18〕馮友蘭，《三松堂學術文集》〔M〕，北京：北京大學出版社，1984年，頁285。
〔註19〕葛懋春、李興芝，《胡適哲學思想資料選》（上）〔M〕，上海：華東師範大學出版社，1981年，頁345。

內容和形式的分離，故中國沒有西方形式邏輯的三段論式，甚至沒有印度因明學的五支或三支作法。

　　需要指出，中國思維方法雖然以注重整體──感悟為主，但並不是說在中國就從來沒有分析──論證，如莊子提出「辯無勝」的觀點，他在論證此觀點的過程中就表現了非常高的邏輯素質和分析技巧。他指出：「即使我與若辯矣，若勝我，我不若勝，若果是也，我果非也邪？我勝若。若不吾勝。我果是也。而果非也邪？其或是也。其或非也邪？其俱是也。其俱非也邪？我與若不能相知也，則人固受其黮闇，吾誰使正之？使同乎若者正之？既與若同矣。惡能正之？使同乎我者正之？既同乎我矣。惡能正之？使異乎我與若者正之？既異乎我與若矣，惡能正之！使同乎我與若者正之？既同乎我與若矣，惡能正之！然則我與若與人俱不能相知也，而待彼也邪？」（《莊子·齊物論》）莊子以「道」的觀點考察了辯論的意義，他認為兩個人的爭論由於沒有客觀的評定標準，因此勝利的一方不見得就是正確的。如果兩人以第三人作為評定標準，那麼第三人觀點的主觀性會使辯論更加複雜，由此，莊子得出辯論是沒有真正的勝負的。莊子的這番言論可謂步步為營、絲絲入扣，從中我們可以看到邏輯分析的方法不可缺少。儘管中國古代如何抵制、排斥，這種方法仍然以頑強的生命力隱喻地表現在思想家的思考與寫作之中。如我們在上文已經提及中國古代對類比推理非常推崇，許多論證和觀點的得出都是中國先哲通過對世界萬物的考察，以類比的方法得到的。當然這種類比方法並不科學，有時僅是憑藉一種直覺，或是以一種政治目的而進行的胡亂比附。如漢代董仲舒的「天人合一」說就是通過「天人感應」、「天人相類」、「人副天數」等一系列感悟、類比確定了皇朝至高無上的地位。

　　中國傳統雖然也有邏輯方法的體現，但相比西方而言確實要原始、蒙昧得多。而真正促使中國方法的現代化是在近現代，由胡適、馮友蘭、金岳霖等哲學家共同努力實現的。胡適是一位能以強烈的憂患意識自覺引入西方實驗主義方法的思想家，他用杜威思想的五步法指引中國人科學地對待問題，理清問題的發展脈絡，重估中國文化的價值。雖然他沒有建立自己的哲學體系，也沒有獨創性的哲學意識，但是對方法的現代化足以使他名震一方。隨著科學邏輯方法的慢慢滲入，它的表現形態也日益成熟，中國的思想家對其的理解和運用也更加熟練，馮友蘭、金岳霖等人開始嘗試用它建構哲學體系。基於此馮友蘭明確指出邏輯方法的重要使命，「中國需要現代化，哲學

也需要現代化。現代化的中國哲學，並不是憑空創造一個新的中國哲學，那是不可能的。新的現代化的中國哲學，只能是用近代邏輯學的成就，分析中國傳統哲學中的概念，使那些似乎是含混不清的概念明確起來，這就是『接著講』與『照著講』的分別。」〔註20〕邏輯就是哲學的入門，是我們打開中國哲學現代化的一個非常關鍵的「缺口」。因此，他專門用一本書來討論方法論問題，不遺餘力地介紹了西方哲學中有價值的方法，如柏拉圖的辯證法、斯賓諾莎的反觀法、康德的批判法、維也納學派的邏輯分析方法等，其目的無外乎向國人說明方法在中國哲學現代化中的重要地位。與此同時，金岳霖也開始了向中國輸入邏輯學的前瞻性成果，他以現代邏輯的意識批判了傳統邏輯的缺失，闡明邏輯與邏輯系統，哲學與邏輯方法的關係，這在一定程度上折射出自己的哲學旨趣。他強調：「哲理之為哲理不一定要靠大題目，就是日常生活中所常用的概念也可以有很精深的分析，而此精深的分析也就是哲學。」〔註21〕由此金岳霖開始著力於對日常生活以及中國傳統文化的邏輯分析，形成了自己關於宇宙、人生、知識的哲學觀點。總而言之，他們一方面把西方精密、嚴謹、系統的邏輯方法滲透到中國社會和文化的方方面面，另一方面也把中國傳統文化中散亂的分析——論證方法借用西方的邏輯方法進行重新提煉。

## 三、系統的現代化

　　對於傳承幾千年的中國文化而言，它有自己一整套以「六藝」為核心，以「四部」為框架的學術分類體系，這是一個具有內在邏輯關係之「樹」狀知識系統。經是中國文化發起之根，史是關於歷史事實的記錄，子是哲學家的思想，集為文學作品，「經為根，史、子為幹，集則為枝；聚根、幹、枝而成樹之整體。」〔註22〕這種具有其內在理路的知識整體，反映了中國獨特的視角和價值，即其最終的目的就是通過「格物致知」，達到「正心誠意」的內心境界，進而做到「修身」、「齊家」、「治國」、「平天下」，這是一種「內聖外王」之道，它「極高明而道中庸」，是中國人的理想境界。筆者對這種終極的

〔註20〕馮友蘭，《中國現代哲學史》〔M〕，廣州：廣東人民出版社，1999 年，頁 200。
〔註21〕金岳霖，《論道‧緒論》〔M〕，北京：中國人民大學出版社，2005 年，頁 3。
〔註22〕劉簡，《中文古籍整理分類研究》〔M〕，臺北：文史哲出版社，1978 年，頁 77。

理想境界也報以至高的崇敬和嚮往，但是這種美好的理想伴隨著中國千年封建統治的日益腐朽而漸行漸遠，最終在封建王朝的滅亡和西方文化的衝擊下而成為鏡花水月，這種傳統學術分類體系既不能適應急速變化的政治體制，更不能滿足當時中國人對現代化的迫切訴求。

從邏輯學的角度觀之，這種學術分類體系存在著致命的內在缺憾。首先，這種分類具有很強的政治目的性，一旦政治體制土崩瓦解，這種分類的價值就此喪失；其次，這種分類具有明顯的學術偏見，它把儒學作為正統文化，並以此為價值取向，因此，在這種分類中除儒家之外的其它文化知識得不到彰顯；再次，這種知識分類重道輕藝，除了少量關於科學技術的著作在其中充當點綴，大多數都無法納入這個體系中；最後，由於各個著作內部缺乏內在的邏輯關聯，名言雋語，文章斷言式的表述方式使這種學術分類下的各種知識更加混亂和龐雜，而對於傳入中國的近代西方各種分類嚴謹、細膩的文化，傳統分類方式也無力將其納入其中，從而使當時求學者面對如此「四不像」而眼花繚亂。正如馮友蘭在《三松堂自序》中回憶：「在我們班上，講中國古代哲學史，就從三皇五帝講起。講了半年才講到周公。當時的學生真是如在五里霧中，看不清道路，摸不出頭緒。」〔註23〕

因此，這時的中國急需一種新的文化分類系統，在這個歷史背景和時代要求下，胡適開始這種全新的嘗試。他首先重新界定了哲學的含義，「凡研究人生切要的問題，從根本上著想，要尋一個根本的解決，這種學問，叫做哲學。」〔註24〕並在這個理解的基礎上，以西方哲學為參照體系和邏輯框架統攝群籍，重新建構新的哲學分類，認為我們可以把哲學細分為宇宙觀（關於天地萬物怎樣來的）、名學及知識論（知識、思想的範圍、作用及方法）、人生哲學（人生在世應該如何行為）、教育哲學（怎樣才可使人有知識、能思想、行善去惡）、政治哲學（社會國家應該如何組織，如何管理）、宗教哲學（人生究竟有何歸宿）等。

雖然胡適用西方哲學成就了中國哲學史學科，但他卻沒能成就一種西方式的哲學體系，而馮友蘭沿著這個方向繼續前行。對於哲學的理解，馮友蘭與胡適不謀而合，他們都認為哲學與人生密切相關，不過胡適更注重解決方

---

〔註23〕馮友蘭，《三松堂自序》〔M〕，北京：人民出版社，2008 年，頁 204。
〔註24〕胡適，《中國哲學史大綱》（上）〔M〕，上海：上海古籍出版社，2000 年，頁 1。

法，而馮友蘭更注重思維本身，他認為哲學「就是對於人生的有系統的反思的思想」。〔註25〕並以人為核心展開為宇宙論、知識論和人生論。既然哲學是對人生的反思，那麼他就必須關照人自身，人生論由此而成，而宇宙是人生活的根基，因此，要想對人生有更高的覺解，我們就必須尋根，宇宙論因此而成，人的反思能力本身就是知識，故知識論也必不可少。馮友蘭的《貞元六書》就是在這種哲學分類的理解和統籌下得以完成，其中《新理學》是他的宇宙論，《新知言》是他的知識論，《新事論》、《新世訓》、《新原人》、《新原道》等則是他的人生論。

金岳霖秉承分析精神，並以唯實論者的敏銳觸角探索哲學問題。在他眼中哲學的本質就是分析，哲學就是一種概念遊戲，就是遵循邏輯分析的原則構造出關於世界包括形而上學及科學的知識體系。在這個體系中金岳霖雖沒有明確指出，但從他一生的哲學成果來看，他顯然將哲學分為三大類：宇宙論、知識論和邏輯學。金岳霖指出這種哲學遊戲非常痛苦，因為它的成功依賴於邏輯的嚴格性，而邏輯的嚴格性是我們至今也沒能達到的理想。「但是我們盡可能努力根據哲學規則來做哲學遊戲。我們不考慮成功或失敗，因為我們並不把結果看作過程的一半。正是在這裡，遊戲是生活中最嚴肅的活動之一。其他活動常常有其他打算。政治是人們追求權力的領域，財政和工業是人們追求財富的領域。愛國主義有時是經濟的問題，慈善事業是某些人成名的惟一途徑。科學和藝術，文學和哲學可能有混雜的背後動機。但是一個人在骯髒的小閣樓上做遊戲，這十足地表達了一顆被拋入生活之流的心靈。」〔註26〕筆者每讀到此都會對他無比敬仰，金岳霖正是秉著對哲學極度的熱愛，才以一顆雖在世俗卻一塵不染的心靈投入到這場遊戲之中，終生不悔。

## 四、概念的現代化

概念不僅是邏輯學中一種非常重要的研究內容，更在我們生活中占據了非常重要的地位。沒有概念，我們無法對世界進行言說，無法與他人進行交流，因此，無論在日常表達還是在觀點論證上，我們首先就是要搭建一個交流對話的平臺，劃界一個探討論證的論域，概念是我們思維外在化的第一步。中國哲學的一大缺失就是概念的模糊性。馮友蘭就曾提及諾思羅普（Filmer

---

〔註25〕馮友蘭，《中國哲學簡史》〔M〕，北京：北京大學出版社，2001年，頁1。
〔註26〕金岳霖，《道、自然與人》〔M〕，北京：三聯書店，2005年，頁232。

S.C.Northrop）教授的觀點，他認爲概念主要有兩種類型，一種是靠直覺得到的概念，一種是靠假設得到的概念。〔註 27〕而中國哲學中的概念大都是用直覺得到的，如「道」、「天」、「性」、「理」等的全部意義就全依賴於個人直覺和感悟。在中國哲學中或者根本不去界定概念，或者將概念描繪得含含糊糊，虛無縹緲，讓讀者自己領悟，但中國言簡意賅，文約義豐的表達方式，雖極富有暗示性，卻不利於思想內容的表現和交流，因此，對待這些經典著作，後人以一種「述而不作」的方式表達對其的敬畏之心，而經典的晦澀難懂也足以讓人終其一生、殫精竭慮、耗費心血闡釋其「微言大義」，正因爲如此，才會產生中國特有的一種學術形態：考據學。「中國哲學非常簡潔，很不分明，觀念彼此連結，因此它的暗示性幾乎無邊無涯。結果是千百年來人們不斷地加以注解，加以詮釋。」〔註 28〕

中國傳統學術的發展特質，也使三位學者在促成中國哲學現代化的過程中，注意到要想哲學現代化，語言也必須現代化，故才有胡適振臂高呼，倡導白話文運動和當時知識分子紛紛響應的壯觀情景。而要想實現語言表達的現代化，概念就必須明晰，內涵界定就必須準確，因此，三位哲學家不管是在分析具體問題還是在建構哲學體繫上，都力圖做到概念的清晰和一致，只有在此前提下，體系的建構才能合理，問題的論證才有說服力。如馮友蘭對道體概念的澄清，他指出道有六種含義，第一種表示的是道路的意思，更確切的說是表明人在道德修養方面所應行之路，如《論語・學而》中「君子務本，本立而道生，孝悌也者其爲人之本歟？」第二種表示的是眞理，如「朝聞道夕死可矣」，即爲對眞理大義的追求。第三種表示的是道家宇宙根本之「道」，第四種道爲動的宇宙，第五種道爲「無極而太極」中「而」的過程，第六種道爲天道，就是太極這個理世界的一陰一陽流動變化的程序。

胡適在《我們對於西洋近代文明的態度》一文中也曾提到，當時有許多的「妖言」，它們既沒有根據而又能「惑眾」。他們大多站在被欺凌的弱小的立場，以一種病態的心理排斥著西洋文明，認爲西洋文明是唯物的，它們忽視了對心靈和精神的追求，這樣的文明早晚會造成不良的後果，而一戰的爆發恰恰成爲這些「妖言」的印證。胡適指責這種觀點，「現在高談『精神文明』『物質文明』的人，往往沒有共同的標準做討論的基礎，故只能作文字上或

〔註27〕 馮友蘭，《中國哲學簡史》〔M〕，北京：北京大學出版社，2001 年，頁 21。
〔註28〕 金岳霖，《道、自然與人》〔M〕，北京：三聯書店，2005 年，頁 54。

表面上的爭論，而不能有根本的瞭解。」〔註29〕胡適指出，要想對這個問題有一個徹底的見解，就必須先明確要討論的觀念，因此，胡適首先界定了什麼是文明，「文明是一個民族應付他的環境的總成績。」〔註30〕並指出，文明的造就有兩個因素，一是物質的，包括種種自然界的勢力與質料，一是精神的，包括一個民族的聰明才智、感情和理想。因此，只要文明是人憑藉自然界的力量和因素，運用我們的才思智力，這種文明就不可能單純是精神的，亦不可能單純是物質的。胡適通過澄清「文明」概念的具體內涵，嚴屬斥責了那種認為西洋文明是唯物而非精神的這種觀點。

金岳霖在論證過程中也非常注重概念的具體分析，如他為了解決休謨哲學問題時，就嚴格界定了思想的內涵。他指出，我們常常將思想兩個字連在一起使用，用來表示一個概念，表達一種意義。也許在日常生活當中我們雖然使用它們，但對它的內涵並沒有清楚的認識。金岳霖詳細分析了思想的區別與聯繫，思想可以從不同的側重點去使用它，如果我們側重於思想的歷程，則這個思想就是動態的，如「你在思想什麼」，如果我們側重於思想的結構，則這個思想就是靜態的，如「你的思想是什麼」，金岳霖認為動的思想注重時間的生滅歷程，而靜的思想注重思想的結構形式。此外，更重要的是思想二字是有區別的，我們應該把它們分開討論。所謂思想包括思和想兩方面，思是思議，想是想像，思議的內容是意念，它是抽象的，形式的；想像的內容是意象，它是具體的、個體的。金岳霖進一步指出，雖然思想有如此區分，但是在實踐活動中它們密不可分，「思想活動是綜合的活動，一方面思議與想像分不開，另一方面靜的結構和動的歷程也彼此不離。」〔註31〕想像如果離開思議，就缺乏條理和架格，而思議如果離開想像，就無所寄託，無法理解，同樣動的思想歷程如果沒有靜的思想結構為依歸，它就是一盤散沙，混亂至極，靜的思想結構如果沒有動的思想歷程，它就不可能展開和發展。

金岳霖通過對思想的界定，從而解決了休謨哲學給他造成的長期困擾，他在《論道‧緒論》中就曾談及有兩部著作對他的哲學之路的影響非常大，一是羅素的 *Principles of Mathematics*，一是休謨的 *Treatise*。「休謨底 *Treatise* 給我

---

〔註29〕萬懋春、李興芝，《胡適哲學思想資料選》（上）〔M〕，上海：華東師範大學出版社，1981年，頁306。

〔註30〕萬懋春、李興芝，《胡適哲學思想資料選》（上）〔M〕，上海：華東師範大學出版社，1981年，頁306。

〔註31〕金岳霖，《知識論》〔M〕，北京：商務印書館，2000年，頁304。

以洋洋乎大觀的味道，尤其是他討論因果的那幾章。」〔註32〕但這也是金岳霖備受折磨的幾章，「休謨底議論使我感覺到歸納說不通，因果靠不住，而科學在理論上的根基動搖。這在我現在的思想上也許不成一重大的問題，可是，在當時的確是重大的問題，思想上的困難有時差不多成爲情感上的痛苦。但是，我對於科學的信仰頗堅，所以總覺得休謨底說法有毛病。」〔註33〕直到金岳霖對思想概念有了清楚的釐定之後，他才逐漸發現休謨哲學的癥結之所在。「以後我慢慢地發現休謨底缺點不在他底因果論本身，而在他底整個的哲學。中堅問題就在他底『idea』。我記得我曾把他底『idea』譯成意象，而不把它譯成意念或意思，他底『idea』是比較模糊的印象，可是無論它如何模糊，它總逃不出像。上面已經表示過想像與思議不同，所想像的是意象，所思議的是意念或意思。休謨是人，他寫書，他當然有意念，也善於運用意念，可是，他底哲學只讓他承認意象不讓他承認意念；意象是具體的，意念是抽象的；他既不能承認意念，在理論上他不能有抽象的思想，不承認抽象的思想，哲學問題是無法談得通的，因果論當然不是例外。」〔註34〕金岳霖認爲休謨過分拒絕意念而使他的哲學也必然拒絕抽象，那麼因果問題必然也無法提出和討論，如果要探討因果論等哲學問題，那麼不管你如何拒絕，抽象性都會伴隨著思議而來的，這是不可抗拒的力量，這就是休謨哲學中存在的一個悖論。

因此，在三位哲學家的哲學研究中，對概念的分析和釐定工作隨處可見，他們通過概念的清晰和明確來保證其論證的合理性和體系的一致性。

## 五、評述的現代化

古語有云：「大上有立德，其次是立功，其次是立言，雖久不廢。」（《左傳‧襄公二十四年》）此明確的表示了古人對不朽有層次高低和分量輕重的理解。他們把道德的修養、人格的提升作爲生命最大的不朽，個人首先要把自己鑄造成器，爲聖爲賢，才能受當世之景仰，爲後世之典範，孔穎達曾就此注疏：「立德，謂創制垂法，博施濟眾」。立功是要開創事業，兼濟天下，成就一世功勳，挽救時勢危難，是自我人格外化的表現，「立功，謂拯厄除難，功濟於時」。「立言是言得其要，理足可傳」，（《十三經注疏‧春秋左傳正義》）

---

〔註32〕金岳霖，《論道‧緒論》〔M〕，北京：中國人民大學出版社，2005年，頁3。
〔註33〕金岳霖，《論道‧緒論》〔M〕，北京：中國人民大學出版社，2005年，頁4。
〔註34〕金岳霖，《論道‧緒論》〔M〕，北京：中國人民大學出版社，2005年，頁4。

它是三不朽之最後，是在前兩個不朽成就之後，或無法成就之後才勉強為之。這種對於人生軌跡的界定，使人們花費了大量的時間用來提高道德修養，開創豐功偉績，而只有少量時間用於研究學問。而且即使最專業的學者們也更多注重以言傳言，以心傳心，並不注重著書立說，即使有對命題的論證或理論的闡釋，也更多的表現為對經書的注疏、考證、訓詁、辨偽，無論是「述而不作」還是「以述為作」，所表達思想或流於空疏，或支離破碎。

　　近代西方文化的引入，使人們逐漸意識到中國文化概念模糊，語義不清，論證疏離等缺點。而且傳統文化中論證的方法多為類比，它僅憑直覺感悟牽強附會，在一定程度上表現為原始性、隨意性，缺乏內在的邏輯性和科學性，所以，中國急需用西方的論證方式和話語體系去言說和解決問題。胡適熟練的運用了實驗主義方法，在面對具體問題時，審時度勢，慎重考察問題之癥結，運用試驗和科學的方法尋求解決問題之方法和策略，其概念明確，思路清晰，證據充分，論證合理，具有較強的說服力，如他在科玄論戰中，面對科學派與玄學派的筆伐口誅、筆墨橫飛的戰場，他站在科學派的立場首先一針見血的指出這場爭論的弊端，就是兩派各說各話，沒有抓住問題的關鍵，如此這場筆墨官司將永無勝負。而且這場論戰不能僅在「破題」上下功夫，還要有「起講」更要有「餘興」和「尾聲」。如果科學能夠解決人生問題，那麼就要提交一個具體可行的方案，他認為人生觀就是一個人對宇宙萬物和人類的見解。他以西方自然科學為武器，通過天文學、物理學瞭解宇宙空間的無限性，通過古生物學、地質學瞭解宇宙時間的無限性，通過生物學、心理學等瞭解人的動物性，通過社會學等瞭解人類文化制度的變遷性，在此基礎上，胡適提出了自己的科學人生觀。雖然人在無限的宇宙中極其渺小，但是由無數的人構成的社會卻是永恒不朽的，每一個體「小我」雖然微不足道，但是他的作為與由具有內在關聯的小我構成的社會卻有因果關係，因此，小我的不朽可以在社會的不朽中得以延續。「我這個現在的『小我』，對於那永遠不朽的『大我』的無窮過去，須負重大的責任；對於那永遠不朽的『大我』的無窮未來，也須負重大的責任。我須要時時想著，我應該如何努力利用現在的『小我』，方才可以不孤負了那『大我』的無窮過去，方才可以不遺害那『大我』的無窮未來？」〔註35〕有了如此認識，我們就需要把自己鑄造成器，

〔註35〕葛懋春、李興芝，《胡適哲學思想資料選》（上）〔M〕，上海：華東師範大學出版社，1981 年，頁 180。

充分發揮個人的個性。一方面努力的以科學武裝自己，把它作為自己人生的基礎，另一方面也要從中培養一種科學的態度，並把它作為生活的態度，即要有懷疑精神，要實事求是，要相信證據，要追求真理。從胡適對人生觀的論述上，我們不難看出，胡適已經能以一種科學的態度和精神，以邏輯實證的方法，分析、論證和解決問題。

馮友蘭、金岳霖也以現代化的精神和評述方式對具體問題做到理智的分析，邏輯的論證。如馮友蘭在論證國民性或民族性的問題時，首先界定了「性」的含義，認為對它的理解我們可以從兩方面考慮，一方面把它看成是一個邏輯上的概念，性即是一類事物之所以為一類事物者，即某類事物之理。這個邏輯上的性是可以變化的，可以先有而後無，也可以先無而後有，但我們在講民族性時卻沒有這方面的內涵，如愛好和平是中國的民族性，這個民族性含有與生俱來的意義，因此不可能有無的時候。故馮友蘭認為我們在使用民族性時並沒有在邏輯意義上使用它；另一方面從生理上理解性，所謂性是指「一種生物所有一種要求或傾向，與生俱來，『不學而能』者。」〔註36〕這又要具體細分，如果我們把民族性看做是一個集合名詞，那麼民族性就是指這樣的一個生物所具有的與生俱來之性，但民族並不是一個具體生物，也就談不上有何之性。如果我們把民族性當作一個非集合概念，那麼就是指民族中所有的人都具有之性，但任何一個民族都不敢如此斷言其所有分子都具有某性（此性不包含生物如膚色等之性），如果有人還強辯說民族性並不意味著是所有，而是指大多數人的話，那麼馮友蘭指出，此時所談之性應是習而非生物學上的性，這些誤以為的性都是可以改變的，而生物學上的性是不可以改變的。通過如此的分析和論述，馮友蘭得出我們根本沒有民族性問題。「我們不承認有所謂民族性或國民性。普通說民族性者所說某民族的特點，有些是某民族與其時所行底社會制度的特點，有些是某民族的特點。所謂某民族某民族的特點，我們亦承認是有底，不過我們不謂之為『性』，而謂之為『習』。這並不是專是字面上底爭執。照我們的看法，性應該是不變底，但在歷史上看來，所謂各民族的特點，沒有不變底。」〔註37〕

如果說胡適、馮友蘭善於用科學實驗和邏輯分析的方法評述和解決社會和人生的具體問題，金岳霖作為一個受到現代邏輯專業薰陶的人，更強調了

---

〔註36〕 馮友蘭，《貞元六書》〔M〕，上海：華東師範大學出版社，1996年，頁321。
〔註37〕 馮友蘭，《貞元六書》〔M〕，上海：華東師範大學出版社，1996年，頁327。

論述的邏輯嚴密性。他對語言的要求甚至達到苛刻的程度，素有「中國的摩爾」之雅稱，徐志摩曾對其評價：「金岳霖先生有這樣一種嗜好，除了吃大西瓜——是撿起一根名詞的頭髮，耐心地拿在手裏給分。他可以暫時不吃飯，但這頭髮絲粗得可厭的，非給它劈分了不得舒服。說明白一點，他是個弄名學的，他為要糾正一般人（或是他自己）思想的鬆懈，他不得不整理表現思想的工具，那就是我們要用的字。但這個功夫太大，他只能選幾個湊手的詞見。一半當作拋棉花球兒的玩藝，拿在手裏給剝去點兒泥，擦去點兒髒，磨去點兒毒，以顯示出它們的本來面目，省得一般粗心人把象牙看作狗骨頭，或是把狗骨頭看作象牙，這點子不弄清楚，知識是不易進步的。……我們真用得著金先生劈頭髮絲一類的工作。」〔註38〕

　　這種注重分析和論證的精神，在他寫作《知識論》的過程中表現得尤為明顯。他不僅對概念和術語做了嚴格的分析、考辨和釐清，更對各種觀點主張進行了多方面、多角度的論證，他緊緊圍繞主題，按部就班、層層推進、條分縷析，最終成就了中國第一部較高水準的知識論著作。據周禮全後來的回憶，金岳霖在西南聯大教學期間，它對知識論的講授時刻應用了細密而又艱苦的邏輯分析，力圖保證思路清晰，語言慎重、分析精準，論證充分。如他在《論道》中提出現實原則時，金岳霖使用的是反證法來進行證明的。如果現實不並行，那麼就會出現三種情況：不並不行、並而不行、行而不並，這三種情況都是悖的。所謂「悖」就是不合乎道的，或者說是不符合邏輯的。假設現實不並不行，那麼所有的能都進入一個可能中而且不會出來，其餘的可能就不會有能，就不可能現實，這不符合現實世界的情況。如果現實並而不行，那麼所有的能分別進入可能之中而不會出來，這樣就不會有運動，「變」的可能永遠不會現實，這也不符合現實世界的情況。如果現實行而不並，那麼所有的能進入一個可能之中，然後又全部出來，再進入另一個可能之中，這樣就只有「先」「後」而無「同時現實」的可能，但「先」和「後」在這種情況下是同時現實的，這就不符合邏輯的要求，所以，金岳霖提出現實不能不並行，不並行就悖，並行就不悖。金岳霖又用同樣的手法證明了現實並行不費。如果現實不並不行，所有的能進入統一可能之中而不出來，那麼就會費「能」。如果現實並而不行，所有的能分別的跑進可能之中而不出來，那麼

〔註38〕王中江、安繼民，《金岳霖學術思想評傳》〔M〕，北京：北京圖書館出版社，1998年，頁276。

一方面沒有空的可能，另一方面也沒現實的輪轉，這樣就會費「可能現實的機會」。如果現實行而不並，那麼所有的能一下子跑到一個可能之中，又同時跑出來，套進另一個可能之中，這不僅費「能」，而且也費「可能現實的機會」，因為當所有的能一下子跑進某某可能之中，只有三個可能會現實：式、現實、某某可能。可能現實的數量如此之少，自然會費可能現實的機會。所以，金岳霖才說現實不能不並行，不並行就會費，並行就不費。

　　總的說來，作為一介書生，雖然他們的學說和主張與政治和社會以及國家政策存在著一定的距離，但是在中國近現代如此特殊的歷史背景下，他們也有敢為民族振興、國家富強、百姓安樂的擔當，以一身傲骨，不避風暴來襲時的苦痛與掙扎，用一生努力促進中國現代化的轉變和新文明的來臨。

## 本章小結

　　近現代中國社會與文化的轉型與復興是以西方邏輯方法為主要武器的，但這並不意味著中國自古就沒有對思維方法的研究。早在先秦時期，許多思想家針對社會體制改變下名實相離相怨的現象進行深刻的反思，逐漸展開對思維自身的審視活動，這都在一定程度上促成了邏輯方法的形成。雖然由於種種複雜原因使這種傾向在中國哲學發展歷程中停滯不前，但正如金岳霖所言：「我們並不需要意識到生物學才具有生物性，意識到物理學才有物理性。中國哲學家沒有發達的邏輯意識，也能輕易自如地安排得合乎邏輯；他們的哲學雖然缺少發達的邏輯意識，也能建立在已往取得的認識上。」〔註39〕本章一方面在中國文化歷史中尋找中國具有自身特質的邏輯方法，另一方面彰顯三位哲學家的思想在中國文化的現代化轉型中所做的貢獻。他們不僅引進和運用西方系統化、科學化的邏輯方法，而且用其將中國傳統文化內部可以轉換的資源重新挖掘出來，並賦予它們以現代意蘊。不僅要用邏輯方法使中國社會和文化與世界接軌，而且要用邏輯方法傳承中國文化中普適性的價值與精神。

---

〔註39〕金岳霖，《道、自然與人》〔M〕，北京：三聯書店，2005年，頁52。

# 結語：邏輯方法與形而上學

　　黑格爾曾經說過「哲學就是它的歷史」，哲學每個階段的問題意識都是它現實狀況的表現，都可以從它的發展歷程中突顯出來。中國哲學的近現代是一個張揚科學和方法的時代，是一個倉促走向哲學世界化的時代。在此時中國哲學抓住了邏輯方法這個武器，在通往世界化、現代化的道路上披荊斬棘，同時也在大刀闊斧地修剪著自己，不斷適應急促變化的格局。甚至在很多中國哲學家眼中，邏輯方法不僅是防身利器，一技之長，更由技而近乎道，變成了一種形而上的存在，這在我論文所展開的三位哲學家思想中可見端倪。因此，用邏輯方法構造哲學不僅是中國哲學近現代的歷史，同時也是中國哲學近現代的特徵。

　　三位哲學家運用邏輯方法搭起了中國哲學現代化的理論架構，揭示、澄清含糊的概念，彌補缺乏合理論證的言說方式，深刻彰顯了哲學精神的內在意蘊，為中國哲學能夠切實的與西方哲學實現對話和交流搭建了最基本的平臺。但是在論述他們思想的過程中，給我留下更深印象的就是邏輯方法與形而上學的關係。為什麼馮友蘭、金岳霖不滿足於對日常生活的具體分析和對確定知識的真切把握，而非要建構形而上學？為什麼他們用邏輯方法建構的形而上學體系總是讓人覺得有瑕疵？帶著這樣的問題意識，我進行了論文的研究和寫作過程，在這個過程中，許多凌亂的思緒愈加理清，許多困擾的問題日益明朗，許多的觀點也逐漸明確。因此，在結語部分我試圖對其作出也許還不成熟的回答。

　　哲學是什麼？這是一個看似簡單卻又非常複雜的問題，因此，對於這一

問題僅憑我淺薄的學識是無法回答的，但是不管我們從哪種維度展開這一追問，形而上學之維都應該是一個非常重要的方面。正如馮友蘭對形而上學的理解，它始終是哲學中最哲學的、最能反映其性質的部分。哲學通過形而上學展現其探究世界和反思自身智慧之思的特質，是人類特有的精神表達，它在一定程度上表現了人自身的矛盾與分裂。人作為自然的產物，總是要在自然進化的道路中徐徐展開，它被自然的歷史決定著而身不由己，我們不知從何處來，更不知到何處去，在面對陌生而不斷變化的世界，人類始終潛伏著一種恐懼和憂慮的深層心理。但人不僅僅是自然的產物，還是自身精神力量的自我呈現。這種心理使人類一方面對未知力量無限崇拜，另一方面對自身思維進行無限提升，認為這種未知力量是支配現實世界超時空的恒常性，而人類自身思維也可以擺脫現實束縛，表現出超時空的特性。這種特性的契合使人們形成了一種猜想，我們能不能通過思維衝破時空把握此種恒常性，並以此使人類擺脫被命運擺佈的無奈感。這一思索成為對哲學形而上的最初定位，哲學以此為指明燈踏上漫長征途，而對那種恒常性存在的追索也構成了哲學曠日持久的爭論。

然而，形而上學並不單純探討實在是什麼，宇宙是什麼，它的最終目的是要給每個人在宇宙中進行定位，確定人特定的精神天地和境界，並用這樣的理念去指導人的現實行動，體現人的生存價值。所以形而上學雖然考察世界，思索存在，然而作為形而上學研究對象，存在並不僅僅表現為一種抽象的、普遍的特點，人類以自我息息相關的方式表現著世界、存在的具體性和特質性。因此，形而上學是要用一種應然的表現形式提供一個我們理想的世界格局，時刻提醒著我們生命呈現的特質，即世界對我們來說，永遠是一種正在進行時，並且也永遠是未完成時。我們以這種認識作為內在尺度評判現實生活的價值和意義，塑造我們的主體品格，我們以此為行動導向展開現實生活的行動與實踐，提升我們的精神境界，正如馮友蘭、金岳霖所言它是我們精神的安身立命之所。這對於當今忙碌於塵世具體生活，承受著都市喧囂和工作壓力的我們，面向自身，面向內心，重新撿拾起遺失已久的境界和心情，重新踏上精神家園的歸途都是非常重要的。

如果說哲學需要形而上學，我們的生活也需要形而上學，那麼我們是否能夠建立和言說形而上學？這是中國近現代的研究意識，也同樣是我們需要探索的問題。雖然我們需要形而上學，但是作為個體人的形而上學應該如何

建立呢？形而上學在經驗與超驗之間來回遊走的特點制約了它的展開方式，尤其近現代對科學知識和方法的極度崇拜使其慢慢滲透到哲學領域，哲學從內在到外在，從形式到內容都進行著科學式的革命。哲學性質發生了根本性的改變，哲學也要同科學一樣具有確定性和可證實性，與此同時形而上學在邏輯與語言的尺度下面臨種種詰難，是用邏輯方法將形而上學逐出哲學家園，還是用它重新確定新的形而上學？胡適選擇了前者，而馮友蘭、金岳霖選擇了後者。如果將形而上學驅逐出去，哲學的精神和人類的靈魂就會四處流浪，哲學的家園就會荒蕪，它存在的價值就會喪失。可是用邏輯方法重建形而上學，卻又使我們陷入困境，因為歷史告訴我們，不管是什麼樣的形而上學，是以人自身的精神為最高統帥的形而上學還是以自然、規律、邏輯為最高權威的形而上學都無法完全的符合邏輯性，都無法逃脫被解構的命運。原因在於思維自身的矛盾性。思維既有邏輯的一面，也有非邏輯的一面，既有理性的一面，也有非理性的一面，既有超越性的一面，也有限性的一面，這樣的思維使人穩穩占居萬物之靈的位置，時刻保持了高貴性和優越性，但也正是這樣的思維也經常使人由高高在上而跌入萬丈深淵，人們經常為一些看似近在咫尺而實則遙不可及的某種信念所左右，為此而備受折磨。

這種思維自身分裂和矛盾也表現在形而上學的哲學探討中。在建構形而上學的哲學家心中，總有一個堅定的信念，就是充足理由律。他們認為，我們現存的世界之所以如此這般存在總是有原因的，正如黑格爾所言：「存在的都是合理的」。基於這個信念，哲學家們不斷的以結果為起點向前回溯，這是在探究形而上學過程中的思維軌跡，但是在構建或證明形而上學體系時，哲學家們往往採用兩種截然相反的言說手段：一種是循著探究本體的思維軌跡而展開，但是這必然會因涉及到如何從經驗到超驗，從個別到一般，從具體到抽象的必然性的過渡問題，由於思維的有限性使人們經常因此而碰壁。馮友蘭就是採用此種言說手段，最後也只能將這個燙山芋從「正的方法」甩手於「負的方法」。另一種是將構建形而上學體系與探索形而上學分開，不是從結果回溯原因，而是採用直接從原因描述到結果。金岳霖就是採用這種方式，但是此種方法的缺點就是把有待證明的形而上信念直接當做推理的大前提，並用結論的真實性掩蓋前提的假定性，造成了人們對前提真實性的一種錯覺。這是有違邏輯精神的，邏輯方法只保證推理形式之真，而並不以推理形式之真來證明命題內容之實。

　　因此，整個形而上學不斷建構又不斷被解構的歷史告訴我們，邏輯方法雖然是形而上學中必不可少的工具，但它卻不是唯一的，它無法徹底保證形而上學的合目的性和合規範性。而且對邏輯方法的過於執著，往往會使我們主動忘卻了形而上學的本眞性。

　　那麼到底應該如何看待形而上學？筆者認爲作爲思維產物的形而上學，總是表現爲一種自在和自爲的性質，對於我們而言，它就是個體內在邏輯和生存方式的自我展現。維特根斯坦曾說：「我的語言的界限意味著我的世界的界限。」〔註1〕在這個意義上，它不需要以共識性爲基礎，它只是與個人相關，並通過其特質性表現人的本性，並且只在個體實踐中實現著它的價值。因此，形而上學只能向個人生成，任何邏輯方法都不能證明它存在，同樣也不能證明它不存在。它對於個人而言就是一種承諾，一種信仰，所以，形而上學的觀點無需外在的材料來證明它的眞假實虛與否，它也無需發揮爲他人構造某種生活信仰的功能和作用。「哲學只有面向人類自身時才眞正是古典意義的和現代意義的形而上學。」〔註2〕

　　如此說並不是對形而上學歷史價值的一種抹殺。如果我們把這些哲學家對形而上學的追尋僅看做是他們個體生命的自我展示，那麼無論像胡適那樣採用迴避形而上學的問題，直接正視現實經驗生活，踏踏實實的以一種科學的態度和方法事無鉅細的解決各種社會紛爭，在現實生活中不斷展開人的本質，在眞實的實踐活動中確定形而上的信念，或者像馮友蘭、金岳霖那樣帶著宗教者的狂熱，堅定的相信現存世界如此流變必然具有其本原性的根基，而把對這種庸庸碌碌於現實生活的人們所無法察覺之最高邏輯的窺探看作是更高境界之人的榮譽，進行著艱苦而又幸福的跋涉，這些對於他們個人而言都是有價值的。形而上與形而上學正如金岳霖所理解的邏輯與邏輯系統的關係一樣，是一與多、絕對與相對、實質與形式的關係。每個人對形而上的理解都是其異質性的一種表現，也是人自身存在的一種權利。他們的形而上學也許無法確實地反映形而上，也許僅能對其有一種局部或初步的認識，但是只要它們能夠切實、積極的指導其人生，它就有存在的合理性。「眞正的哲學

---

〔註1〕　〔奧〕維特根斯坦，《邏輯哲學論》〔M〕，張英譯，北京：商務印書館，1985年，頁79。

〔註2〕　季國清，《在形而上與形而下的臨界點上》〔M〕，哈爾濱：黑龍江人民出版社，2006年，頁61。

氛圍就是一種平面化的遊戲場域。它的規則就是什麼都行，誰都行，但要用自我相關的方式思索人類和世界。」〔註3〕

　　也許我對這個問題的理解，可能會讓人誤會形而上學不需要邏輯方法，為了避免這一誤會，我仍要說明一個問題：如何看待形而上學中邏輯與非邏輯、理性與非理性的關係？形而上學作為一種「學」它必然表現為一種確定性和邏輯性，因此，它不可能離開邏輯方法，反而這種信仰和承諾的獲得時刻需要邏輯方法的支持。但是形而上學探討人與世界的關係並不是為了確定認識與被認識的關係，也不是為了達到征服與被征服的目的，而是要在探討的過程中，達到人與世界的和諧。這是一個不斷展開的生命歷程，雖然任何一種形而上學都無法真正解決這個問題，但是不能解決並不表示不能思考。每個人都可以用形而上學的思維方式去展現他的生命價值，去切身體驗一種世界整體流動的生命之神奇和美妙。在這個過程中邏輯方法不會是一種累贅，但也不會是一種唯一的方法。在人的思維中，邏輯與非邏輯，理性與非理性從來就沒有明確的界限，將二者進行對立是人類本性中的一種偏執，只要有思想，邏輯方法與非邏輯方法、理性與非理性就必然交織在一起。因此，單純以一種邏輯方法對形而上學進行言說，是對非理性、非邏輯的背叛，而它的不成功恰恰是對邏輯方法限制性的一種印證。馮友蘭形而上學中的寶貴之處在於看到了兩種方法互補相輔的性質，但卻錯誤的認為兩種方法是兩個階段的互相補充。即使在「負的方法」的最高境界中之「無語」也並不是原始的愚昧與無知，而是時刻滲透對邏輯的超越，彰顯對理性的昇華。

　　總的說來，在形而上學的探索中，邏輯與非邏輯、理性與非理性之間始終保持一種奇妙的關係，亦敵亦友。理性保證了其內在結構和探索過程中的秩序性和邏輯性，但卻無法跨進最終恒真的領域，非理性實現我們剎那或常駐終極之境的目標，但其自身也具有一定的危害性。我們還必須用理性加以制約，將它們限制在個體之中，一旦它們膨脹為整體性的東西，它們就會形成摧毀異己的可怕力量，很多現在看起來非常盲目、愚昧的行為都見證著不受限制的非理性的危害。因此，我們必須準確、恰當的把握理性與非理性之間的張力，而這種張力的把握只能在我們具體而又複雜的生活中、實踐中才能深切體會，實踐既是二者廝殺較量的戰場，同時也是彌合二者衝突最理想

---

〔註3〕 季國清，《在形而上與形而下的臨界點上·序》〔M〕，哈爾濱：黑龍江人民出版社，2006年，頁7。

的場所，正如中國哲學的精神「極高明而道中庸」，只有實踐才是高明的最高體現，也只有實踐才能眞正填埋邏輯與非邏輯、理性與非理性之間的鴻溝。

本書雖然以三位哲學家的邏輯方法爲主線索，但是其由衷探討的卻是哲學到底需不需要形而上學，或者更準確的說，從事哲學研究者需不需要形而上學的問題。也許筆者作爲一位中國哲學的研究者，對源自於西方哲學中的形而上學之本身含義已經忘卻，甚至可能從未涉及，因此，不免受到對中國哲學的熱愛和感情的遮蔽。可能對於西方哲學而言，這個問題已經不再是問題，但是愚鈍的我卻仍然時時刻刻受其所困，既不甘心賦予個人生存價值和情感寄託的形而上學被哲學遺棄的悲慘命運，又無法挽救其於水火之中。也許正如法國哲學家阿爾都塞所言：所有學科泄露秘密的都是結論，唯獨哲學泄露秘密的是問題。〔註4〕因此，筆者雖有得此答案的願望，但由於學識有限，收穫甚微，只能以此投石問路，希望能夠通過這篇論文作爲自己哲學研究道路的起點，並在以後的研究中給自己提供不懈努力的動力支持。

---

〔註 4〕 季國清，《在形而上與形而下的臨界點上‧序》〔M〕，哈爾濱：黑龍江人民出版社，2006 年，頁 7。

# 參考文獻

## 一、著作類

1. 胡適,《胡適文存》〔M〕,合肥：黃山書社,1996 年。
2. 葛懋春、李興芝,《胡適哲學思想資料選》〔M〕,上海：華東師範大學出版社,1981 年。
3. 胡適口述,《胡適口述自傳》〔M〕,唐德剛譯注,桂林：廣西師範大學出版社,2008 年。
4. 胡適,《先秦名學史》〔M〕,合肥：安徽教育出版社,1999 年。
5. 胡適,《中國哲學史大綱》〔M〕,上海：上海古籍出版社,2000 年。
6. 胡適,《戴東原的哲學》〔M〕,合肥：安徽教育出版社,1999 年。
7. 胡適,《中國古代哲學史》〔M〕,合肥：安徽教育出版社,1999 年。
8. 胡適,《胡適論學近著》〔M〕,濟南：山東人民出版社,1998 年。
9. 胡適,《胡適的聲音——1919～1960：胡適演講集》〔M〕,桂林：廣西師範大學出版社,2005 年。
10. 胡適,《四十自述》〔M〕,海口：海南出版社,1997 年。
11. 馮友蘭,《三松堂全集》〔M〕,鄭州：河南人民出版社,1986 年。
12. 馮友蘭,《三松堂學術文集》〔M〕,北京：北京大學出版社,1984 年。
13. 馮友蘭,《三松堂自序》〔M〕,北京：人民出版社,2008 年。
14. 馮友蘭,《貞元六書》〔M〕,上海：華東師範大學出版社,1996。
15. 馮友蘭,《中國哲學史》〔M〕,上海：華東師範大學出版社,2003 年。
16. 馮友蘭,《中國現代哲學史》〔M〕,廣州：廣東人民出版社,1999 年。
17. 馮友蘭,《中國哲學簡史》〔M〕,北京：北京大學出版社,2001 年。

18. 馮友蘭，《中國哲學史新編》〔M〕，北京：人民出版社，2001 年。

19. 金岳霖，《邏輯》〔M〕，北京：中國人民大學出版社，2005 年。

20. 金岳霖，《論道》〔M〕，北京：中國人民大學出版社，2005 年。

21. 金岳霖，《知識論》〔M〕，北京：商務印書館，2000 年。

22. 金岳霖，《道、自然與人》〔M〕，北京：三聯書店，2005 年。

23. 金岳霖，《金岳霖集》〔M〕，北京：中國社會科學出版社，2001 年。

24. 亞里士多德，《工具論》〔M〕，余紀元等譯，北京：中國人民大學出版社，2003 年。

25. 亞里士多德，《形而上學》〔M〕，李眞譯，上海：上海世紀出版集團，2006 年。

26. 蔡元培，《蔡元培全集》〔M〕，高平叔編，北京：中華書局，1984 年。

27. 柴文華、陳紅，《中國哲學的現代化研究》〔M〕，哈爾濱：黑龍江教育出版社，2002 年。

28. 柴文華，《現代新儒家文化觀研究》〔M〕，北京：三聯書店，2004 年。

29. 陳波、韓林合主編，《邏輯與哲學——分析哲學經典文選》〔M〕，北京：東方出版社，2005 年。

30. 陳來，《現代中國哲學的追尋》〔M〕，北京：人民出版社，2001 年。

31. 陳戰國，《馮友蘭哲學思想研究》〔M〕，北京：北京大學出版社，1999 年。

32. 鄧曉芒，《黑格爾辯證法講演錄》〔M〕，北京：北京大學出版社，2005 年。

33. 鄧曉芒，《康德哲學講演錄》〔M〕，桂林：廣西師範大學出版社，2006 年。

34. 貢華南，《知識與存在——對中國近現代知識論的存在論考察》〔M〕，上海：學林出版社，2004 年。

35. 顧頡剛，《古史辨》〔M〕，上海：上海古籍出版社，1982 年。

36. 郭橋，《邏輯與文化——中國近代時期西方邏輯傳播研究》〔M〕，北京：人民出版社，2006 年。

37. 郭淑新，《胡適與中國傳統哲學的現代轉換》〔M〕，合肥：安徽人民出版社，2006 年。

38. 郭湛波，《近五十年中國思想史》〔M〕，濟南：山東人民出版社，2002 年。

39. 赫胥黎，《天演論》〔M〕，嚴復譯，北京：科學出版社，1971 年。

40. 洪謙，《維也納學派哲學》〔M〕，北京：商務印書館，1989 年。

41. 洪謙，《論邏輯經驗主義》〔M〕，北京：商務印書館，2005 年。

42. 胡軍主編，《反思與境界》〔M〕，北京：北京大學出版社，2008 年。

43. 胡軍，《道與真——金岳霖哲學思想研究》〔M〕，北京：人民出版社，2002 年。

44. 胡軍，《分析哲學在中國》〔M〕，北京：首都師範大學出版社，2002 年。

45. 胡明，《胡適思想與中國文化》〔M〕，桂林：廣西師範大學出版社，2005 年。

46. 胡頌平，《胡適之先生年譜長編初稿》〔M〕，臺北：聯經出版公司，1984 年。

47. 胡偉希，《知識、邏輯與價值——中國新實在論思潮的興起》〔M〕，北京：清華大學出版社，2002 年。

48. 胡偉希，《金岳霖與中國實證主義認識論》〔M〕，上海：上海人民出版社，1988 年。

49. 胡偉希，《金岳霖哲學思想》〔M〕，武漢：湖北人民出版社，1994 年。

50. 季國清，《在形而上與形而下的臨界點上》〔M〕，哈爾濱：黑龍江人民出版社，2006 年。

51. 金春峰，《馮友蘭哲學生命歷程》〔M〕，北京：中國言實出版社，2004 年。

52. 景海峰，《新儒學與二十世紀中國思想》〔M〕，鄭州：中州古籍出版社，2005 年。

53. 李敖，《胡適評傳》〔M〕，北京：中國友誼出版公司，2001 年。

54. 李維武，《二十世紀中國哲學本體論問題》〔M〕，長沙：湖南教育出版社，1991 年。

55. 梁啓超，《歐遊心影錄新大陸遊記》〔M〕，北京：東方出版社，2006 年。

56. 梁啓超，《論中國學術思想變遷之大勢》〔M〕，上海：上海古籍出版社，2001 年。

57. 劉簡，《中文古籍整理分類研究》〔M〕，臺北：文史哲出版社，1981 年。

58. 劉培育主編，《回憶金岳霖與金岳霖的回憶》〔M〕，成都：四川教育出版社，1995 年。

59. 陸傑榮，《形而上學與境界》〔M〕，北京：中國社會科學出版社，2006 年。

60. 茅冥家，《還原馮友蘭》〔M〕，香港：天馬出版有限公司，2004 年。

61. 穆勒，《穆勒名學》〔M〕，嚴復譯，北京：商務印書館，1981 年。

62. 歐陽哲生，《容忍比自由更重要——胡適與他的論敵》〔M〕，北京：時事出版社，1999 年。

63. 歐陽哲生，《歐陽哲生講胡適》〔M〕，北京：北京大學出版社，2008 年。

64. 單純，《舊學新統──馮友蘭哲學思想通論》〔M〕，成都：四川大學出版社，2005 年。

65. 沈有鼎，《墨經的邏輯學》〔M〕，北京：中國社會科學出版社，1982 年。

66. 宋志明、梅良勇，《馮友蘭學術思想評傳》〔M〕，北京：北京圖書館出版社，1999 年。

67. 宋志明、孫小金，《20 世紀中國實證哲學研究》〔M〕，北京：中國人民大學出版社，2002 年。

68. 唐德剛，《胡適雜憶》〔M〕，桂林：廣西師範大學出版社，2005 年。

69. 涂紀亮，《從古典實用主義到新實用主義──實用主義基本觀念的演變》〔M〕，北京：人民出版社，2006 年。

70. 王國維，《王國維文集》〔M〕，北京：中國文史出版社，1997 年。

71. 王路，《「是」與「真」──形而上學的基石》〔M〕，北京：人民出版社，2003 年。

72. 王路，《邏輯與哲學》〔M〕，北京：人民出版社，2007 年。

73. 王中江、安繼民，《金岳霖學術思想評》傳〔M〕，北京：北京圖書館出版社，1998 年。

74. 王中江，《理性與浪漫──金岳霖的生活及其哲學》〔M〕，鄭州：河南人民出版社，1993 年。

75. 溫公頤、崔清田主編，《中國邏輯史教程》〔M〕，天津：南開大學出版社，2001 年。

76. 聞繼寧，《胡適之的哲學》〔M〕，上海：上海三聯書店，2005 年。

77. 楊國榮，《從嚴復到金岳霖》〔M〕，北京：高等教育出版社，1996 年。

78. 楊國榮，《科學的形上之維──中國近代科學主義的形成與衍化》〔M〕，上海：上海人民出版社，1999 年。

79. 楊國榮，《存在之維──後形而上學時代的形上學》〔M〕，北京：人民出版社，2005 年。

80. 耶芳斯，《名學淺說》〔M〕，嚴復譯，北京：商務印書館，1981 年。

81. 俞吾金，《杜威實用主義與現代哲學》〔M〕，北京：人民出版社，2007 年。

82. 郁振華，《形上的智慧如何可能──中國現代哲學的沉思》〔M〕，上海：華東師範大學出版社，2000 年。

83. 趙中立、許良英編譯，《紀念愛因斯坦譯文集》〔M〕，上海：上海科學技術出版社，1979 年。

84. 張東蓀，《科學與哲學》〔M〕，北京：商務印書館，2003 年。

85. 張君勱等，《科學與人生觀》〔M〕，瀋陽：遼寧教育出版社，1998 年。

86. 張茂澤，《金岳霖邏輯哲學述評》〔M〕，西安：陝西人民出版社，2003 年。

87. 張汝倫，《現代西方哲學十五講》〔M〕，北京：北京大學出版社，2006 年。

88. 張錫勤，《中國近代思想文化史稿》〔M〕，哈爾濱：黑龍江教育出版社，2004 年。

89. 鄭家棟、陳鵬主編，《解析馮友蘭》〔M〕，北京：社會科學文獻出版社，2002 年。

90. 鄭家棟，《當代新儒學史論》〔M〕，南寧：廣西教育出版社，1997 年。

91. 中國社會科學院哲學研究所，《金岳霖學術思想研究》〔M〕，成都：四川人民出版社，1987 年。

92. 周明之，《胡適與中國現代知識分子的選擇》〔M〕，桂林：廣西師範大學出版社，2005 年。

93. 〔美〕余英時，《重尋胡適歷程：胡適生平與思想再認識》〔M〕，桂林：廣西師範大學出版社，2004 年。

94. 〔美〕余英時，《現代危機與思想人物》〔M〕，北京：三聯書店，2005 年。

95. 〔美〕郭穎頤，《中國現代思想中的唯科學主義》〔M〕，南京：江蘇人民出版社，2005 年。

96. 〔英〕休謨，《人性論》〔M〕，張暉譯，北京：北京印書館，2007 年。

97. 〔美〕詹姆士，《詹姆士集》〔M〕，萬俊人、陳亞軍編選，上海：上海遠東出版社，1997 年。

98. 〔美〕詹姆斯，《實用主義》〔M〕，陳羽綸、孫瑞禾譯，北京：商務印書館，1997 年。

99. 〔美〕杜威，《哲學的改造》〔M〕，胡適等譯，合肥：安徽教育出版社，2006 年。

100. 〔英〕羅素，《我們關於外間世界的知識》〔M〕，陳啓偉譯，上海：上海譯文出版社，2006 年。

101. 〔英〕羅素，《邏輯與知識》〔M〕，苑莉均譯，北京：商務印書館，1996 年。

102. 〔英〕羅素，《我的哲學的發展》〔M〕，溫錫增譯，北京：商務印書館，2001 年。

103. 〔奧〕維特根斯坦，《邏輯哲學論》〔M〕，張英譯，北京：商務印書館，1985 年。

104. 〔美〕蒯因,《從邏輯的觀點看》〔M〕,江天驥等譯,上海:上海譯文出版社,1987 年。

105. 〔英〕布萊恩·麥基編,《思想家》〔M〕,周穗明、翁寒松譯,北京:三聯書店,2004 年。

106. 〔奧〕克拉夫特,《維也納學派——新實證主義的起源》〔M〕,李步樓、陳維杭譯,北京:商務印書館,1999 年。

## 二、論文類

1. 柴文華,〈論胡適的人倫學說〉〔J〕,中國哲學史,2001 年 2 月。

2. 陳波,〈金岳霖的《知識論》〉〔J〕,江海學刊,2001 年 3 月。

3. 陳來,〈中國哲學的近代化與民族化——從馮友蘭的哲學觀念說起〉〔J〕,學術月刊,2002 年 1 月。

4. 陳曉龍,〈在知識與智慧之間——金岳霖哲學的歷史意蘊〉〔J〕,中國哲學史,1996 年 4 月。

5. 陳衛平,〈《中國哲學史》研究的學科自覺——從胡適到馮友蘭〉〔J〕,中國哲學史,2003 年 2 月。

6. 程相占,〈馮友蘭人生境界論的審美維度〉〔J〕,孔子研究,2004 年 5 月。

7. 方克立,〈全面評價馮友蘭〉〔J〕,哲學研究,1997 年 12 月。

8. 郭橋,〈邏輯理性的融入——近代西方邏輯傳播對馮友蘭哲學的影響〉〔J〕,中國哲學史,2003 年 2 月。

9. 胡軍,〈「以哲學代宗教」——馮友蘭哲學觀管窺〉〔J〕,中州學刊,2003 年 4 月。

10. 胡軍,〈反思·方法·境界——馮友蘭哲學觀探微〉〔J〕,學術界,2002 年 1 月。

11. 胡軍,〈中國哲學的現代化與金岳霖的《知識論》〉〔J〕,理論探討,1994 年 3 月。

12. 黃仕軍、王忠春,〈胡適的「科學方法論」思想與中國傳統治學方法〉〔J〕,文史哲,2000 年 4 月。

13. 景海峰,〈「哲學」東來與「中國哲學」〉〔J〕,中國哲學史,2004 年 3 月。

14. 李翔海,〈中國文化現代化歷程的哲學省思〉〔J〕,中國社會科學,2002 年 6 月。

15. 李翔海,〈五四新文化運動與民族文化傳統關係問題再探討——以 20 世紀儒家思想的新開展爲例〉〔J〕,教學與研究,2003 年 10 月。

16. 李維武,〈馮友蘭新理學與維也納學派〉〔J〕,現代哲學,1990 年 4 月。

17. 寧莉娜，〈論金岳霖邏輯方法的跨界性特徵〉〔J〕，哲學研究，2006 年 1 月。

18. 寧莉娜，〈中國近代文化革新視域中的西方邏輯方法〉〔J〕，求是學刊，2006 年 6 月。

19. 歐陽哲生，〈《中國現代哲學史》上的胡適〉〔J〕，學術界，2006 年 1 月。

20. 潘衛平，〈金岳霖問題與馮友蘭問題——關於中國哲學的合法性討論的探討〉〔J〕，北方論叢，2004 年 5 月。

21. 喬清舉，〈金岳霖前期哲學體系縱論〉〔J〕，哲學研究，1999 年 3 月。

22. 喬清舉，〈無極而太極——論金岳霖對儒家哲學的發展〉〔J〕，孔子研究，1999 年 2 月。

23. 任繼愈，〈二十一世紀的中國哲學〉〔J〕，中國哲學史，2001 年 1 月。

24. 石元鎬，〈胡適自由觀的特徵與演變〉〔J〕，中國哲學史，2004 年 4 月。

25. 宋志明，〈胡適的儒學觀〉〔J〕，天中學刊，2000 年 2 月。

26. 宋志明，〈胡適的實在觀與方法論〉〔J〕，中國礦業大學學報（社會科學版），2003 年 2 月。

27. 唐曉嘉，〈從《論道》看金岳霖的經驗主義哲學思想〉〔J〕，哲學研究，1998 年 11 月。

28. 田文軍，〈馮友蘭的「生活方法新論」〉〔J〕，中州學刊，1997 年 5 月。

29. 夏英林，〈胡適、杜威認識論思想模式比較〉〔J〕，現代哲學，2004 年 1 月。

30. 楊國榮，〈玄學本體論的邏輯構造——論金岳霖早期的哲學思想〉〔J〕，社會科學輯刊，1994 年 1 月。

31. 楊國榮，〈存在與方法〉〔J〕，中國社會科學，2003 年 5 月。

32. 俞宣孟，〈移花接木難成活——評金岳霖的《論道》〉〔J〕，學術月刊，2005 年 9 月。

33. 郁振華，〈邏輯分析法及其限度——清華學派的哲學方法論〉〔J〕，學術月刊，1997 年 11 月。

34. 〔日〕中島隆博，〈「中國哲學史」的譜系學——杜威發生學方法與胡適〉〔J〕，龔穎譯，中國哲學史，2004 年 3 月。

# 致　謝

　　論文寫完之際，在我心裏面是五味雜陳，既有即將畢業的喜悅，又有對論文研究的忐忑與不安。剛剛考上博士研究生之時，導師們對我的淳淳指導和告誡仍然歷歷在目。他們讓我知道成爲一名博士研究生僅僅是學習和研究的開始，在四年的求學過程中，一定要充分利用和合理安排學習時間，如此才能提交一份滿意的畢業答卷。但當時我正處於無比興奮、激動的狀態，始終無法眞正體會導師們的語重心長，直至開始撰寫論文時，才眞正認識到論文的成果需要有堅實的基礎，需要平時不懈的努力。書到用時方恨少，我自知學識淺陋，對於這個跨學科的課題，始終覺得把握得不夠深刻，有些見解也許還稍顯稚嫩和粗淺。因此希望論文能夠得到專家的教誨和指正，我也會在今後的學習和工作中繼續努力！

　　在學習和寫作論文期間，我得到了身邊許多老師、親人、朋友、同事的幫助。首先，我要對我的導師柴文華教授致以深深的謝意，千言萬語都無法表達我的感激之情。柴文華師是一位在生活中豁達感悟生命眞諦，在工作中嚴格履行教誨職責的人。我何其有幸能夠成爲他的學生！對於愚鈍的我，柴文華師給予了極大的耐性和寬容，從論文的選題到框架的設計，從論文寫做到修改定稿，我在攻讀博士期間的所有進步和成果，都浸透著老師的心血。因此，相對於老師所寄予的期望和所付出的努力而言，我在論文寫作過程中遇到的阻礙和辛苦都是微不足道的。也許這篇論文不足以回報老師的恩情、不足以達到老師的期許，惟有望在今後的學習和工作中繼續跋涉和求索。

　　同時感謝張錫勤老師，在我爲今後工作道路迷茫之時，及時地指引了我前行的道路，端正了我學習的態度，他以其高尚的人格和淵博的學識感染著

我，在張老師面前，我更相信純淨的精神境界可以使人擁有整個世界。

感謝樊志輝、魏義霞、關鍵英等教授，他們創造一切便利條件，給予無私的幫助和指導，使我在學院這個大家庭中能夠愉快的學習和工作。

感謝將我帶入邏輯學道路的寧莉娜教授，她以老師般的嚴格、長輩般的呵護、朋友般的無間促進了我的成長。還要感謝我身邊的師長、同事和朋友，在我論文構思和寫作過程中所給予的幫助和鼓勵。

更要感謝我的父母和姐姐，無法長期陪伴在父母身邊盡孝，將無數的重擔託付給姐姐，作為子女和妹妹而言，都是非常痛苦的。每到夜深人靜之時、每到年終歲末之時，對親人的思念和牽掛總是讓我倍覺神傷，古詩有云：「慈母手中線，游子身上衣，臨時密密縫，意恐遲遲歸，誰言寸草心，報得三春暉。」因此，電話裏親人的輕聲呵護和關懷，都化作我繼續前行的動力。

也感謝我的丈夫，作為我的愛人和戰友，能夠與我相互扶携，並肩作戰，更在我焦慮和煩躁之時，付出了極大的寬容和愛心。

總之，我所取得的點滴進步，都離不開身邊每一個人的幫助，有太多的感動無法言明，僅有再次向他們表達我最誠摯的謝意！

徐復觀先生〈王充論考〉評析

馮曉馨　著

## 作者簡介

　　馮曉馨，台灣澎湖人。中國文化大學哲學研究所博士。

　　現任教於台南中華醫事科技大學通識教育中心，教授人生哲學、專業倫理與國文課程。並曾獲教育部顧問室優質通識教育國文課程計劃補助，與南區教學資源中心全分享課程補助。

## 提　　要

　　王充是中國思想史上相當奇特的人物，雖處於讖緯、鬼神迷信之風充斥，以及君權神授，天人感應之說大盛的時代，卻以「冀悟迷惑之心，使知虛實之分」（〈對作〉）為己任，並「詮輕重之言，立真偽之平」（同上），高舉「疾虛妄」（〈佚文〉）的旗幟，寫出了素有美文之稱且充滿著批評精神的不朽鉅作——《論衡》。

　　《論衡》全書旨在對當時社會各種不合理的現象，包括對人格天、鬼神的迷信與禁忌，將自然界的各種現象強加比附、解釋的謬說，以及對古聖先賢盲目地推崇，和過度地厚古薄今等都逐一予以抨擊，可說是直接向當時社會挑戰的作品。如此一部鉅著，在中國哲學史上的褒貶毀譽懸殊，爭議頗多。

　　徐復觀先生是我國近代哲學史上的重要人物，其於學術方面的造詣與貢獻已有定論，所撰寫的〈王充論考〉更向為士林所重，歷來研究王充者，鮮少不以此文作為參研的對象。本文除表現徐氏對王充思想資料的嫻熟，更顯現其敏銳的洞察力、嚴謹的治學精神、對道德倫理的執著，及對歷史文化之傳承與延續的關注。儘管如此，〈王充論考〉文中對於王充的析論尚有欠周延、不完整，及明顯曲解之處，這實為一大弔詭，確有探究和辨析的必要。是以作者試圖以客觀而嚴密的哲學批評方法評析之。冀望能還王充思想一個原貌，並重新確定其在思想史上的地位與價值，並評析徐氏之學術精神、治學方法和生命風範，進而探索他曲解王充的緣由為何？期作為喜研徐氏思想者之參考。

# 第一章　前　言

　　王充是中國思想史上相當奇特的人物，他生活在東漢前期，先後經歷了光武、明、章、和帝四朝，雖處於讖緯、鬼神迷信之風充斥，以及君權神授，天人感應之說大盛的時代，卻「心憒涌，筆手擾」〔註1〕，以「冀悟迷惑之心，使知虛實之分」（〈對作〉）爲己任，並「詮輕重之言，立眞僞之平」（同上），高舉「疾虛妄」（〈佚文〉）的旗幟，寫出了素有美文之稱且充滿著批評精神的不朽鉅作──《論衡》。

　　《論衡》共八十五篇，二十餘萬言，凝結了王充畢生的心血，旨在對當時社會各種不合理的現象，包括對人格天、鬼神的迷信與禁忌，將自然界的各種現象強加比附、解釋的謬說，以及對古聖先賢盲目地推崇，和過度地厚古薄今等都逐一予以抨擊，可說是一部直接向當時社會挑戰的作品。然而，如此一部不朽的鉅著，在中國哲學史上，褒貶毀譽卻十分懸殊，因此爭議頗多〔註2〕，

---

〔註1〕黃暉撰，《論衡校釋》，全四冊，（北京：中華書局，西元 1990 年 2 月第 1 版第 1 刷），冊四，卷第 29，〈對作〉，頁 1183。本論文引用《論衡》的文字，皆以此版本爲準，只加篇名，不另加註。

〔註2〕蔣祖怡著，《王充卷》，（河南：中州書畫社，西元 1983 年 10 月第 1 版第 1 刷），以近三十萬字的篇幅，整理出歷來學界關於王充及其《論衡》爭論最多的問題──包括王充著述的問題、《論衡》篇數的問題，以及王充思想評價的問題。

　　又徐道鄰著，〈王充論〉，收錄於項維新、劉福增編，《中國哲學思想論集》，冊三，牟宗三等著，兩漢魏晉隋唐篇，（臺北市：水牛圖書出版事業有限公司，西元 1992 年 5 月 25 日再版 2 刷），頁 173～175。亦根據劉盼遂之《論衡集解》，羅列出歷代學者對《論衡》的批評。

　　王充之思想，歷來在中國學界引起的討論，向有如〈四庫全書總目提要〉中所述，「攻之者眾，而好之者終不絕」的盛況。贊揚者如謝夷吾稱其「前世孟軻孫卿，近漢揚雄劉向司馬遷不能過也」。葛洪言其是「冠倫大才」。明代

然而，不管是認同或反對的專家學者，莫不推崇《論衡》在思想史上特殊的地位。

　　徐復觀先生是我國近代哲學史上一位重要的人物，他在文史哲方面的造詣與貢獻已有定論，而其所撰寫的〈王充論考〉〔註3〕向為士林所重，歷來研究王充者，鮮少有不以此文作為參研的對象。本文除表現徐氏對王充思想資料的嫻熟之外，更顯現他敏銳的洞察力、嚴謹的治學精神、對道德倫理的執著，及對歷史文化之傳承與延續的關注。儘管如此，〈王充論考〉對王充的析論尚有欠周延、不完整，及明顯曲解之處，這實為一大弔詭，確有探究和辨析的必要。故作者試圖以客觀而嚴密的哲學批評方法評析〈王充論考〉。一方面冀望能還王充思想一個原貌，並重新確定其在思想史上的地位與價值，一方面評析徐氏之學術精神、治學方法和生命風範，進而探索他曲解王充的緣由為何？換言之，本論文企圖從〈王充論考〉中一窺王充思想的原貌，及徐氏治王充學術的得失，以作為喜研徐氏思想者之參考。

---

沈雲楫贊其「斥弔詭而公平，開曲學而宏鉅」。清代王清作更推崇其是「發明孔子之道」。近代梁啟超則說《論衡》是「漢代批評哲學第一奇書」。而反對者如唐代劉知幾批評王充「盛矜於己，而厚辱其先，此何異證父攘羊，學子名母？必責以名教，實三千之罪人也！」南宋黃震言其「持論至於過激，失理之平」。清代杭世駿斥責王充「其壞人心，而害世道」。趙坦則指摘其是「漢儒之愎戾者也」。（上述的評語，轉引自徐道鄰所著，〈王充論〉，頁173～175）足見王充與《論衡》所受到的褒貶毀譽有如南轅北轍，因此在我國思想界引起不少爭議。

〔註 3〕徐復觀著，〈王充論考〉，收錄於《兩漢思想史》，共三卷，（臺北市：臺灣學生書局，西元1993年9月初版第5次印刷），卷二，頁563～640中。本論文引用〈王充論考〉的文字，皆以此版本為準，只加篇名，不另加註。

# 第二章　徐氏的生平、性格與學術背景

## 第一節　生平和性格

　　綜觀歷史，我們不難發現，但凡一位能留名青史，或在歷史某一層面產生波瀾或影響的人物，在人生遭遇和性格上多與常人有異，促使他們在面對個人生命歷程中的挑戰時，或物來順應，潛心自修，將逆境轉視為自我磨練的契機；或百折不撓，積極進取，企圖改變現狀，提昇個人的生命層次。當代的新儒家大師徐復觀先生便是最好的例子。

　　一九零三年出生於湖北浠水縣一個窮苦農村的徐先生，早年受國學大師黃侃先生教導達三年之久。赴日就學期間，先後修習了軍事與經濟兩門學科，返國後旋即投身軍旅。一九四二年與　蔣公見面，開始參與高層政治的工作，並於同一年在重慶勉仁書院初次拜謁「率性造論，為一代儒學開出義理規模」的熊十力先生〔註1〕，埋下日後「矢志以文化救國的志願」〔註2〕。一九四九年，徐先生遷居台中與學界人士交遊，自此完全脫離政界。一九五五年，應邀至東海大學任教，完成一生最大的志願。

　　徐先生於一九八二年辭世，在其變動不居的一生中，經歷了戎馬生涯、廟堂歲月、筆墨春秋三個階段。他由一個「窮苦的農村子弟」，成為官拜少將

---

〔註1〕　黃克劍、林少敏編，《當代新儒學八大家集》之八，《徐復觀集》，（北京市：群言出版社，西元 1993 年 12 月第 1 版第 1 刷），頁 9。

〔註2〕　曹永洋等編，《徐復觀教授紀念文集》，（臺北市：時報文化出版事業有限公司，西元 1984 年 8 月 30 日），頁 563。

的軍人；由一位「曾經嘗試過政治，卻萬分痛恨政治」的參政者，最後退出政壇，成爲在學術界裡堪稱大師的鴻儒。這樣曲折多變的人生歷程，成就徐先生爲「當代中國一枝風動一代人心的巨筆」〔註3〕。在其等身的著作中，呈現出一個「農村的兒子」對生命的尊重與關切，所發出靈魂深處的吶喊；一位「矢志以文化救國者」對於文化的傳承與發揚，所展現的治學精神和態度；以及一位「知識份子」對於眞理的追求與維護，所應有的道德勇氣與堅持。

由徐氏門人對先生的追思懷念中〔註4〕，我們可以窺見他耿直的風骨與狷介的個性。而在其多變的人生中，他分別扮演了「農村的兒子」、「精悍的軍人」、「致力改革的參政者」、「潛心著述的讀書人」等多種角色，正顯現出徐氏是整個大時代的參與者而非旁觀者。與共產黨人士晤談、對國民黨高層提出諫言，以作爲一位政治批評者自居，他敢於爲民請命，堅守自由主義與民主精神的信念；爲修正當時的學風發憤爲文，他勇於對所謂的學術權威聲討筆伐。姑且不論徐氏這些相當具有衝擊性之行爲的是非得失，至少我們可以稱其確實呈現了傳統知識份子個人的自覺能力，與對整個生存環境及人倫關係的要求。〔註5〕

## 第二節　學術背景

哲學史家文德爾班（Windelband）曾說：「哲學之問題，及其解決問題之資料，實得自其時代上一般意識之觀念，及得自其時代上社會之需要。一時代特殊科學之偉大成就及其新提出之問題，一時代宗教意識之變動，一時代

---

〔註3〕語見金耀基著，〈學術與政治之間的巨筆〉，收錄於同註二，頁113中。

〔註4〕杜維明於其所著的〈徐復觀先生的人格風範〉中，由徐氏的感情世界出發追思他的人格風範，言其師與牟宗三等幾位當代新儒家大師的不同處，在於徐氏是位感情豐富、具正義感，對周遭環境強烈關切的參與者。不論參政或治學，徐氏只問行所當行、言所當言，而不問自己對於時政、學風的批評是否會引起當政或當權者的不悅或反擊。同時，杜氏提到，徐氏注重生活的情調，通過各種不同的人際關係網絡來親師取友，以一種開放的心靈，接觸各種不同的價值。其體現的是知識份子對自我的認識、社會的關切，以及儒家的終身之憂與人文精神的傳統。

本文收錄於《徐復觀國際思想學術研討會論文集》，（臺中市：東海大學，西元1992年12月），頁15～25。

〔註5〕有關徐先生的詳細事跡及著作，可參看〈徐復觀先生年譜〉及〈徐復觀教授著作目錄〉，兩文俱收錄於同註二，頁561～570中。

藝術上之直覺，一時代社會與政治生活之革命，此種種者，時使哲學或有新衝動，皆所以決定哲學興趣之方向，而使哲學上之中心問題，有時爲此一組，有時爲彼一組，且將其他問題暫時擱置，同時此種種者，亦決定哲學問題及其答案之變化。」〔註6〕可見時代或學術背景與思想家的關係是密切且互動的，對思想家之興趣、研究方向、思想內容都有一定的影響；而思想家之思想亦反映其所處時代之問題。因此，欲瞭解徐先生之學說及思想特色，必先認識其學術背景，方有助於進一步的探討。

徐氏於不惑之年自政壇急流勇退，而以學術爲安身立命之所。其對學問研究的堅毅精神與雄厚功力，展現在治中國思想史的浩大工程上。

清末以來，西風東漸，傳統文化在高唱全盤西化派人士「打倒孔家店」的撻伐下，幾至傾覆。徐氏受熊十力先生「亡國族者必先亡其文化」、「欲救中國必須先救學術」兩句名言之啓迪，加上要導正五十年代台灣反中國文化，及六十年代大陸反孔反儒的歪風；而且「爲了抗拒這一時代中許多知識分子過分爲了一己名利之私，不惜對中國數千年文化，實質上採取自暴自棄的態度」〔註7〕。因此，以「無現實權勢，也無學術地位」〔註8〕的個人力量，開始著述講學的工作，希冀爲捍衛和弘揚中國文化盡一分心力。

以文化救國一直是徐先生的志願與理想。在他的觀點中，救國須先由「中國文化是什麼」這一問題的解答做起〔註9〕，才能在西方文化的強力衝擊下解答「中西文化異同」、「中國文化對現時中國和世界有何意義」，以及「中國文化在世界文化中究竟應居於何種地位」等這些「當前文化上的迫切問題」〔註10〕。再者，他認爲「中國文化的研究，主要應當歸結到思想史的研究」〔註11〕，而且深感於中國歷來缺乏「像樣點」的綜合性著作可供學人使用。於是在檢討傳統治思想史工作在方法與態度上的得失後，發憤爲文，希望學界對其文

---

〔註6〕謝幼偉編著，《現代哲學名著述評》，（臺北市：新天地書局，西元 1974 年 1月初版），頁 14。
〔註7〕徐復觀著，《兩漢思想史》，卷三，代序，〈中國思想史工作中的考據問題〉，頁 1。
〔註8〕同上。
〔註9〕徐復觀著，《中國思想史論集續編》，（臺北市：時報文化出版事業有限公司，西元 1982 年 3 月 27 日初版），頁 25。
〔註10〕同上。
〔註11〕徐復觀著，《中國思想史論集》，〈研究中國思想史的方法與態度問題〉，代序，（臺北市：臺灣學生書局，西元 1993 年 9 月初版第 9 次印刷），頁 1。

章提出「負責的批評」,「引起眞正的反省,在學術上方可減少對天下、後世所犯的欺枉之罪」〔註12〕。

〔註12〕同註四,頁 17。

# 第三章　基本問題的說明

　　研究者對於「思想史」一詞的界說與認定，是影響治思想史者在選取文獻資料、運用方法，以及建立理論基礎的重要因素。因此，本章先就一般學者對於「思想史」的定義略加介紹、說明；再論及徐氏對「思想史」的看法，以作爲評析〈王充論考〉是否符合他本人對思想史的理解與詮釋的依據。

　　另外，學者治史的原因常影響其面對史料的態度，而態度又影響其處理文獻之方法，三者的關係可說密不可分。是以，本章同時就徐氏本身所受的訓練和學養，以及當時學術思想界之狀況，來瞭解其修治思想史之原因，以及治思想史之困難；進而論述其研究工作的方法與態度，以作爲剖析〈王充論考〉在方法運用上的基礎。

　　一種思想的形成，與個人的稟賦氣質、生平際遇、社會環境、時代背景，以及學問取向、意識型態、思想精神，乃至於人格特質都有交互影響的關係。研究者以此作爲窺見古人智慧精華的起點，進而分析、比對這些條件對思想家產生的作用，並據此批評其思想，以作出結論。這不僅是徐氏研究思想家之思想時的考量，亦是一個在學術上被普遍認同的原則。因此，本章亦對徐氏品評人物之標準作一探討，以作爲評析徐氏批評王充人格之根據。

## 第一節　徐氏對思想史的理解與詮釋

　　思想是人類對於其所處環境的認識和意識上的反映。因此，我們不難由歷代文獻中看到歷史人物面對周遭境遇所產生的瞭解、評價及反應。從事哲學思考者所追求的目標，乃是經由思考活動的歷程或結果，來引導人類走向

更偉大、理想的精神自由與開放的境界。同樣的，研究思想史亦是要探究人類對於宇宙、人生等問題的思考發展，由歷史的教訓使我們在走向茫然的未來時，減少許多不必要的浪費與錯誤。在人類智慧的靈火中，尋求引領人類心靈進入更清明澄澈之殿堂的鎖鑰。

## 一、一般學者的主張

　　國學大師錢賓四先生曾對「思想」與「學術」兩詞提出說明，並在評比了中西方哲學的異同後指出，思想乃西方純思辨哲學上的用法，在中國傳統中只有「學術」或「學問」一詞。言「思想」，乃是近代中國接觸西方文化以後興起的新名詞、新語句〔註1〕。而「思想史」是由「宇宙間、人生界，有幾件大事，幾個大問題，雖經一兩人窮老思索，也獲不到結論，於是後人沿他思路，繼續擴大、繼續深入，如是般想去，便成為思想史」〔註2〕。

　　韋政通先生將「思想史」稱為「思想家的心靈與觀念的活動」〔註3〕，並認為此是由思想家各自獨特的性格、習慣、偏好、意識活動及具體的生活、際遇等交織而成。後學可經由對思想史的研究，自思想家的理論或個人經驗得到激勵、啟發，以歷史為師，汲取教訓，作為面對未來的輔助條件〔註4〕。

　　勞思光先生認為「哲學的基本目的，原是從個別心靈之提高，到文化境界之開拓」〔註5〕，其功能乃在「描述人類智慧之發展」〔註6〕，不管是內在的心靈境界，或外在的文化成果，均要統攝在這個功能之中。而「哲學史的

---

〔註1〕錢氏認為，中國學術精神，乃以社會人群之人事問題的實際措施為其主要對象，此亦為中國學術之一特殊性。因此，其表現是不尚空言，一切都會納在實際措施上。是以如西方所有純思辨的哲學，由言辯邏輯可以無限引伸而成一套完整之大系統大理論者，在中國學術史上幾乎絕無僅有。可見「思想」二字，實是近代中國接觸西方以後所興起之一新名詞，中國舊傳統只言「學術」，或言「學問」，不言「思想」。參閱其所著《中國歷史研究法》，（臺北市：東大圖書股份有限公司，西元1988年1月初版），頁67。

〔註2〕錢穆著，《中國思想史》，（臺北市：國防部總政治部，西元1953年5月2版），頁1。

〔註3〕韋政通著，《中國思想史》，共兩冊，（臺北市：大林出版社，西元1980年12月15日再版），冊上，頁2。

〔註4〕同上，頁2～3。

〔註5〕勞思光著，《中國哲學史》，共五卷，（香港：香港中文大學崇基學院，西元1980年11月3版），卷一，序言，頁11。

〔註6〕同上，頁15。

主要任務原在於展示以往的哲學思想」〔註7〕。因此,「哲學史」必須具備「事實紀述的眞實性」、「理論闡述的系統性」,以及「全面判斷的統一性」三個條件〔註8〕。在這些條件之下的「哲學史」,不單只是敘述哲學家的理論,而是要在一貫的判斷原則與理論設準之下,將哲學理論的建構脈絡明確地呈現出來,且滿足不失眞的「史」之要求。

英國哲學家羅素指出,「哲學乃是社會生活與政治生活的一個組成部分:它並不是卓越的個人所做出的孤立的思考,而是曾經有各種體系盛行過的各種社會性格的產物與成因。」〔註9〕若我們想對哲學家之思想有正確而深入的理解,則必須對造就哲學家的時代背景,以及受其思想影響的時代,有一個脈絡且全盤性的認識,明白當代思潮常是對前代思想的缺失或弊端所產生的改革;同時將關注點投向任何對哲學思潮有影響的歷史人物,如此才能理解哲學的發展。而羅素所謂的「哲學史」,亦正是扮演著記錄這些發展歷程的角色。

外國學人 Benjamin Schwartz 則認爲「思想史的中心課題就是人類對於他們本身所處的環境（situation）的意識反應（conscious responses）」〔註10〕。思想家的思想產生與其所處的歷史環境息息相關,前代與當代思潮的相互激盪,政治、社會、經濟、科技、制度等層面的環繞,造就了思想家各自特出的思想理論內容及主張。

單一、特殊的歷史事件雖不會重複發生,但歷史上的某些大問題卻會不斷重現,隨著不同的時代、文化和社會需要而有所偏重。因爲這樣,人類圖思解決問題的必然性才會代代相延續,從而產生呈現人類心靈發展、智慧結晶的哲學思想或哲學家。

關於「思想史」一詞的界說與定義,各家所持之看法雖有出入,但也可從中找到共通點。如文德爾班所言,哲學史的工作:「第一、在根據可靠的材料去說明歷代哲人所處的時代,他的物質和社會的環境,他的生活狀況,他

---

〔註7〕 同上,頁5。

〔註8〕 同註五。

〔註9〕 羅素著,何兆武、李約瑟合譯,《西方哲學史》,共兩冊,（臺北市:五南圖書出版公司,西元1984年7月初版）,冊上,美國版序言,頁1。

〔註10〕 Benjamin Schwartz 著,張永堂譯,〈關於中國思想史的若干初步考察〉,收錄於韋政通編,《中國思想史方法論文選集》,（臺北市:大林出版社,西元1981年10月1日）,頁309中。

的師友關係，以至他的心理發展，然後扼要的敘述其學說。第二、根據所得的事實去重造其思想產生的歷程，以使我們明瞭某一哲學家的思想，那一部份是依靠其前人，那一部份是依靠其時代，及那一部份是依靠其個人。第三、最後乃判定某一哲人的學說在哲學史上的地位和價值。」〔註11〕哲學史的任務，並非只敘述某一思想家的學說。它所記錄的，是一切和產生此學說有關的人、事、物。文德爾班的這一段話，應是思想史或哲學史最好的註解。

## 二、徐氏的理解與詮釋

徐氏以為，古人的思想保存在歷代遺留下來的文獻中，而古人的思想活動乃是有血有肉的具體地存在於史料裡。由此，我們可以窺見思想家精神成長的過程，其如何接觸到他的時代問題？如何解決他所接觸到的問題？他為解決問題在品格與思想上作了何種努力？以及他通向所要達到的目標是經過何種過程？他對於解決問題的方法有何實效性、可能性？他所遇到的問題及所提供的方法，在時空的發展上，對其後的研究者與時代有無實質的意義？〔註12〕

關於「思想史」一詞，徐先生認為，「先哲的思想，是由他所使用的重要抽象名詞表徵出來的。因此，思想史的研究，也可以說是有關的重要抽象名詞的研究。」〔註13〕而在〈中國人性論史先秦篇〉的序中，他亦就中西方哲學或思想之名稱問題予以說明，並首先以「中國歷史中並無可以與之相對應的哲學」這一理由，否定中國無哲學之觀點是錯誤的。因為西方所謂的「哲學」，其內容常隨人、事、時代而有異動，並無一固定範圍。是故，我們不能單憑「知識」一詞來為中國的學術設限，更進而認定中國並無哲學一事。〔註14〕

其次，徐氏指出，中國之歷史學術文化的出發點是一種人文主義。它的關切點，在於面對人群社會中一切人事問題之各項實際措施；它的主流，則是人生價值的探索。這與西方哲學自斯多葛派（Stoic School）以來的學統是相仿的。在這樣的進路下發展出來的學術文化，何以不能稱之為哲學？〔註15〕

〔註11〕 本段文字之中譯，參見謝幼偉著，《西洋哲學史》，（臺北市：文津出版社，西元 1970 年 10 月臺灣再版），頁 5～6。

〔註12〕 徐復觀著，《中國思想史論集》，〈有關思想史的若干問題〉，頁 116。

〔註13〕 徐復觀著，《中國人性論史先秦篇》，（臺北市：臺灣商務印書館股份有限公司，西元 1994 年 4 月初版第 11 刷），〈再版序〉，頁 1～2。

〔註14〕 同上，〈序〉，頁 9，附註一。

〔註15〕 同上。

　　最後，徐先生以「謹慎」爲由，將「思想」或「哲學」二詞之籠統性摒除，而以「哲學思想史」作爲治思想史的一個原則。旨在承認中國之學術文化在知識的處理、建構上的不足，應將此當作今後努力的方向。同時，亦肯定中國的歷史學術文化在本質上依舊是饒富「哲學性」，如此方能撰寫出一本足以提攜後學研究思想史的參考書。

## 第二節　徐氏治思想史之原因、困難及方法

　　以治思想史聞名於當代的徐先生，早年受過嚴格的國學訓練，於文、史、哲三方面皆深具基礎。赴日留學期間，又通過日文譯本，研讀了許多西方的政治、經濟理論。因此，他除了精通義理、詞章、考據之外，亦擅長現代的邏輯分析、架構之思維方式。由於思想史在哲學和歷史之間；在義理和考據之間，所以翟志成先生認爲，以徐先生的學養和訓練，最易在其中發揮自己的特長〔註16〕。因此，他在新儒家諸大師中，成爲治思想史的佼佼者。

### 一、治思想史的原因

　　自乾嘉以來，由戴震、閻若璩等人倡導的考據學風大盛。以「漢學打宋學」的考據學派雖對古典的真偽問題有所貢獻與發展，但是「他們因反宋學太過，結果反對了學術中的思想，既失掉考據應有的指歸，也失掉考據歷程中重要的憑藉，使考據成爲發揮主觀意氣的工具」。而所謂的訓詁校勘方面的成就，又都餖飣零碎，缺乏較高的思考層次〔註17〕。

　　民初的「古史辨」運動，乃由當時學界知名的人士如胡適、顧頡剛等人所倡導。他們承續了乾嘉以來除考據外別無真學問的風潮，一味地疑古，在文獻上增加了中國傳統學問的困擾〔註18〕。猶有甚者，專以破壞和毀滅中國文化爲其考據的主要目標，令徐先生更加認定須以更謹慎的考據方法；更精密、深入的證據來爲傳統文化「護法」。

　　民國以來，在面對西方文化的衝擊與「疑古派」人士的猛烈攻勢，固有

〔註16〕翟志成著，〈新儒學思想家徐復觀先生〉，收錄於《湖北文獻》，第 122 期，西元 1996 年 12 月，頁 80。
〔註17〕徐復觀著，《兩漢思想史》，卷三，〈中國思想史工作中的考據問題〉，代序，頁 1～2。
〔註18〕同上，頁 2。

以熊十力先生爲首的新儒家諸子努力「解決漢宋之爭」，以挺顯中國文化的慧命。然而，這些大師因爲不曾在考據用過一番工夫，所以他們的思想、言論，乃至著作，大多膚淺粗疏，徐氏即批評其師熊氏是「在歷史上文獻上常提出懸空地想像以作自己立論的根據」〔註 19〕。這種條件，實難與當時戰力雄厚的疑古陣營抗衡。

有鑑於此，徐先生乃以義理爲先導，在充足的材料和堅實的證據中，尋求破斥疑古派人士的方法，爲中國文化的存續奮戰。

## 二、治思想史的困難與障礙

除了時代環境這種外緣因素所造成的困難，存在於文獻史料內部的大問題，亦爲研究中國思想史之躓踣。韋政通先生就曾指出，治中國哲學史除了研究者本身所受的基礎訓練能否契合中國哲學的特性與內在精神之外，「中國哲學中系統嚴整、條理分明的作品很少」〔註 20〕，也是今人進行思想史研究的大障礙。

馮友蘭先生更舉《易經・繫辭傳》與莊子的〈天道〉爲例〔註 21〕，說明語言文字在語意、語用、語法上有古今不同的差異，致使後人對於先哲的思想無法完全瞭解；再加上古代遺留下來的史料文獻也有斷簡殘篇、不相連屬，或單篇孤證、不足採信之虞，更難對其有客觀的認知。

另外，勞思光先生認爲「中國古代哲學材料散亂」〔註 22〕，託古改制、僞作之風更盛。治哲學史者不僅要有高度的哲學修養，尚要精通聲韻、訓詁、考據之事，因此加重了研究中國哲學史工作的困難度。

在對比中西思想家的異同之後，徐先生以爲，中國思想家之思想、著作的確是較缺乏西方思想家所具備之較易令研究者掌握之主題或是邏輯架構。他們的思想內容，多是內外生活的體驗，這種內在的體驗抽象而不具體，本就不易被掌握，即使能不矛盾地說出這些經驗，此種現象亦是潛存居多。因

---

〔註 19〕同上。

〔註 20〕韋政通著，《中國思想史》，冊上，頁 8。

〔註 21〕馮友蘭著，《中國哲學史》，（臺北市：商務印書館，西元 1993 年 4 月增訂臺一版第 1 次印刷），頁 20 曰：「《易・繫辭》云：『書不盡言，言不盡意。』《莊子》云：『古之人與其不可傳者死矣。然則君之所讀者，古人之糟粕已夫。』」

〔註 22〕勞思光著，《中國哲學史》，卷一，〈序言〉，頁 19。

此，徐氏首先點出了今後治思想使者的任務，即是呈現出中國思想家潛存著的邏輯結構〔註23〕，以利研究者易於把握其主題，進而把握其思想。

此外，由於「近兩百年來，治中國學問的人，多失掉了思想性及思考的能力，因而缺乏寫一部好哲學思想史的先行條件」〔註24〕；再加上乾嘉考據學派的遺風，徐氏對傳統方法提出了批評及改革之道。

陳少明先生轉述余英時教授對徐先生治學特色的觀點，言其是游移於考據與義理之間〔註25〕。徐先生自己亦曾說「由考據到義理，乃是研究上不可缺少的歷程。」〔註26〕考據工作乃是以解釋義理爲最終目的，而所有的解釋工作又需回到原文獻上接受考驗，這是徐氏對於考據與解釋工作的原則。

其次，徐氏抨擊清季自段玉裁以來，即混淆義理之學與研究義理之學的歷史，而且不瞭解研究思想史的工作，不只有文字訓詁一事，並指出「以語源爲治思想史的方法，其實，完全是由缺乏文化演進觀念而來的錯覺」〔註27〕。同時又點明近兩百年來治思想史的工作者「許多考據的文章，豈特不能把握問題的背景」，「連對有關資料的文句，也常缺乏起碼的解釋能力」，甚至有「門戶、意氣現實、利害之私」〔註28〕，這些都是治思想史必須排除的阻礙。

## 三、治思想史的方法與態度

「誠摯的治學精神，勤勉的治學工作」〔註29〕與「要有學術的良心，要有學術的誠意」〔註30〕是徐先生做學問的態度。在不滿斷章取義與信口雌黃的時代風氣之下，徐氏提出了自己的方法論。

---

〔註23〕徐復觀著，《中國思想史論集》，〈研究中國思想史的方法與態度問題〉，〈代序〉，頁2。

〔註24〕徐復觀著，《中國人性論史先秦篇》，〈序〉，頁1。

〔註25〕陳少明著，《漢宋學術與現代思想》，（廣東：廣東人民出版社，西元1995年12月1版1刷），頁180中。

〔註26〕徐復觀著，〈治古代思想史方法〉，收錄於韋政通編，《中國思想史方法論文選集》，頁170。

〔註27〕同註二三，頁4。

〔註28〕同註二四，頁7。

〔註29〕徐復觀著，《中國思想史論集續編》，〈中國思想史論集自序之三——我的若干斷想〉，頁23。

〔註30〕同註二四，頁7。

他將自己研究思想史的方法謙稱為「笨工夫」〔註31〕，乃因他是將大量而龐雜的材料詳加細讀，並進行校勘和訓詁的繁複工作，再從中加以條理、分析、摘抄，對所研究之思想家或思想之各種觀念、問題，自所有材料中抽出對比、重組、尋找其中的相關性，及其所處的層次與方法。再由此來發現較易令研究者易於掌握之主題或邏輯結構〔註32〕，最後再加上一種「解釋」的工作。

關於材料的選取、批評與解釋，徐氏在傳統與時下的說法中進行篩選的工作。就所研究的史料言，只選取具代表性或關鍵性的材料；而歷代研究者對於義理的批判與解釋，則不預設立場、無心標高立異地安心接受在證據上可以成立者。同時，徐氏亦對解釋工作提出剴切的看法，認為解釋工作最後仍要回到原文獻中接受考驗。「一條一條的原文獻，在一個共同概念之下，要做到與字句的文義相符」〔註33〕。雖然個人的哲學思想，和研究古人的哲學思想應完全分開，但治思想史者若毫無哲學修養，亦難以瞭解古人的思想。在做解釋的工作時，也有可能將自己的思想和古人的思想做某種程度的「換位」，造成更大的難題。是以要避免「把自己的主觀成見的活動，當作是客觀對象的活動」〔註34〕，換言之，即是由研究者自身高度的自覺與自制力來掌握古人的思想。

最後，為免走入乾嘉學派在研究方法上的窠臼，徐氏將考據工作擴展到三個層面：一是「知人論世的層面，思想史的工作，是把古人的思想，向今人後人，作一種解釋的工作」〔註35〕。因此，研究者必須瞭解古人的思想必然與古人的品格、個性、家世、遭遇等有關。而「一個人在學術上的價值，不僅應由他研究的成果來決定，同時也要由他對學問的誠意及其品格之如何

---

〔註31〕徐氏的「笨工夫」即是，當他著手研究一思想家之思想時，先按該思想家之各種觀念、問題，將其從各種材料中抽出來，把材料的原有單元如書札、雜文、語錄等加以拆散。再以各觀念、各問題為中心點，重新加以結合，以找出對他所提出的每一觀念、每一問題的比較完全的瞭解。更進一步把各觀念、各問題加以排列，求出他們相互間的關連及其所處的層次與方位，因而發現他是由那一基點或中心點（宗旨）所展開的思想結構（或稱為體系）。參閱同註八，頁3。

〔註32〕同註二三。

〔註33〕同上，頁3。

〔註34〕同上，頁6。

〔註35〕同註十七，頁3。

而加以決定」〔註36〕。二是「在歷史中探求思想發展演變之跡」〔註37〕。思
想的內容及其表現方式都和發展演變之跡相關，掌握了這種發展演變的軌
跡，才能盡到思想史所謂「史」的責任，為每種思想作出公平而正確的定位。
三是「以歸納方法從全書中抽出結論的層面」〔註38〕。也就是上文所說的「笨
工夫」，亦是徐先生花費最多心血的方法。

　　徐氏的治思想史的方法散見於其所撰寫的文章中，並無一專門、系統的著
作特別論述。黃俊傑先生分析徐氏之思想史研究方法論，主要是由「整體論的
方法」與「比較的觀點」構成。所謂「整體論的方法」可再細分為「發展的整
體論」與「結構的整體論」。前者強調在演進的脈絡中掌握思想的意義；後者
強調部份與全體之間，及思想與現實之間構成一個結構的整體。而「比較的觀
點」則是指徐氏在研究思想史時，特別注意中國思想的特殊性格〔註39〕。

　　要在歷史發展的整體脈絡中掌握思想史上的觀念或字義，不能將這些材
料從思想家的思想系統或時代的思想氛圍中抽離出來，單獨進行訓詁和考據
的工作，這是徐氏一再強調的方法原則。而在徐氏謙稱的「笨工夫」中，我
們也一再看到他對歷代文獻中所包含的思想系統的掌握方向，是由部份累積
到全體，由積字成句，積句成章，積章成書，以通一句之義，通一章之義，
通一書之義；再反轉過來以全體來檢證衡定之前的分析工作是否確實。另外，
徐氏亦特重思想與現實的不可分割性，強調一個人的思想形成常由本人的氣
質、學問的傳承與工夫深淺、時代的背景，以及生平遭遇的交互影響所決定〔註
40〕。而思想史更是記錄人與外在環境互動的發展過程與結果，具有現實性與
社會性，並非是簡單的概念遊戲之描述。

　　「只有在發展的觀點中，才能把握到一個思想得以形成的線索。只有在
比較的觀點中，才能把握到一種思想得以存在的特性。」〔註41〕徐氏自言這
是他每次撰寫文章時，運用的觀點。因此，徐氏之方法論，可說是兼具了橫
向與縱向的考量，就治史而言，這種態度堪稱嚴謹。

---

〔註36〕同註二四，頁6。
〔註37〕同註十七，頁4。
〔註38〕同上。
〔註39〕黃俊傑著，〈徐復觀的思想史方法論及其實踐〉，收錄於《徐復觀學術思想國
　　　　際研討會論文集》，頁274中。
〔註40〕徐復觀著，《兩漢思想史》，卷二，頁563。
〔註41〕同上，〈自序〉，頁2。

同時，徐先生於著作中亦一再提及，治思想史除了前文中所述的客觀方法、檢證工作，更要有一不偏頗的研究態度，避免研究者加入自己的主觀判斷、門戶之見，甚或是現實的意氣之爭、個人的喜惡，與利害得失。一切都應本之於學術的良心和誠意，但求對史實負責。

如此的治學方法和態度，的確令人景佩，更值得學習。然而，徐氏所謂的方法、標準與態度，是否完全貫徹於徐氏的著作？在〈王充論考〉中令人質疑之處，卻屢見不鮮，這正是筆者在分析過徐氏的方法論之後產生的疑問——一位治學嚴謹，在學術界中享有盛名的學者，其所強調的方法、標準與態度，何以在面對王充這位「異人」的思想時，竟會產生如此大的落差？而呈現出這種差異性的原因，是否是研究者本身的思維及看法前後不一致，或文章理論的不周延？更或者，套用徐氏自己的評判原則來說，在研究王充時，是否因他本人特殊的時代背景和生平遭遇，而導致其言多偏激？有關這一連串問題，都頗令人玩味，更有待釐清。

## 第三節　徐氏品評人格的標準

「以文化救國」是徐氏畢生的職志，而這個文化，正是以儒家思想為主流，充滿人文精神的文化。因此，他所認同的人物，也應該是要具備這種人文精神、有豐富的內在道德修養，且學問與德行能夠相契合。如在儒家道統中備受推崇的古聖先哲——堯舜、文武、孔孟、王陽明、朱熹等；或者是具有崇高理想、事功偉烈的　孫中山先生。他們或立德，或立功，或立言，平生莫不致力於「為天地立心，為生民立命，為往聖繼絕學，為萬世開太平」，因此最能承繼、展現徐氏所亟欲突顯的道德人文主義之真精神。

此外，徐氏曾提到，「一個人在學術上的價值，不僅應由他研究的成果來決定；同時也要由他對學問的誠意及其品格如何而加以決定」。〔註42〕可見他在定位一位思想家的價值時，並不單以知識學問為主，同時還融入了對思想家的人格批判。在徐氏的標準中，研究學問不只是純粹對知識感興趣而衍生的理性活動，研究者在整個研究過程中所秉持的態度、原則，甚至方法，都應同時列入判斷其在學術上的價值範圍之內；而思想家的價值是要在知識與道德合一，為學能致用中呈現。他將界定思想家之價值的判斷標準，自純粹

---

〔註42〕徐復觀著，《中國人性論史先秦篇》，〈序〉，頁6。

的研究活動再向外擴充，多方面的考量，避免重知識不重道德的狹隘性會影響學術風氣，甚至對人生、社會造成偏差的危險。

　　這種用心，並無不妥。但他所要求的三項條件——學問的成果、對學問的誠意，及研究者的品格如何，該怎樣判定？或能否如此簡單地連結，以作爲評斷一位思想家之價值的標準？卻有相當大的討論空間。關於這點，在後面的章節中將有論述。

# 第四章　徐氏對王充人格批評的評析

## 第一節　徐氏對王充人格的品評

　　徐氏對於人物的品評在〈王充論考〉中佔有相當大的比例，頗值得重視。因為這不僅透露徐氏對於思想家人格的評價，也關涉到他對王充思想研究之結論的有效性。

　　徐氏對王充的人格問題之批評，起於質疑《後漢書》〈王充列傳〉之記載的可信度。他認為，王充在〈自紀〉中述說家世時，無所避諱地坦言父祖不肖，這種行為無法與列傳中「鄉里稱孝」的聲譽吻合。所以徐氏直言「王充思想中根本沒有孝的觀念」。（〈王充論考〉）此外，他根據〈物勢〉中所言「天地合氣，人偶自生也」，進而指出「夫婦合氣，非當時欲得生子，情欲動而合，合而生矣」（同上），最後認定王充「把父母生子完全做一種純事實的判斷，當然從這裡產生不出孝的觀念」（同上）。

　　另外，他說王充學術思想的特點是重知識不重倫理道德，認為「兩漢思想家，多以人倫道德為出發點，由人倫道德的要求以構成知識系統。王充則以追求知識為出發點，順著知識的要求而輕視人倫道德。可以說，王充在『自我保護』時，常常提到人倫道德；但在他的人格中，在他的著作中，人倫道德的觀念，實際是很薄弱的。換言之，在王充的心目中，並沒有真正的人倫道德的問題」。「在王充的精神中，倫理道德的根器至為稀薄；但追求知識的欲望則極為熱烈。」（同上）而且王充只有知識的要求，沒有人倫道德的要求，是因為他的「精神中缺乏人倫道德的真實感」。「王充在學術的成就上，在人

品規模氣象上，都不能與揚雄們相比」，「王充是道德感情、藝術感情很稀少的一個人」（同上）。

在這些引文中，可知徐氏對王充人格的抨擊，主要是王充缺乏人倫道德要求、道德意識薄弱。因為在《論衡》中，王充只就他所面對的時代課題，站在一個批評者的立場，顛覆了傳統對於天地、鬼神、祖先、父母、至聖先賢的觀點，對人倫道德並沒有多加著墨。這對以恢弘儒家文化為己任的徐氏而言，在情、理上都是相當難以接受的。

然而，我們固然可以站在徐氏的立場上理解他對於王充人格的質疑，卻也須對王充在《論衡》中之所以忽視人倫道德要求及道德意識薄弱的原因作一瞭解，才能真正釐清問題，不至於曲解王充的原意。

## 第二節　徐氏批評王充人格問題之原因的檢討

徐氏在文章中多次強調王充是人倫道德觀念薄弱的人。因此，為探究徐氏如此評論王充的原因，必先瞭解王充在《論衡》中，究竟透露怎樣的訊息，才會令徐氏下這樣的結論。

追溯徐氏抨擊王充人格問題的原因，應在於《論衡》本身理論的局限與矛盾。由於王充之思想，是對當時社會上各種不合理的狀況——特別是在董仲舒天人感應學說架構影響下的社會現象提出批評，因此限制了王充思想的發展方向與範圍。

王充以自然無為及物質性的「氣」作為宇宙天地萬物的本原，由這個無意識、無目的的「氣」來解釋自然和社會現象，旨在打破當時盛行的讖緯之說，以及神學目的論所衍生的種種虛妄——如人格天的宇宙生成論、災異與瑞應的社會迷信、君權神授之政治威權的建立、認識論方面等等問題，甚至是學術方向和治學方法上的偏差。在王充看來，這些問題是當時的沈痾，他撰寫《論衡》，是想針砭這些積非成是的陳年痼疾，於是提出「氣」這個概念來支持自己的論點，並攻擊對方理論的闕漏處，但是「元氣是一種具體物質，無法闡明世界的多樣性以及精神的起源與作用，因而在面對諸如道德、命運、萬物的區別以及精神與物質的具體關係這些複雜的問題時，他就不能不發生種種混亂。」〔註1〕也就是說，一個具體物質性的本原，由於本質上的差異，

---

〔註1〕金春峰著，《漢代思想史》，（中國社會科學出版社，出版地不詳，西元1987年4月1版1刷），頁481。

並無法說明一些非物質性的問題，而若要強加解釋，又會陷入他個人所反對的神秘主義的窠臼，造成無法在自己的理論系統下，對一些倫理學或形上學的問題作合理的解釋，那麼王充一開始所標立的宗旨——疾虛妄，將受到質疑。但是，即使王充的思想理論中有再多的局限與矛盾，以至於難以合理解釋其哲學觀點中關於道德和倫理上的問題，亦不能據此將他劃歸於不道德或人格上有缺陷的範圍中，而關於這點，筆者將在下節中進一步討論。

此外，我們必須釐清一個問題，即是王充作《論衡》的宗旨，是否在於探究人倫道德的問題。眾所週知，王充在〈佚文〉中明顯地提到的「疾虛妄」，及〈自紀〉中所顯露之「內傷時命，外疾世俗」的感嘆與理想，才是他撰寫《論衡》的目的〔註2〕。所以筆者擬據此對徐氏的批評作一檢討及回應：

第一，在關於治中國思想史的文章中，徐氏曾指出，要把握思想家的思想，須找出黃黎洲所說的學者的「宗旨」，掌握了思想家的中心觀念，方不致僅拿著一句話推論下去，陷於以偏概全，將針對某一具體狀況的說法，當作是一般性的說法，導出不完整的結論〔註3〕。而徐氏認為王充以追求知識為出發點，輕視人倫道德，顯然輕忽了《論衡》之宗旨，偏失自是在所難免，也和他自己所提出的研究方法不相符合。

第二，若依照徐氏的理解，《論衡》是一本有知識上要求的書，如此便無所謂人格上的問題，更無關乎道德與否，因為這只是個人學術的趨向及興趣而已。

第三，無論王充偏重知識或道德，或是兩者兼重，對於人類文明或文化的關切點之選取，也都是與人倫日用的問題密切相關，又何來人倫觀念淡薄之說？

是以，分析徐氏的看法，我們可以發現，其對王充人格之質疑，實是由於他個人對《論衡》宗旨之理解不夠全面，以及邏輯上的混淆所致。

陳拱先生由「不得已，故為論衡」（〈對作〉）處看王充〔註4〕，認為他只是呈現出仁心的負面作用——惡惡，並由於時運不濟與尚欠深刻的真實感

〔註2〕黎惟東著，《王充思想研究》，（中國文化大學哲學研究所博士論文，西元1984年6月），頁49～54。
〔註3〕徐復觀著，《中國思想史論集》，〈研究中國思想史的方法與態度問題〉，〈代序〉，頁2。
〔註4〕陳拱著，《王充思想評論》，（臺北市：臺灣商務印書館股份有限公司，西元1996年6月初版第1次印刷），頁23。

受，使得他尚停留於人生負面之無常，而未能轉而透悟人生之正面，因此造成其「內有所傷，外有所疾」的生命風格，所以《論衡》內容之所以不能得其平正，乃是王充不健康之生命風格所造成的〔註5〕。

　　經由這樣的分析，或許能對徐氏之所以質疑王充的人格這一問題的原因有所瞭解。

## 第三節　徐氏品評王充人格之析評

　　徐氏曾提到，「一個人在學術上的價值，不僅應由他研究的成果來決定；同時也要由他對學問的誠意及其品格之如何而加以決定」〔註6〕。由這段話中，可以明顯看出，他在定位一位思想家的價值時，並不單純以知識學問優先，同時還融入了對思想家的人格批判。

　　徐氏批評王充的人格，是站在一個把知識的追求視為達到人倫道德，建立政治、社會、人生之道；也就是把德行之知與學問之知結合的儒家傳統立場。在徐氏看來，王充在《論衡》中，非但將德行之知與學問之知二分，並且重後者不重前者；而「王充所追求的學術趨向有二：一為『疾虛妄』，一為求博通。這兩者皆出自求知的精神」（〈王充論考〉）。這種精神明顯和兩漢思想家，甚或孔門傳統由人倫道德的要求以構成知識系統不同。王充沒有這種要求，是因為他的人格中人倫道德觀念薄弱。

　　同時，徐氏還指出，「《論衡》中，許多是爭其所不必爭的問題，他以最大地自信力所開陳的意見，事實上許多直可稱為鄉曲之見」，「鄉曲之士，要突破鄉曲之見以形成超越擴大的精神境界，有待於人格的特殊修養，及學問上的特殊成就；但王充並非其人。」（同上）

　　在徐氏提到對於王充人格評價的字句中，可以發現他的論點，就邏輯上而言，是有些問題的。

　　第一，學術趨向與人格之間有無必然正比關係的問題。學術趨向是研究者個人對於學問興趣的呈現，有人作學問在於滿足求知慾；有人作學問是因為生活環境薰陶的影響；更有人是為了名利，於是取巧地選擇一門炙手可熱的學科來研究，以應付就業市場。可見興趣與人格之間，又豈可輕易地畫上

---

〔註5〕同上，〈自序〉，頁10。
〔註6〕徐復觀著，《中國人性論史先秦篇》，〈序〉，頁6。

等號？也因此，我們不能說學術趨向與人格之間有必然的正比關係，充其量也只能承認兩者是相關的。否則依據徐氏的論點，今日研究犯罪心理學卓然有成的學者，豈非個個在人格上都有相當嚴重的犯罪趨向？而所有從事自然科學研究的人，竟都全是不講仁義道德的禽獸？

第二，哲學觀點與倫理觀念能否混為一談的問題。上節中提到，王充本身的思想有其時代的背景與局限。因此在研究他的思想時，我們可以批評其理論不完整，以至於無法合理地解釋關於道德的問題；甚或指出矛盾、謬誤的所在，反駁他的理論。但不能由理論的缺失或方法上的錯誤，而說他人格有缺陷。因為倫理觀念與哲學觀點是兩個異質性的東西，不能推演出兩者有涵蘊的關係。

第三，徐王兩人對於「知」的認定是否相同的問題。徐氏在〈王充論考〉中一再強調王充的遭遇與其思想的關連性甚大，也因此導致王充有沈淪下僚的鄉曲之見，這段批評稍嫌武斷。事實上，我們可見到王充對於當時學術與社會現實上種種問題的深刻反省，他論自然、論孔孟之教、論實知、知實，論古今、天道、鬼神、成仙、和學術的迷信、算命、人性等，能夠這樣全面而深刻地探討社會問題，寫出素有美文之稱的鉅作，卻稱其為鄉曲之見，實在令人費解。

而王充在他的時代背景之下提出「疾虛妄」求博通，他的求知、求實的精神，又豈特只圍於滿足知識論上的要求這個層面？因為實知與知實的提倡，不就是為了藉由修正人們的錯誤認知，讓人的行為由虛妄而合理化？徐氏卻一味將王充定位在一個重知不重道德的點上，似乎並未對王充的思想，甚至是徐氏自己所強調的——思想家的時代背景的重要性，有完全的認識與掌握。

最後，一個人在學術上的價值，還要再由他個人的品格來決定，這種對思想家的要求，似乎也混淆了知識與道德的界線。知識與道德兩者之間並沒有必然的正比關係，在學術貢獻之外探討思想家的人格問題，只能幫助我們對於思想家的思想發展過程有所瞭解，但不能以此當作抨擊其思想的手段。而一個人的人格，如果只是看他研不研究道德哲學便可見高下，這種評判也實欠客觀與公允。

在關於研究思想史態度問題的文章中，徐先生自言，促使其產生以嚴謹的態度與方法治思想史的要求，是在不滿斷章取義與信口雌黃的時代風氣之

下而發，所以他申明治學時要有學術的良心與學術的誠意，同時應排除門戶、意氣現實、利害之私〔註7〕。但是分析〈王充論考〉全文，徐氏所有對王充人格的批評字眼中所透露的訊息，卻是一站在儒家哲學之支持者的立場，來看待被歸類爲雜家思想之王充的態度；及因爲治學興趣不同，而對別人的學術成果進行否定的主觀意見，這與他一再申明的治學原則是有差距的。

因此，在這篇文章中，徐氏以人格問題抨擊王充的思想，其結論的有效性是相當令人質疑的。而徐氏似乎是以一種聖賢的人格標準來責求王充，也過於嚴苛，畢竟成聖成賢是修身的理想，因爲他們的境界不易達到，所以我們才需更謙遜，不斷的努力，儒家所言「人能弘道」的意義，不也是因爲這樣才能彰顯？

李偉泰先生在評介《兩漢思想史》時，曾對徐氏的治學態度提出看法。李氏認爲，徐氏的文章中洋溢著不平之氣，這與他對現實政治的不滿，自身的志趣與現實政治處於一種摩擦狀態，因而感受到一股難以忍受的「壓力感」有關〔註8〕。也因此造成徐氏不易肯定事物的正面價值，比較容易看到事物的黑暗面之學術性向。但是這種不平之氣或壓力感，固然可以成爲追求文化的動機，在從事知性的活動時，卻必須有相當冷靜的頭腦以利分析事物。李氏以爲，徐氏無法在不平之氣和冷靜的頭腦間取得一個平衡點，所以導致徐氏的思想會有不周全的地方，這或許可以用來解釋徐氏在品評王充之人格問題時，立論有偏失之嫌的原因之一。

---

〔註7〕 同上，頁1，及徐復觀著，《中國思想史論集續編》，〈中國思想史論集自序之三——我的若干斷想〉，頁23。

〔註8〕 李偉泰著，《評徐復觀著〈兩漢思想史〉》，收錄於《中國文哲研究通訊》，（臺北市：中央研究院中國文哲研究所發行，西元1992年3月出版），第二卷，第一期，頁94中。

# 第五章　徐氏論王充遭遇影響其思想之評析

在〈王充論考〉中，徐氏每每對王充思想提出質疑或批評時，總是將原因歸咎於其生平的遭遇，如言其是「身處鄉曲，沉淪下僚……他的遭遇限制了他展望時代的眼界」，或言「王充這一類型的鄉曲之士的特點，他所能反映的只是他所能接觸到的鄉曲的環境」。當然，一個人的遭遇會影響他思想的發展，這是一個在學界上被普遍認同的原則，但是能否把這個原則視作唯一的原因來解釋一個人的思想，進而以此判定其思想的優劣，則有待商榷。本章即是由此疑點出發，藉由歸納整理出徐氏評王充遭遇影響其思想的部分，進行分析，以了解他的立論是否公允。

## 第一節　徐氏評王充的遭遇影響其思想論點的整理

在〈王充論考〉的引言中，徐氏即以類似破題的方式，直陳王充的遭遇對其思想有莫大的影響，現摘錄其論點如下：

「切就王充而論，他個人的遭遇，對於他表現在《論衡》中的思想所發生的影響之大，在中國古今思想家中實少見其比。此點後面還要特別提到。尤其是兩漢思想家的共同特性，是對現實政治的特別關心。所以在各家著作中，論政都佔有重要的地位。就《論衡》來說，不僅論政的比例佔得少。並且在內容上，除了以他自己的遭遇為中心，反映了一部分地方政治問題外，對於當時的全般政治的根源問題，根本沒有觸到。」

　　「《論衡》中以極大的分量，從事於歌功頌德，這在古今值得稱爲思想家中，實係最特出的現象。我的解釋，除了他過分力求表現的氣質以外，和他身處鄉曲，沉淪下僚，沒有機會接觸到政治的中心，因而也沒有實際接觸到時代的大問題，有不可分的關係……所以王充在政治方面寫下的繁複而異乎尋常的歌功頌德的文章，不必是他的品格上的問題，而實際是由他的遭遇限制了他展望時代的眼界。這種限制，也影響到他思想的其他方面。例如《論衡》中，許多是爭其所不必爭的文章；他以最大地自信力所開陳的意見，事實上許多直可稱爲鄉曲之見。因爲他個人的遭遇，對他的思想發生了這樣大的作用，所以對《後漢書》〈王充列傳〉中錯誤的考正，便不僅是故事性的考正，而且是了解他的思想的一個關鍵。」

　　在王充的遭遇與思想的關連這一節中，則有下列幾項類似的論點：

　　1.「鄉曲之士，要突破鄉曲之見以形成超越擴大的精神境界，有待於人格的特殊修養，及學問上特殊的成就；但王充並非其人。王充這一類型的鄉曲之士的特點，他所能反映的只是他所能接觸到的鄉曲的環境。因爲他的矜才負氣的關係，便首先將自己的才與氣，和鄉曲的環境對立起來，以建立他個人的思維世界。在他的思維世界中，對無現實權勢的學術問題，每有過分的自信，而其實，許多都是遼東之豕。對有現實權勢的政治問題，則又有過分的自卑，而朝廷便成爲他畢生夢想的天國。這種過分的自信與自卑，結合在一起，形成他的內心深刻的矛盾，便不能不運用他自身的才氣，來加以解除；在這種解除的說法中，取得自我精神的保護。這便是《論衡》一開始的〈逢遇〉、〈累害〉、〈命祿〉、〈幸偶〉、〈命義〉等諸篇所以成立的根源。由此而推演上去，便成爲他一套特殊地唯氣論地自然宇宙觀與人生觀。」

　　2.「對佞人讒人的痛恨，這是應當的。但王充在這一點上不是作原則性的論述，而依然不出於他自身遭遇的直接反映。」

　　「像王充這種鄉曲之士，對問題不從客觀的把握上出發，而只從自己遭遇的反映上出發。因此，佔《論衡》很大分量的這類文章，實際不是由客觀的分析綜合以構成原則性的理論，而只是爲了辯解自己，伸張自己，所編造出的理由。我們要衡論他的學術，不僅應把這部分劃出於學術範圍之外，而且應時時記著他的這一態度，影響到他全部的思想。」

　　而在論王充學術思想的特點這一節中，徐氏亦持同樣的看法：

　　1.「他上面的說法，把推動政治社會向善去惡的行爲動機與要求，一起推

翻了。表面看，這是出於他的命相哲學；但其命相哲學之所以會這樣地推類至盡，正由在他的精神中缺乏人倫道德的眞實感。但他在〈非韓〉、〈答佞〉、〈程材〉、〈謝短〉、〈效力〉等篇中，有時又特別強調道德操行的重要，這說明他之所以能強自樹立，還有賴於在這種時代文化中有所感受；但此種感受，乃在他與僚屬中的文史相對立，吃了文史的虧，而須要加以抵抗、辯護時，才顯了出來；這可以說不是從根本中來。」

2.「上面的話，實在把諸子推而置於六經之上；而以六經皆出於『民事』的要求，故『以民事一意』；在當時不僅是石破天驚的說法；並且在這種說法中，也表現出他的特識。而這種特識，只有身在草莽的人始可以發出的。」

3.「他不曾入過太學，不曾沾染到博士系統的學風，所以能不爲所囿限，而可自由活動的結果。所以他瞧不起當時之所謂師法。」

在王充天道觀的目的這一節中，徐氏亦認爲：

> 皇帝、朝廷，是王充精神中的理想國，是他千方百計所追求的。一旦由他的自然的天道觀，把感應災異之說打倒了，而一切歸於不可知，亦無可奈何的命運，這對於皇帝，對於朝廷，的確是精神上的一大解放，同時在政治上也是他的一大貢獻。〈自然篇〉以「譴告於天道尤詭」數語作結，正說明他建立此種天道觀的目的之所在。當然如前所說，裡面也含有對他自己懷才不遇的解釋因素在裡面。

從以上的引文，可見徐氏堅決認爲王充的遭遇與其思想息息相關，然而徐氏所言是否無誤，這是下一節亟欲解決的問題。

## 第二節　評析徐氏之看法

徐氏在許多關於思想史方法論的文章中多次強調其治學的原則〔註1〕，而在〈王充論考〉引文中也舉出決定一個人思想形成的四大因素——即其本人的氣質、學問的傳承與功夫的深淺、時代的背景、生平的遭遇，並明言此四大因素對思想家的影響力，有或多或少的不同，四者相互影響，不可孤立地、單純地加以斷定。

然而，當我們將徐氏的原則和方法套用在其論述王充的思想時，卻發現有不一致的地方，因爲他對於王充思想的研究，並非完全如他所言，採取橫

---

〔註1〕徐氏所強調的治學原則，在本論文第三章中已有論述，故於此處不再重複。

向與縱向兼顧的探索，反而常落於生平遭遇這個單一的點來立論，如此實無法完整地說明王充思想全貌，只是更容易找到徐氏從事思想史研究工作時所用方法的不足之處。

同時，徐氏對王充的理解方式，也呈現出他所一再強調的另一問題——混淆了解釋思想與對思想起源的說明兩種工作。

思想家之思想在邏輯上的真假，我們可由其所提出之前提、結論及推論過程與方式來檢證，這項工作與思想家的生平、遭遇、人格、個性、喜惡毫不相涉，而且屬於不同範疇的東西。當我們在解釋思想家的思想時，我們依據的是文獻資料，憑藉的是經由各種研究方法所得到的成果來提出一套看法，為的是藉由不斷地探索、修正，以還思想家之思想一個原貌。

而徐先生一再強調的「遭遇」問題，是用來輔助了解思想家之思想的成因或起源，經由這方面的研究，提供我們更完整地了解思想家之思想的可能。因此，我們只能說，某某人的遭遇，讓他產生出這樣的前提，推演出這樣的結論；卻不能說因為他的遭遇，導致他的前提為真（或為假），所以他的結論為真（或為假）。因為遭遇是現實上的東西，無關邏輯上的真假對錯。

徐氏屢言王充思想是鄉曲之見，因為他沉淪下僚、身處鄉曲，遭遇環境限制了他展望時代的眼界。關於這點，筆者分為幾點討論：

1. 王充思想和他個人之遭遇有密切關係，這在《論衡》中的確是有跡可循。〈逢遇〉中對仕途不順、懷才不遇的憤慨，與〈自紀〉中所流露「內傷時命之坎坷」的無奈，他不願承認自己是「才俊落魄」，企圖為落寞的一生尋求解釋；這份執著，只要是研讀《論衡》的人，都能有所感受。因此，徐氏的觀點就這一項而言，是可以成立的。

2. 身處鄉曲、沉淪下僚的人是否一定會有狹隘的鄉曲之見，這個論點是有待商榷的。《論語》、《孟子》在中國思想史上的地位崇高，為知識分子治學的必讀經典，其中的微言大義，在今天仍是中外學者鑽研的課題。然而，反觀孔孟二人一生的遭遇，其既不是在與政治高層者為伍的環境中度過，仕宦之途更非一帆風順，就連周遊列國、宣揚理念，也是困難重重。我們從書中讀到他們修身、齊家、治國、平天下的功夫、原則與理想；也能在書中看見孔、孟二人對於世風日下，人心不古，以及時命的感嘆之語，但是歷來的研究者，卻無一人稱孔孟之義是鄉曲之見。所以徐氏的說法是不太有說服力的。

3. 王充的思想是否只是鄉曲之見，這個問題將留待評析〈王充論考〉全

文後再行討論，筆者不擬在此先做論斷。但是，從徐氏文章中亦出現肯定王充思想在學術上的價值來看，可以確定地說，這種貢獻實非一鄉曲之士的鄉曲之見可以作到的。是以，徐氏的論點，似有前後不一致的矛盾，其論述的有效性則更受質疑。

　　四庫全書總目子部曰：「充書大旨，詳於自紀一篇，蓋內傷時命之坎坷，外疾世俗之虛僞，其言多激。」〔註2〕由〈自紀〉中，可以看到王充一生身處在迷信、虛妄充斥的大環境，又兼之仕途不順、懷才不遇、遭讒受謗；這樣的生平遭遇，不難醞釀出帶有悲觀色彩的思想，也不易讓思想有健康正面的發展。因此前人云其「發憤著書，其言多激」〔註3〕，「持論至於過激，失理之平」〔註4〕，也非毫無根據的妄語。但是，在批評王充之餘，我們應注意到一個問題，即是王充藉《論衡》抒發己見，是在反映他所遭遇到的時代問題，有他的歷史任務，而他的思想也必然地受囿於他所具有的歷史條件，我們不能期望一個哲學家能做出超過他的歷史條件的貢獻〔註5〕。

　　歷史是不斷地發展進步，思想的內涵也是不斷地擴充延伸，若以今況古，要找出前人思想的疏漏是輕而易舉的事，卻也是不公平的。王充的思想雖然與其時代背景及思想淵源有密切關係，但他的一生際遇及其性格，卻是決定他思想特質的主因之一〔註6〕，然卻不是唯一的原因。而徐氏只執於一點，實設限太多，有以偏概全之嫌，如此多少都影響我們對王充思想的理解，更無法完整地呈現其思想的全貌。

〔註2〕　永瑢等著，《四庫全書總目提要》，共四十冊，（臺北市：商務印書館，西元1965年2月臺1版），冊二三，卷120，子部三十，雜家類四，頁2152。

〔註3〕　同上。

〔註4〕　黃震著，《黃氏日抄》，（日本：株式會社，中文出版社，西元1979年5月出版），分類卷之五七，讀諸子三，頁661。

〔註5〕　馮友蘭著，《中國哲學史新編》，共七冊，（臺北市：藍燈文化事業股份有限公司，西元1991年12月初版），冊三，頁309。

〔註6〕　黎惟東著，《王充思想研究》，頁37。

# 第六章 徐氏論王充科學精神與方法之評析

王充之哲學思想，在迷信虛妄充斥的漢代中獨樹一格，好之者言其具有超前的覺醒〔註1〕，甚至有人就《論衡》中所強調之實證、效驗觀念，與論述問題時所用之邏輯推演方式而稱他具有科學精神〔註2〕。此外，在一些討論中國古代科學思想的著作中，王充更被譽為「中國任何一時代最偉大之人物之一」〔註3〕。當然，在這個議題上持反對意見者亦有之〔註4〕，由此更可見到《論衡》在學術界引起的爭議狀況。

徐氏在〈王充論考〉中專闢一節討論科學方法與科學精神這個問題，然見解是否有誤卻與對《論衡》之理解有關。本章即分析此一問題，藉此再探究徐氏評王充之論點是否適切。

---

〔註1〕 朱業宗先生言：「王充在中國古代思想史上，也是遠遠超越時代的具備了完整科學精神與氣質的最早一個思想家。在王充身上，人們看到一種近代科學精神的超前覺醒。」語見其所著，〈王充：近代科學精神的超前覺醒〉，載於《求索》，西元 1990 年，第 1 期。

〔註2〕 周桂鈿著，《虛實之辨──王充哲學的宗旨》，（北京：人民出版社，西元 1994 年 10 月第 1 版第 1 次印刷），頁 416。

〔註3〕 李約瑟著，陳立夫主譯，《中國之科學與文明》，共十五冊，（臺北市：台灣商務印書館股份有限公司，西元 1973 年 7 月初版），冊三，頁 37。

〔註4〕 羅光先生認為，王充的思想淺薄而不深入，沒有哲學的方法與系統，其將自然科學混入哲學中，所得的論調也只是俗人常識。現代講思想史的人推崇王充，是因為受了五四運動以來，信從唯物論、把王充當作自己的前驅之人士的影響。參見其所著，《中國哲學思想史──兩漢、南北朝篇》，（臺北市：台灣學生書局，西元 1985 年 8 月再版），頁 298。

# 第一節　徐氏看法之整理

關於《論衡》中所運用的論證方式能否稱爲科學方法，以及王充的主張是否具備科學精神，徐氏之評論褒貶互見，筆者將之約略歸納出以下幾點：

1.《論衡》中如〈對作〉云：「論則考之以心，效之以事。」〈薄葬〉云：「事莫明於有效，論莫定於有證。」〈語增〉云：「凡天下之事，不可增損。考察前後，效驗自列。自列則是非之實，有所定矣。」這些類似其方法論的原則性觀點，徐氏認爲是絕對正確的、基礎相當鞏固的方法論，適用於對自然現象的考察判斷。

2. 徐氏提出質疑的，是在於這些原則的運用——即它們的適用範圍，能否由對自然現象的考察判斷，延伸到處理政治社會問題、歷史問題、與人生問題等各個層面。

3. 關於王充運用的推演方法，徐氏則以其受限於所處時代的思考方法，來作爲他論證過程不周延的理由。

4. 對於王充所用之方法能否稱爲「科學的」，及其思想是否具有科學精神，徐氏則持否定的意見，認爲王充的方法在邏輯上是有問題的；同時，他被稱爲科學家，也是某些研究王充的學者對他過度褒揚。

如其言王充在〈薄葬〉中評論墨家思想時，雖是發揮「考之以心」的原則，但面對心知的主觀判斷與經驗事實發生矛盾的情況，卻在方法上表現出無法堅持經驗法則的「便宜主義」，導致其在方法運用上一個不應有的歪曲。又如講到王充論天人二分時，徐氏認爲他的結論雖正確，但只是偶然性的對，因爲其所用的論點是異類間、不同大前提下的推論，沒有正確的方法作基礎，是「幼稚可笑」的，不能稱之爲科學。同時，徐氏也指出，王充並不能在方法的運用上有一個明確的堅持，以致在論事時會有混亂甚或方法拙劣的情形，反而在他所強調的論點之前自己也站不住腳，如此更與所謂的科學相去甚遠了。最後，徐氏以後人評論王充對天文學的理解爲例，認爲王充在談論純科學的事物時，已不能表現一點科學精神，更遑論轉用到人生問題的思考上。

# 第二節　科學與科學方法之定義

在評析徐氏的觀點之前，筆者以爲，應先對徐氏所強調的科學與科學方

法的定義問題作一討論，以明白徐氏對於這兩者的認識，是否足以用來批評王充的思想。

　　科學，乃指知識的獲得，是經由仔細的觀察，支配事物的變化與條件的規則所作的推論，以及檢驗這些推論的實驗所組成〔註5〕。當我們稱某一種知識爲科學知識時，它必須具有如的下特性——所觀察到的事實，以一組織化的方式呈現它們之間的關係，其尋找解釋這些事實間之關係的規則，並將這些規則以理論及定律的方式呈現。它所關切的，不只是事實的發生，更包含其發生的原因。而在解釋事實的努力中，調查研究與探索的持續進行中，科學須經過許多步驟，包括描述事件的發生與狀態，以及解釋事件之所以如此的原因，並將答案由複雜中以簡單易解的方式呈現出來〔註6〕。

　　而所謂的科學方法，則是依不同的觀察工具、實驗技術、理論方法的發現，以及不同學科的需要而有所改變。雖然如此，有些原則仍是共通的——即人們應對一個問題作有科學意義的發問，而非將發生在身邊周圍的事物都視爲理所當然；同時，隨問題而至的觀察、研究、調查，也應與該問題有相關性。最後，科學方法若能合理、正確的執行，世上任何人，在任何地方，以相同的實驗方法所得到的結果，也應該是相同的，質言之，科學方法還須具有可重複性〔註7〕。

　　從〈王充論考〉中，我們發現徐氏對於科學定義的認識，與此相去不遠，足見他對於知識的涉獵是廣博、不自我設限的。而評定《論衡》思想時，王充於方法運用上的混亂不一致，論證的不周延，例如無法堅持自己所提出經驗法則，或者是相同的方法在同類型的問題上遭遇到自相矛盾的結果，在徐氏嚴格的認定下，都與科學絕了緣，就科學的嚴謹性而言，徐先生的批評是不無根據的。

　　但是，批評王充論證不夠周延，或方法運用不相一致的學者大有人在，但如徐氏或羅光先生般完全否定《論衡》思想在科學上之地位的卻不多，而這個問題，似乎也已超出了對於科學的認知一事之範圍，實有詳加討論的必要，這亦即筆者在下節中討論的問題之一。

---

〔註5〕　《The New Webster's Dictionary》，（Copyright 1993 by Lexion Publications，Inc Sherman Turnpike Danbury，CT06816 U.S.A），p.385。

〔註6〕　《The Book Of Knowledge》，Vol.1～Vol.21，（Copyright 1996 by Grolier Incorporation U.S.A），Vol.17，p.78。

〔註7〕　Ibid.，pp.79～80。

## 第三節　徐氏看法之評析

　　針對徐氏的看法，筆者將之作以下幾點討論：

　　1. 王充在〈對作〉、〈薄葬〉、〈語增〉等篇中所列舉的方法原則，並非如徐氏所言，只能在觀察判斷自然現象這一個範圍作周延、完全的運用。我們可以發現，在今日，不管是自然科學或社會科學的研究方法，如觀察、歸納、演繹、分析、實證等，這些兩千年前的王充在其時代背景下早已提出的見解，於現在仍是適用的；甚至，還是中西方在學術上通用的，可說具有相當程度的可重複性。若是依照上節中所論述關於科學方法之定義，將王充所提出的方法冠上科學兩字，似乎並不為過。

　　2. 王充的方法原則，運用在政治社會問題方面感到不完全，應用到歷史問題上感到無能為力。原因並不在於方法本身的不良，而是對於方法的使用不夠完全，運用得不高明。但是，方法的應用，與使用者的思考能力有關，而思考能力又受其本身的歷史條件之影響。所以，王充在方法的運用上，如徐氏所言，將歷史的問題單純化，確有其不足之處，但對歷史人物的這些局限性，我們應當給予實事求是的歷史評價，不應苛責過多。其實，探討自然現象、社會問題與歷史問題，是分屬於不同的學科領域，應該有不同的途徑來處理，而不是以一個方法來概括所有的現象。而王充在此所呈現出來的問題，也不是只有方法運用的高明與否一項，還牽涉到他對於各種問題在性質上的差異的認知，似乎比徐先生所說，「將問題單純化了」更值得檢討。

　　3. 分析徐氏認為王充不具科學精神的理由，在於徐氏考察王充《論衡》中「疾虛妄」的論證方法，有許多邏輯上的問題，或者是方法運用上的過當。關於這點，周文英先生亦有論及。他認為，王充論事除了邏輯證明之外，還經常談論「類」和「推類」，但是在嚴格「類」的界線方面，王充似乎並不能首尾一貫，他雖然確實注意到類推的精確性，卻無法始終如一，是以《論衡》中也有比類不當、引喻失義的毛病。如〈物勢〉中論人與萬物的生成，〈明雩〉中論雨，以及〈亂龍〉中論土龍致雨之說。這些都是王充在邏輯證明上的謬誤〔註8〕。也因為如此，徐氏否定了王充科學的地位。

　　4. 王充思想是否具有科學精神？這一問題向為研究《論衡》者討論的另一主題。上節中曾經提到，歷來批評王充論證不夠周延，或方法運用不相一

---

〔註 8〕　周文英著，《中國邏輯思想史稿》，（北京市：人民出版社，西元 1979 年 12 月北京第 1 版第 1 次印刷），頁 78～82。

致的學者大有人在，但如徐氏與羅光先生般，完全否定他在科學上之地位的卻不多。鄧文寬先生在論及《論衡》中的天文學思想時就曾指出，王充所持的蓋天說模式十分陳舊，在這個問題的認識上，他已經遠遠落後於時代的步伐，而對於天體運動的理解，其論據也十分陳腐。但是在討論四季更替的問題時，他又能積極地利用西漢的天文學成就，給予完全科學的解釋；尤有甚者，王充對潮汐的理解，更是中國第一個將潮汐與月球聯繫起來，爲中國潮汐理論奠基的大貢獻者〔註9〕。鄧先生對於《論衡》中天文學思想的評價是褒貶互見，與徐先生在〈王充論考〉中的評論頗爲類似，但他卻不否定王充所具有的科學精神，或是他理論中的一些科學方法。徐氏致力於思想史，鄧氏投身於天文學，他們對於「科學與否」的要求程度卻有不同。在此，我們似乎也看到了兩位學者的差異性與包容性。

胡適先生說，王充的哲學的方法，只是當時科學精神的表現〔註10〕。朱業宗先生言，在王充身上，人們看到一種近代科學精神的超前覺醒〔註11〕。周文英先生認爲，王充的元氣論是唯物的，在當時來說，是以自然科學知識爲基礎的較爲科學的哲學概括〔註12〕。汪奠基先生則提到，整個《論衡》的思想方法，是從邏輯的科學方法出發的〔註13〕。陳清先生也指出，王充「天地合氣，萬物自生」的自然觀，與當時自然科學的進步有關。而他的重效驗，涉及到一些生產實踐與科學實驗的問題，他的氣論用在醫學上也頗有科學之理〔註14〕。李約瑟先生更稱王充爲中國任何一時代最偉大之人物之一，往往被稱爲中國之路癸夏（Lucretius），彼在中國科學史上之功績，已深爲中國近代之科學家與學者所認同〔註15〕。

我們可以看到，有許多學者肯定王充在中國科學史上的貢獻，更相信他

〔註9〕　鄧文寬著，《王充及其〈論衡〉中天文學思想》，收錄於劉君燦等著，《中國天文學史新探》，（臺北市：明文書局，西元1988年7月30日初版），頁31～40中。

〔註10〕胡適著，〈王充的論衡〉，收錄於黃暉撰，《論衡校釋》，冊四，頁1273中。

〔註11〕同註一。

〔註12〕同註五，頁81。

〔註13〕汪奠基著，《中國邏輯思想史》，（臺北市：明文書局股份有限公司，西元1993年12月初版），頁256。

〔註14〕陳清著，《中國古今哲學家評述》，（北京市：北京語言學院出版社，西元1994年1月第1版第1次印刷），頁106～113。

〔註15〕同註三。

們也和徐氏一樣，能夠找到他在思想上的缺失並加以批評。但是，同樣研究王充，當面對其思想的疏漏時，徐氏卻堅決否定他在科學上的地位，這種認定是相當特殊的。無論如何，這些學者的意見，確可旁證王充具有科學精神，和相當崇高的科學地位。

徐先生本身對於科學定義的認知，與一般的理解是無甚差距的，所以當王充的方法原則經不起重複檢證時，徐氏稱他不科學，這是可以說得通的，因為可重複性是科學的一致要求。但是徐氏以王充在方法運用上的闕漏，就否定他在科學上的地位，這卻是不夠周延，也太過嚴苛的講法。因為《論衡》全書的價值，並不只有方法才具意義；它還同時呈現王充在天文、地理、醫學、甚至心理學等方面的認識與造詣，關於這方面的成就，中外研究王充思想的學者早有肯定，實在難以一句「不科學」就將之完全抹煞。而就算《論衡》中許多關於科學方面的理論是有誤、跟不上時代步伐的，但如陳榮捷先生所言，王充至少體現了批判精神、懷疑主義、科學方法……這些精神〔註16〕，實不能輕易否定。再者，所謂的科學，也不是只有依賴判斷其方法，這個單一的論點就能概括，因為科學是不斷地修正錯誤、尋找答案的，若是依照徐氏的看法，人類豈非永遠沒有科學可言？

徐氏在科學定義上的認知，雖無異於一般的理解，但對科學與否的包容性，卻比一位研究純科學的人要小了許多，這點是頗為奇特的。當然，我們可以說，徐先生面對學問的態度是非常嚴謹的，所以當他在評定一位思想家時，用的是十分嚴苛的判斷標準。但是，科學要求的是去追求客觀的真理，而不是去認同偏見，若對於知識的包容性太小，又執著於自己的主觀意見，反而無法令自己立論持平，失卻以科學方法追求客觀真理的意義。

---

〔註16〕陳榮捷編著，楊儒賓等譯，《中國哲學文獻選編》，共兩冊，（臺北市：巨流圖書公司，西元 1993 年 6 月 1 版 1 刷），冊上，頁 391。

# 第七章　徐氏評王充對天的理解之評析

　　徐復觀先生曾言：「漢代學術上所要解決的問題，就其統宗而言，在現實上是要解決大一統的專制下的各種政治問題。在其理念上，則係要解決天人性命的問題。這是遙承子貢所不得而聞的性與天道，漢儒卻要求能夠得而聞。」（〈王充論考〉）天人性命的問題，在中國哲學中是相當重要的議題，自先秦以來，即為歷代思想家所熱烈討論。

　　王充對天人性命這一連串問題的關切，除了有其思想上的淵源之外，同時與其疾虛妄的目的相關。而其天道自然的主張，亦是他整個思想體系的總源頭。是以本章先討論徐氏對王充天道觀的看法，分析其對王充思想體系的總源頭之理解是否有誤。

## 第一節　徐氏之看法

　　關於徐氏對王充天道觀的評論，筆者以為，有兩方面必須加以說明，現將之整理如下：

　　1. 徐氏就王充天道觀與老子的天道觀作一分析比較，來評論王充的天道觀，是否如他所言，是「依道家論之」（〈自然〉）。

　　徐氏以為，王充雖在〈自然〉中一開始便明言自己是「依道家論之」，且其思想裡道家的地位又高於儒家，但王充所說的天道，卻不是老子所說的天道。因為老子的道雖是自然無為地創生萬物，但所謂的自然無為，實際是為了成就萬物而自然無為，與王充將天的生物，比擬成只為滿足一時情慾的夫婦交媾，純粹是偶然地生育子女大為不同。

再者，對於天道之意涵的體會，王充的天道，是無心思才智、混沌幽暗的；而老子的天道，雖不具人格神的意志，但它的性格卻是一至善、純美、最高理性的存在。徐氏將這種差別性歸因於王充在精神狀態上不如老莊等人，所以他對形上的把握在境界上並無法與道家人物相比。而王充將天與人的關係割裂，斬斷天與人能相互貫通的橋樑，則是因為不了解儒家與道家，對孔子與老子庸俗化。

2. 在論到王充天道觀的目的時，徐氏以為，王充的天道觀，並不是根本否定災異，或否定災異說者所舉出的不德之行的事實，而是認為災異與行為之間，並無必然感應關係，只能說是適逢其會的巧合。而他的目的，除了否定當時流行的感應說，也包含為他自己懷才不遇的坎坷作解釋。但由於漢代的災異說，主要並非對一般人而言，而是在政治上對皇帝而言，因此王充天道觀之目的，其實是為了解除天人感應說對帝王的精神束縛，以達到他個人進身朝列的渴望。

## 第二節　評析徐氏之看法

有關徐氏對於王充和漢代一般唯氣論者之分析，以及王充天道觀之基本內容的論述，筆者以為，其見解與一般的理解並無甚差異，故在此不再贅述。僅評析其對王充和老子天道觀的比較，與他對王充天道觀目的之理解這兩點。

針對王充與老子天道觀的比較這一點，筆者擬分四方面來討論：

1. 徐氏認為，王充雖以「依道家論之」（〈自然〉）這句話，為其論天人性命，開展思想體系的總綱領，但王充的天卻不等於是老子的天。這個說法頗有討論的空間。因徐氏似將「依道家論之」這句話作斷章取義的援引。因為王充在〈自然〉中，開宗明義地說明他對於傳統有關天地萬物之生成的說法有所質疑，所以「試以道家論之」，因「黃老之家，論說天道，得其實矣」（〈譴告〉），故他的主張是「違儒家之說，合黃老之義」（〈自然〉）。但王充對於天的理解，是對漢代之前及當時有關天的學說作批判、審慎地接受，其亦言「道家論自然，不知引物事以驗其言行，故自然之說未見信也」（同上）。可見他對於道家的學說，並非完全認同；同時，他的天道觀，除了繼承道家無為自

化的思想，及擷取荀子的自然天論之外，亦帶有時代之色彩〔註1〕，所以王充的天道觀絕不可能完全和老子的天道觀等同。

2. 徐氏認為，王充對於天的基本性能之說法與老莊不同，因為他所謂的天，缺少為了成就萬物而自然無為的成分。因此只能以他所認知的自然無為，論述夫婦生子女只是出於滿足一時情慾，而無法對父母疼愛子女作解釋。

筆者以為，老子說明道創生萬物，是「生而不有，為而不恃，長而不宰」（〈五十一章〉），這其中並未有徐氏所言，「實際是為了成就萬物而自然無為」的意涵，因為這個說法，對於道的創生萬物作了內含目的性的解釋，這與老子的原義應是有出入的。

再者，在正常的情形之下，父母疼愛子女均是出於自然天性，這種親情的可貴，就是在於其中沒有任何目的與要求的雜質，此與天有沒有目的化生萬物，如何對待它所生的萬物是無關的。而這種感情與關係，若還要再進行推比來證明，不才是更顯得倫常觀念的淪喪，與人性尊嚴的墮落？

3. 王充對於天的理解，的確與老莊對於天的把握有所差距，因為在他的天道觀中，找不到天是最高理性存在的色彩，若以此來論述他的天道觀混沌幽暗，缺乏純美至善的光明璀璨，亦無不可。但有一點更值得注意，即是王充雖引黃老之義講天道，但《論衡》中對於天的論述，目的與老莊談天說道時的情境大相逕庭。老子的自然無為，莊子的逍遙齊物，旨在對過度慾求的解消與心靈的開放，及人與自然的感通相融；而王充的天道觀，重點則在破除迷信、疾虛妄和辨真偽，出發點本就不同，結論當然迥異。充其量，我們只能說王充的理解不如老莊般寬宏，而王充的心靈狀態也確不如道家人物般開擴。但在論理時，實是不能如徐氏所言，用感受得到或感受不到來說明。

另外，對形上的把握，是否就是由人的精神所投射出去的價值判斷，這是需要釐清的。以西方哲學為例，中世紀時期所偏重的形上議題及解釋，與經驗主義學者的主張，兩者雖有承繼的關係，但亦是有所差異的，但我們能否武斷地說，偏好宗教哲學的人，其精神狀態就一定優於或是劣於經驗主義

〔註1〕鄧文寬先生指出，王充所認識的天，是一個硬殼形質的實體。我國早期宇宙理論中的蓋天說和渾天說，雖有重大差別，但認為天有形質卻是共同的。王充的認識反映的正是這一時代的認識水平。同時，王充認為天地的結構模式是「天平正與地無異」（〈談天〉），這種理論，是從成書於西漢的《周髀算經》裡因襲下來，並作了某種程度的修改形成的。因此王充對天的理解，是具有其時代色彩的。參見鄧氏著，《王充及〈論衡〉中天文學思想》，頁27，頁30。

者呢？而人對形上的把握，是否只能用「人的精神所投射出去的價值判斷」
這個單一指標來論斷，也有待商榷，因爲其中還牽涉到整個大時代的思想淵
源、學術環境與風氣，甚或是文化發展的特色。徐先生的說法，似乎對於形
上議題的種類、內容預設了立場。

4. 王充的天道觀，是爲了破除漢儒的天人感應說，因此，他將天與人的
關係完全割裂，當然也就缺乏儒家或道家所講的那種天人一貫、相互感通的
說法。是以在不可作爲人生依據的天之下，人世間的一切吉凶禍福，成了盲
目不可知，無理可循的遭遇，這是王充之天道觀所衍生出來的必然理論。關
於這點，已牽涉到王充對命的解釋，故筆者擬留在下一章中討論。

而在徐氏對王充天道觀之目的的理解這部分，筆者以爲，徐氏主張，王
充的天道觀，主要是爲了否定當時流行的感應說，但這卻不是王充的終極目
的，他只是希望經由破除天人感應說，解釋自己懷才不遇的原因，同時解除
長久以來桎梏皇帝精神的枷鎖，以達到進身朝列、進入其精神中之理想國—
—朝廷的目的。

可是這種說法是有欠妥當的，因爲單就王充的天道觀來看，其割裂了天
與人的關係，理論本身確實有很多問題，而我們也可從中找尋到他企圖爲自
己落寞的一生提出解釋，但實在解讀不出他有希望進身朝廷的目的。

首先，王充在生前仕途不順，辭官退隱之後，過的是「閉門潛思，絕慶弔
之禮」〔註2〕幾乎不與人往來的生活，若王充眞是如徐氏所言，對政治有莫大
的憧憬，那麼蕭宗時的公車徵召一事，定當如徐氏所謂，王充就是「死在路上
也甘心」地前去就任，然事實卻並非如此。關於這點，徐氏之說法雖牽涉到史
料考據的問題，但他的理論卻也只是情理上的推測，難以令人折服〔註3〕。

再者，《論衡》被發掘，廣爲傳閱、討論的盛況，均是在王充死後才出現
〔註4〕，若王充眞的有心躋身於朝廷，藉《論衡》來博取爲政者的歡心，又豈
會過著獨居的生活，而不汲汲營營於人際關係的建立？

《論衡》中的確有王充對自己「仕路隔絕，志窮無如」（〈自紀〉）的感嘆，
但他亦有對自己是「性恬澹，不貪富貴。爲上所知，拔擢越次，不慕高官；

---

〔註2〕 范曄著，《後漢書》，共五冊，（臺北市：洪氏出版社，西元 1978 年 10 月 10
日 4 版），冊三，卷四九，〈王充王符仲長統列傳〉，第三九，頁 1629。
〔註3〕 黎惟東著，《王充思想研究》，頁 19。
〔註4〕 同註二。

不為上所知，貶黜抑屈，不恚下位，比為縣吏，無所擇避」(〈同上〉)的描述，可見王充對於政治的熱中或參與感，並非如徐氏所述那麼熱烈。

雖然順著王充的天道觀而下，會產生否定人的行為與社會興衰治亂之關聯性的錯誤，但王充的天道觀所批駁的對象，亦非全然是對帝王有利的論點。割裂天與人的關係，或許會降低帝王對於個人所應負之政治責任的警戒感，但君權神授的地位亦同樣被動搖，同樣對君王具有威脅性，這種學說，亦應不是君王所喜好之論點。就研讀《論衡》而言，這一點實不難掌握，徐氏似乎太著眼於王充之天道觀對君王的「利」，持論稍欠公允。

王充之天道觀是其思想體系的總源頭，我們可在此看到，徐氏對於進入思想家思想世界之方向的偏頗與誤解，或許這亦可用來說明，徐氏在其後，對於王充思想之掌握出現疏漏、錯誤的原因。

# 第八章　徐氏評王充性命論之評析

　　性命論在以「疾虛妄」、批駁迷信爲宗旨的《論衡》來說是相當特殊的。因其除了是王充對個人仕途失意、遭遇坎坷的不平之鳴外，同時也由於他對這方面的思想表達得不夠清晰和明確，觀點對錯雜揉，因此亦呈現出其思想體系的內在矛盾。

　　徐氏批評王充之性命論，立論頗爲持平，唯於理論的分析似仍不足。本章即就徐氏之觀點再作深入論述，並就徐氏之闕漏處進行補充說明。

## 第一節　徐氏評王充對性命之理解

　　有關徐氏對王充性命論之論述，現摘錄整理條列於下：

　　在討論王充命運論之特色時，徐氏之看法如下：

　　1. 王充之所謂命，乃完全繼承、接受命運之命的觀念，亦即是以作爲人生本質之「性」全不相干的觀念。但因爲他把人生的主體性，政治的主動性，完全取消了，而一憑命運的命來加以解決、解釋，這便形成他的命運論特色。

　　2. 他首先把命與性劃定界域。其次，他對命的內容做了詳細的規定。而命與天的關係，他有時混而爲一，有時又分而爲二。《論衡》中經常出現這種混亂的情形。

　　3. 〈命義〉謂「故國命勝人命，壽命勝祿命」。他提出國命的觀念，壓蓋在人命之上，政治行爲的意義與主動性，完全被他取消了，傳統的「君相造命」的話，完全被他否定了，於是命對人的決定性也就是更完全了。

　　4. 爲了使命的觀念能對現實人生，發揮更大的解釋能力，便須把命的觀

念更細分下來，以適應現實的各種情況。……人的命應當是統一的；但人的一生，卻有各種盛衰的變化，特賴時或祿的觀念加以彌縫。遭遇幸偶四個觀念，雖內涵吉凶禍福，各不相同，但在「偶然」和「突然」的意義上，則完全一致。因這些都是「後驗」的（事後應驗）；既是後驗的，於是預定的命，又不易為人所預知，而時常感到是突然偶然的變化。所以王充又提出這四個觀念來加以補救。在「與命祿并」或「離」之間，便可以產生許多便宜的說法。

在論命之由氣而形而骨的實現，徐氏則以為，王充是唯氣論思想，與自荀子至西漢時期甚為流行，談命運之術的必然歸趨的骨相之術結合，而有的結論。

而在批評命運論之得失時，徐氏認為，王充「把生命完全安放在命運裡面的人生，實即把生命安放在偶然裡面的人生，也即是一種漂泊無根的人生」，作為對王充命運論之否定；同時，卻又由王充思想的矛盾與缺口處──〈命祿〉云：「天命難知，人不耐審，雖有厚命，猶不自信，故必求之也。」所提出的「求」字，大異於之前論述王充思想時，所給予的負面評價，言王充本人，依然表現出十分積極性的人生。在此作出較為持平的兩面陳述。

最後，徐先生指出，王充的〈本性〉是《論衡》中較為平實，也較有意義的一篇文字。對於先秦以來各家的人性論主張，王充的態度是在批評中並不一概加以抹煞，承認個人所根據的事實，認定其局部的妥當性，是很合於批評原則的。徐氏以為，王充的性論，按照其形成的架構看善惡也和命的吉凶一樣，是宿定而不可移易的。但在正面論到人性時，除中人之性可善可惡，故須教化而成以外，〈率性〉中也為性惡開出一條自立之路，此雖與其全盤的思想不調和，但正因此而可以承認王充之思想家的地位。

## 第二節　對徐氏看法之評析與補充

就王充命運論這一部份而言，徐氏與大部分研究《論衡》思想之學者的看法並無太大的不同，除了之前由王充對於本身遭遇、時命的感嘆、不平處理解，亦由命運論能否真正解消人生無常的痛苦、為人的行為提供指導的原則，這一層面來討論。然而，這是純就倫理學上來作分析，在整節文字中，徐氏在論理方面稍有欠缺和周全。

　　第一，是關於命運論之所以產生的原因與用意交代完整與否的問題。徐氏於論述中，只就王充乃完全接受、繼承命運的命，以至於取消了人生與政治的主體性此點來談命運論的特色。事實上，王充的命運論觀點雖有前後矛盾、對錯雜揉之虞，其根本否定人的命運受超自然力量的操縱和安排，堅信天道自然無爲，並透過這個觀點，努力探索事物在發展中的聯繫和因果關係，以揭示人生命運的眞諦〔註1〕，這一份用心，是不應被忽略的。思想觀點的內在矛盾固然導致他理論上的缺失，但由於受限於歷史條件這種無可避免的困難，我們在此對王充應有同情的了解，方不至產生偏頗。

　　第二，是王充對於命、性，這兩個概念在《論衡》中的論述能否稱爲混亂的問題。當我們在建構一套理論時，過程應是循序漸進的，必須先對理論中的一些概念下定義，方有利理論建構的進行；而定義亦會有不夠完整、不足以建構理論的問題，是以我們才會在一步步的推演中，對概念的定義內容提出修正、令其周延，讓它扮演好建構一完整理論的角色。徐氏以爲，王充既劃分性與命的界域，卻又有混而爲一的情況，是一種混亂，這或許是論述得太急切了。王充在《論衡》中談性與命的概念的確是有並言、相比較，及或相同，或彼此有別的諸多情況，但筆者以爲，王充本身並未在此就停止對這兩者的論述，亦無意即以此作爲一不變的定義。

　　王充言性、命，乃是扣緊著氣而說。所以〈無形〉云：「用氣爲性。」〈氣壽〉云：「稟壽夭之命，以氣多少爲主性也。」〈命義〉云：「至於富貴所稟，猶性所稟之氣，得眾星之精。」而〈命祿〉云：「夫物不求而自生，則人亦有不求貴而貴者矣。人情有不教而自善者，有教而終不善者矣，天性猶命也。」〈初稟〉云：「命謂初所稟得而生也。人生受性，則受命矣。性命俱稟，同時並得；非先稟性，後乃受命也。」因此，命與性兩者是同一來源，是同質性且一致的東西。而王充對於性與命的論述，亦不能只在其命運論的範圍中看得失，事實上，王充的人性論對性與命之一致性有更充分的說明，是以，實不能輕易地論定《論衡》中談性與命是混亂的。

　　第三，是關於國命這個觀念的討論。王充的國命論是其徹底命定論的延續，用意雖在於破除君權神授、君相造命的迷信，理論本身卻有相當大的荒謬與危險性。〈命義〉云：「故國命勝人命，壽命勝祿命。」〈治期〉云：「世謂：古人君賢，則道德施行，施行，則功成、治安；人君不肖，則道德頓廢，

〔註1〕黎惟東著，《王充思想研究》，頁217～218。

頓廢，則功敗、治亂。古、今論者莫謂不然。何則？見堯、舜賢聖致太平，桀、紂無道治亂得誅。如實論之，命期自然，非德化也。」〈異虛〉云：「故人之死、生，在於命之夭、壽，不在行之善、惡；國之存、亡，在期之長、短，不在於政之得、失。」由這幾段引文，可以看到王充的疾虛妄，已經有所偏離，他論點的錯誤，幾乎掩蓋了其命運論思想的初發心。國家的治亂興衰，當然與為政者的行為密不可分，這是一個放諸四海皆準，古今中外亦然的共識。不論我們以中國歷來的德治思想考察，或以現代的政治學觀點，甚或實務來檢證，王充的國命論都不能得到認同。事實上，王充的國命思想，並沒有打破他所極力反對的神學觀點，為現實政治提供一個建設性的指導原則，反而也陷入了另一個神秘主義的窠臼中，顯出其理論的限制性。陳拱先生言王充的國命論，「其謬誤乃是歷來學術上所罕見的」、「是最惡劣、最荒謬的」〔註2〕！此說雖有濃厚的情緒意味，卻也足見王充國命論之缺失著實不小。而衛道精神強悍的徐先生，於此處著墨並不多，只簡論其取消了政治行為與人的主動性，對於國命論中明顯的缺失，卻無如之前評論王充般嚴苛，可見徐氏在批評王充時，對於嚴與寬的分際拿捏亦並不十分清楚。

第四，是對於命、時、遭、遇、幸、偶等觀念的深入說明。王充提出命這個範疇來反映和概括客觀事物的必然性；以時、遭、遇、幸、偶等觀念，來強調客觀事物的聯繫和在它發展過程中所表現出來的一種屬性——偶然性。在他的命運論中，事物在發展過程中所出現的一切結果，都受偶然性的支配，而偶然又受命的支配，命是不隨人們的意志而轉移的一種趨勢，它是必然的〔註3〕。由於王充提出的命運論，是為自己坎坷遭遇發出的不平之鳴，批駁當時社會上風行的天人感應說。因此，在他的體系下，從自然現象到社會現象，全都受到盲目、自發的偶然性所支配，其中並未有任何天命的必然安排。

但是，王充這種看法卻有很大的問題。首先，客觀事物在發展過程中，是必然性與偶然性兼具的，王充把個人的社會遭遇，歷史發展的必然趨勢，生命繁殖的自然規律，都看成是偶然的，由偶然性決定一切，是一種未曾區別偶然性與必然性的混淆。再者，〈氣壽〉云：「彊壽弱夭，謂稟氣渥薄也……

---

〔註2〕陳拱著，《王充思想評論》，頁284。
〔註3〕徐敏著，《王充哲學思想探索》，（北京市：三聯書店，西元1979年8月第1版第1次印刷），頁139。

夫稟氣渥則其體彊，體彊則其命長；氣薄則其體弱，體弱則命短，命短則多病短壽」。〈命義〉云：「稟得堅彊之性，則氣渥厚而體堅彊，堅彊則壽命長，壽命長則不夭死；稟性軟弱者，氣少泊而性嬴窊，嬴窊則壽命短，短則蚤死，故言有命，命則性也……人稟氣而生，含氣而長。」這些論證人的天生條件的好壞，影響出生後體質的強弱，從而決定人的壽命長短，就現代某些生理學的觀點來看，或可成立。但當用來說明同時存在於歷史社會上的人而言，是不能只單由自然現象來類比推理作解釋。因為人類社會中的非自然現象，是必須回到社會中去尋找原因的。

金春峰先生認為，王充的命運論，被強調到如此絕對的程度，以至於人的任何自由和主觀努力都完全被否定，人對自己的行為及其後果沒有任何責任，人成為命運的傀儡，這種機械的必然性不具有人格神的形式，然而實質卻仍然是一種超人間的力量。它和神處於同一地位，並具有同神一樣的不為人所知所曉的神秘性。因此它實質上也還是一種神﹝註4﹞。質言之，王充是破除了一種虛妄，卻又建立、認同了另一種迷信，這是他本身歷史條件的限制，也呈現出整個時代思想的僵化。

王充的命運論思想在此有兩個問題，一是否定了人的任何自由與主觀努力，割裂了人的行為與行為後果的聯繫，這對人類社會秩序的建立而言是具有危險性的。因為若順著這種理論發展，人則無須對自己的行為負責，在個人自省與自律能力缺乏的時代，只會造成更大的亂象，並無法提供一個改善社會的憑據。二是他否定人格天對於一切事物的宰制，卻以另一個人所無法理解的神秘根源來解釋所有現象的問題，就他疾虛妄的宗旨而言，無疑是一種自相背離的矛盾。王充的命運論思想在此有著顯而易見的缺失與矛盾，徐氏卻未就此點加以論述，忽略了他思想中的嚴重的問題。

第五，王充在批判了先秦諸子關於人性論的看法後，認為「自孟子以下，至劉子政，鴻儒博生，聞見多矣。然而論性情竟無定是。唯世碩儒、公孫尼子之徒頗得其正。」（〈本性〉）因此其承繼世碩、公孫尼子的論點，言人性生來有善有惡，但是在他性成命定的主張中，「成性」卻是可化、可養而致，是以〈率性〉云：「論人之性，定有善有惡。其善者固自善矣；其惡者固可教告率勉，使之為善。凡人君父審觀臣子之性，善則養育勸率，無令近惡；近惡則輔保禁防，令漸於善。善漸於惡，惡化於善，成為性行。」同時，王充亦

---

﹝註4﹞ 金春峰著，《漢代思想史》，頁 500～501。

強調，人有不善，賴教治令其變更，猶如良醫之以藥石醫治篤病之人。教化能移易人性中惡的一面，使之趨向於善，但最大的問題卻不只在本性爲善或爲惡，而在於性惡又不服聖教，也就是「在於教，不獨在性也」（同上）。這點與他的機械式命定論主張有所不同，同時也是其宿命論的突破，就生命價值的彰顯而言，確實是具有正面的意義。

徐氏對王充性命論的批評，確實表現出如他自己所說，在批評中並不一概加以抹煞，認定其局部的妥當性的批評原則。但我們也同時發現到，在面對王充性命論思想的大疏漏時，在研究《論衡》的學者均對此提出質疑時，徐氏並未有相同程度的重視和評論。就〈王充論考〉全文觀之，他的立場在此似乎也有了「色厲而內荏」的轉變；甚至，在王充於思想史之地位，與學術價值的認定上，亦有不小的落差。

林俊宏先生在論及王充的人性論時曾分析道，王充的人性論中，雖援引了道家的觀念來論證批判儒家思想，目的卻是在重建儒家，代表著一種回歸儒家思想，期待儒家典範的心態〔註5〕。筆者以爲，徐氏在對王充人性論的解讀中，或許也有這種林氏所謂重建儒家、回歸儒家的情感，且在其中找到自己所認同的儒家精神的色彩，由於個人在學術信仰上的情感，超過了探究客觀眞理的知性要求，因此他評論《論衡》思想的態度有所變化，對王充的評價從難有學術上的意義，一變成爲受到肯定的思想家。

至於徐先生就此而肯定王充的思想家之地位這一問題，筆者擬留待本論文之結論處再作探究。

---

〔註 5〕林俊宏著，《《論衡》的思想研究》，發表於《鵝湖月刊》，第二十卷，第五期，總號第二三三，（臺北市：鵝湖月刊雜誌社，西元 1994 年 11 月），頁 53。

# 第九章　徐氏評王充思想闕漏之說明

　　徐先生在《兩漢思想史》卷二〈自序〉中曾言，幾十年來，把王充的分量過分誇張了。〈王充論考〉一文，目的在使他回到自己應有的位置〔註1〕。因此他考證《後漢書》中關於王充生平的記載，分析王充思想的形成，並對《論衡》中之思想加以批評，希冀藉由全盤探究王充思想的大工程，讓王充在學術史上歸位。

　　但是，徐氏雖以相當大的篇幅評論王充的思想，《論衡》中頗為重要的問題——如他的形神觀、歷史觀、政治思想等，卻並未談及。而這方面的遺漏，不但無法全面地解讀王充的思想，更影響到判定王充在學術上的地位。因此本章乃就徐氏未曾論及的形神觀、歷史觀、政治思想略作說明，期能廓清王充在思想史上之地位問題。

## 第一節　形神觀

　　形神關係是哲學史上長期爭論的重要問題之一。哲學家們在探索自然界之奧秘的同時，也對人自身的構造充滿著好奇，因為形和神是人的生命體的兩大要素，缺一不可，所以他們會思考：形體和精神是怎樣產生的？精神活動的本質是什麼？形體與精神是什麼關係？兩者誰決定誰？它們是相離還是相合？人死後神是滅還是不滅？世上有鬼還是無鬼？而這些問題更是哲學基本問題——思維與存在的關係問題之重要表現形式之一〔註2〕。

---

〔註1〕　徐復觀著，《兩漢思想史》，卷二，〈自序〉，頁2。
〔註2〕　方立天著，《中國古代哲學問題發展史》，共兩冊，（臺北市：洪葉文化事業有限公司，西元1995年4月初版一刷），上冊，頁213。

死亡雖是古往今來所有生類的必然歸向，但我們卻無法對它有明確的認知，正因為這份難解與神秘，人們才會對它產生恐懼，甚至厭惡的情感。漢人對於死亡這個問題的思索，可說是相當投入，他們雖亦欲紓解因死亡所帶來的困惑與恐懼，卻追求長生不死之術，走進鬼神迷信的胡同；在丹藥、與神仙方術中迷失，將生命的價值建築在形軀的維持，希望延續生命的長度，卻也窄化了生命的寬度。

王充的思想基本上有社會文化改造上的旨趣，為了要改變社會上虛偽妄作的風氣，他駁斥長生不死之說，並否定死後生命之存在，斥鬼神之信仰，倡薄葬之義，而這些移風易俗的社會改革，是以其形神論思想為依據﹝註3﹞，因此欲明瞭王充之思想，就不能忽略了他的形神觀。

## 一、形神的生成與關係

關於形神之生成，〈論死〉云：「人未生，在元氣之中；既死，復歸元氣。……陰陽之氣，凝而為人。年終壽盡，死還為氣。」一切生命來自於氣，終又復歸於氣。王充認為，「夫人之所以生者，陰陽氣也。陰氣主為骨肉，陽氣主為精神。人之生也，陰陽氣具，故骨肉堅精氣盛。精氣為知，骨肉為強。故精神言談，形體固守，骨肉精神，合錯相持，故能常見而不滅亡也。」（〈訂鬼〉）知者精神也，為人的精神活動。所以一個具體有生命的人，是形神同具的二元性存在。

而談到形神的關係時，他則說，「精神依倚形體，故能變化，與人交通。已死，形體壞爛，精神散亡，無所復依，不能變化。」（〈論死〉）「形須氣而成，氣須形而知。天下無獨燃之火，世間安得有無體獨知之精。」（同上）精神和形體是分不開的，精神必依倚形體才能產生作用，精神活動須有身體的資藉。因此，他的「形死神滅」觀點，同時蘊涵了「人死無知不為鬼」的內容。

## 二、人死無知不為鬼，亦不能害人

王充針對漢代盛行的有鬼論，提出無鬼的主張。並以多項論證證明其無鬼論的主張。在〈論死〉中他以集合的觀念來論證「人死不為鬼」，認為人是

---

﹝註3﹞ 劉見成著，〈王充的形神論思想及其社會義涵〉，發表於，《中國文化月刊》，第 204 期，（臺中市：中國文化月刊雜誌社，西元 1997 年 3 月），頁 38。

物類的子集合，母集合既已不具有死後爲鬼的性質，作爲子集合的人當然亦不可能死後爲鬼。並以囊橐粟米之喻說明他「形死神滅」的主張，認爲人死後精神散盡，形體腐朽，則精神亦無所依倚，更不可能回復原樣出現在人們面前，由否定當時人們以生人的模樣描繪心中對鬼的概念，來否定人死爲鬼之說。

同時，他以經驗來說明人生前與死後都沒有理知的內容與功能，並以漢代的醫學觀念——五藏與精神作用的相互關係，來解釋人的理性思考能力。人在生時，形氣須相結合，生理機能也須正常運作，才能有知，產生理性的思考；反之，人死後，氣無形可依附，一切的生理機能停頓、喪失，理性思考的能力亦隨之瓦解，更遑論有知。

接著，在〈訂鬼〉中王充以爲，一般說見到鬼，可能是人主觀意識上的錯亂，心理上的幻覺。而人自以爲遇到鬼的情況，不外是因爲過度勞累，生病時精神恍惚，以及精神疾病者在認知事物上的缺陷所造成的，並非有一客觀實存的對象——鬼的存在，才使人有這種認知。

再者，人須依憑氣力旺盛、筋骨強健才有害人的能力，形體纖細時尚不能害人，更何況人死後，精氣散盡，形體腐朽，又如何談害人？

王充對於「鬼」這一概念的理解，是有歧義的，除了在〈論死〉、〈訂鬼〉所指的「靈魂」一物，還包括〈紀妖〉中所指的妖祥之氣，〈訂死〉中所稱之老物精、陰氣之名。他所肯定的「鬼」，是「常在四邊之外，時往來中國，於人雜則，凶惡之類也。」（〈訂鬼〉）也就是說，鬼是指不好的事物，與一般意義的鬼不同。

## 三、生與死的問題

〈道虛〉云：「死者生之效，生者死之驗也。夫有始者必有終，有終者必有死，唯無始終者乃長生不死。」生死是人所必經的自然變化，所謂的長生不老之術，其實是荒誕虛妄的，方士、巫師講的「吞藥養性」，或可令人無病，卻不能令人不死成仙。從現代的醫學觀點來說，藥物的濫服濫用，不僅無法維持人的健康，反而更加戕害身體機能，是已經得到證實的結論。在身體狀況並無不妥的情形下服食無謂的藥物，都有可能危害原本健康的身體，更何況漢人服食的丹藥中，有許多是根本不能被人體吸收的化學物質？至於在生活中怡情養性，減少情緒的波動對生理機能帶來的不良刺激，確實是有助於

健康，也有可能因調養得宜「延年益壽」，但要說能「不死」，在醫學、科技如此發達的今天都無法做到，更何況是兩千多年前的漢代？「以其生故知其死也」（同上），生死是生物發展過程中無法跳脫的一個限制，而王充在迷信籠罩的時代卻能「眾人皆醉我獨醒」地作如是想，實屬不易。

## 四、薄葬與祭祀的問題

王充的形神思想具有改造社會、移風易俗的要求，〈對作〉云：「〈論死〉〈訂鬼〉所以使俗薄喪葬也……今著〈論死〉及〈死偽〉之篇，明死無知，不能爲鬼，冀觀覽者將一曉解約葬，更爲節儉。斯蓋論衡有益之驗也。」因此他的「人死不爲鬼」的主張，對當時社會上厚葬奢華的風氣有批判與改造的作用。而與喪葬和祭祀之風最相關的，不外先秦儒墨兩家，因此，他批評墨家主張薄葬卻又相信鬼神的矛盾，言「墨家之議自違其術，其薄葬而又右鬼。」（〈薄葬〉）同時亦批評儒家，爲了維護孝道，不究人死無知的事實，助長了厚葬久喪的浮風，說「孔子非不明死生之實，其意不分別者，亦陸賈之語指也。夫言死無知，則臣子倍其君父。故曰：喪祭禮廢，則臣子恩泊。臣子恩泊，則倍死亡先。倍死亡先，則不孝之獄多。聖人懼開不孝之源，故不明死無知之實。」（同上）並提出自己的看法，認爲死人既是無知，那麼鋪張奢華，甚或殉葬浮風，只是快生者之意，於死人無益，應當立薄葬省財之教。

關於祭祀，王充則以爲，「凡祭祀之義有二：一曰報功；二曰修先。報功以勉力，修先以崇恩，力勉恩崇，功立化通，聖王之務也。宗廟先祖，己之親也，生時有養親之道，死亡義不可背，故修祭祀，示如生存。推人事鬼神，緣生事死人，有賞功供養之道，故有報恩祀祖之義。」（〈祀義〉）祭祀的用意，是頌揚先人的德行，獎勵後人效法，並將對先人的感恩之情，自生前延續至死後，只是後人對先祖敬意的表現。並非如人所言，因爲「祭祀者必有福，不祭祀者必有禍」（〈同上〉），所以才祭祀先祖。

另外，在「祭祀者必有福，不祭祀者必有禍」（〈祀義〉）的恐懼下，漢代上自帝王下至百姓皆將祭祀視作大事。而國君更將天下治亂、國祚長短與祭祀相接，因不必要的祭祀活動勞民傷財，消耗社會成本。所以他說，「行堯舜之德，天下太平，百哉消滅，雖不逐疫，疫鬼不佳；行桀紂之行，海內擾亂，百禍並起，雖日逐疾，疫鬼猶來。衰世好信鬼，愚人好求福。周之季世，信鬼修祀，以求福助；愚主心惑，不顧自行，功猶不立，治猶不定，故在人不

在鬼，在德不在祀。」（〈解除〉）吉凶禍福，決定在人事；生死壽夭，決定於時命，改變社會的力量在於人，不是在於以一個有所懼、有所求的心態行祭祀之事，而不問人自己的行爲正當與否。

## 五、王充形神觀之檢討

　　王充的形神觀，一如《論衡》疾虛妄的宗旨，針對當時不良的社會風氣提出批評，具有移風易俗、改革社會的義涵。雖然他在論證方法中有許多矛盾，但仍不減其批判精神所具有的特定價值和意義之光彩。在學術貢獻上來說，他以燭火之喻來說明形神關係，對前人思想有所承繼；亦援引生活經驗上的例子來反覆論證神死形滅的主張，對後世研究形神問題開啓大方向，我們可在魏晉南北朝時，神滅論者與神不滅論者的激烈論戰中尋找到王充思想的遺跡。在生死問題的探討上，我們可由王充的理解發現，對於生死問題思索的成熟度，其實與古今無關，亦不是由文明進步與否？科學發達與否來判斷。而是在個人理性思考能力的高低，與對生命價值的認知處來看。如果我們在王充的思想中，找到他因個人遭遇的坎坷、不順而有的消極與荒謬，由此來判定他的生命層次是晦暗不健康的，那麼他對於生死問題的見解，對於死亡的自然接受，或許可以令他幽暗狹窄的人生觀露出一線曙光，肯定他對於死亡之恐懼的解消所作的貢獻。而在導正社會風氣上，雖然當時王充的主張並未被接受，但他對於祭祀意義的明確認知，對於薄葬觀點的提倡，在今日看來，都是頗合乎宗教、倫理學，甚至社會學的要求。王充的形神觀所探討的問題，涵蓋了形上學、倫理學等各個層面，絕對有其在思想史上的定位與價值〔註4〕，我們實在不能輕易否定他在學術上的地位與貢獻。

---

〔註4〕 曾漢塘著，〈試觀王充「論死」〉，發表於，《哲學年刊》，第10期，（臺北市：中華民國哲學社，西元1994年6月），頁215。

# 第十章　結　論

　　〈王充論考〉，是徐氏在治思想史的大工程上又一篇鉅作，其重新定位王充的學術地位，除了「引起研究者乃至讀者自身情感與理智的反省」〔註1〕，提供一個新的角度研讀王充，建立一種新的哲學史方法論之外，這篇文章更是研究王充思想的重要參考資料。然而，它雖出自治學堪稱嚴謹的徐氏之手，卻仍有不少疏漏之處，更有甚者，其看法有許多曲解之處，這不僅無法澄清《論衡》在歷代引起的爭議，對王充在思想史上的地位亦難有明確的認定。現分述如下：

　　1. 徐氏對於批評標準嚴苛與否的分際是模糊的。如他僅就王充在方法運用上的混亂，論證的矛盾，便否定其在科學上之地位，而不論《論衡》中確實有許多符合現代科學觀點，為人所普遍肯定的超前表現。而在王充的命運論中，國命說的荒謬、危險，切斷了統治者之施政與國家治亂興衰的關係，向為研究《論衡》者所抨擊，衛道精神強悍的徐氏反而著墨不多。這種落差在〈王充論考〉中非常明顯，似乎徐氏的著眼點與其他研究王充者大有不同。

　　2. 徐氏對王充在學術價值與意義上的認定是不甚一致的。在〈王充論考〉中，他將王充思想冠上「學術」二字次數頗多，由此推敲，他於意識中應是認同了《論衡》是可以作為學術研究的對象，是具有學術意義的；同時他也說，王充貴博通輕視專精師法的學術特色，在學術史上的地位是可以肯定的。但他又說王充的看法是「鄉曲之見」，或言王充的無鬼論不信鬼而承認妖難有學術上的意義。這種論點前後不一致，容易造成讀者對於王充思想認識上的混淆，也無法明確認定王充在學術上的地位。

---

〔註 1〕 徐復觀著，《兩漢思想史》，卷二，〈自序〉，頁 2。

3. 徐氏對於王充的學術地位沒有明晰的交代,他只舉出《論衡》中一些論點的對與錯,矛盾與一致,來評定王充思想究竟稱不稱得上具有學術意義,卻並未說明所謂的學術地位意義究竟為何?更未指出王充在學術史上的貢獻是什麼?胡適先生說,王充哲學是中古思想的一大轉機,他不但在破壞方面打倒迷信的儒教,掃除西漢的烏煙瘴氣,替東漢以後的思想打開一條大路;並且在建設方面,提倡自然主義,恢復西漢初期的道家哲學,替後來魏、晉的自然派哲學打下一個偉大的新基礎〔註2〕。當我們將思想的視野往下移至魏晉時期時,王充的哲學思想之特色與地位就更易展現,這是許多研究漢代哲學思想之學者的共識。而思想的發展是有連貫性的,在研究思想家之思想時,必須追溯前代,並將探討的觸角延伸至後代,不能徒作斷代式的處理,這也是所有思想史家在方法論上的一個中心原則。徐氏曾言,要在發展與比較的觀點中,才能把握一個思想得以形成的線索,及思想得以存在的特性,也期許這兩個觀點的運用能對讀者有所貢獻,但在〈王充論考〉中,這兩個觀點卻似乎沒有他所預期的發揮。因此徐氏未將《論衡》思想做全盤、系統性的評估,亦並未將其影響往下探索,即評定王充在思想史上的地位,他的方法是不完備的,論據也有不足。

4. 徐氏曾說,收錄於《兩漢思想史》卷二的七篇文章,都是作為獨立性的論文來寫,所以會有重複或論點不大一致的地方,這個問題在〈王充論考〉中已有所見,因此,這本書沒有一個很嚴謹的「史」的觀念,連貫性亦不強,若將其當成史書來閱讀,可能並不適切。

5. 王充的哲學思想本身亦頗有批評的空間,在他落寞的一生與特異的性格之下發展出來的思想,的確有很多荒謬與矛盾的論調——如盲目無知的元氣論,並不足以解釋本原和萬物的問題,物質性的氣無法說明人的精神活動及社會現象。機械卻又神秘難解的宿命論,在用以解釋人世間的各種現象時,否定人對現況可以有改變的能力與事實,於人世只有消極的影響,沒有積極的啟發。人性論點中,強調禮樂的教化之功可以改變中人之性,解除宿命對於人性的原始機制,是其思想的歧出。以「古今不異」為前提來論證「今勝於古」,循環且矛盾的歷史觀。割裂了治亂興衰與人事的關連,卻又強調德治的政治思想等。都使他的思想受到質疑,因此徐先生對他的批評也是有其根據的。

---

〔註 2〕 胡適著,〈王充的論衡〉,收錄於黃暉撰,《論衡校釋》,頁 1284。

6. 如前所述，徐氏〈王充論考〉中的批評標準嚴苛與否的分際是模糊的，而在其評論王充的整個過程中，也有由否定轉為認同的現象。思索其中的因由，筆者以為，徐氏對王充的一些批評雖是「持之有故」，但最令徐氏無法接受的，是《論衡》思想中許多對人倫道德的建立易生誤導的論點；而最得到徐氏肯定的，則是人性論中王充對於儒家禮樂教化功能於人性的正面作用，突破他幽暗而乾枯之命運論的支持。徐先生一再強調的道德人倫觀念，是作為一個理性存有——人之所以為人的本質，也是人所以能呈現價值與尊嚴的依據。我們可以在其中發現，徐氏對於一個知識分子的要求，是德術兼修，於知性的追求之外，還有對於道德人倫的維護。

徐氏以恢弘儒家文化為己任，在西學東漸、國學式微的時代背景之下以文化救國，他對於儒家文化的渴慕、熱愛與嚮往溢於言表，更被學界譽為當代新儒家的大師之一。是以，徐氏由認同王充思想中具有的儒家觀點，而承認他在思想史上的地位，是帶有很濃厚的門戶色彩的，可以說，徐氏評析《論衡》思想的視野，是在儒家思想的氛圍中。

就研究學問而言，如此主觀的判斷與不夠客觀的態度，最易阻礙研究者對其所研究之對象的認識與了解，這也是徐先生在治思想史的態度上所亟欲避免的。徐氏被學術信仰所主導，影響他對學問之客觀判斷的現象，於〈王充論考〉中確是明顯可見，然治學嚴謹，為人所尊崇的學者猶難免如此，更足見抱持一客觀而持平的研究態度亦實非易事。

7. 王充的形神觀，一如《論衡》疾虛妄的宗旨，針對當時不良的社會風氣提出批評，具有移風易俗、改革社會的義涵〔註3〕。在學術貢獻上來說，他以燭火之喻來說明形神關係，對前人思想有所繼承；亦援引生活經驗上的例子——如囊橐粟米之喻、水冰之喻等，來反覆論證神死形滅的主張，對後世研究形神問題開啟大方向，我們可在魏晉南北朝時，神滅論者與神不滅論者的激烈論戰中尋找到王充思想的遺跡。在生死問題的探討上，王充主張生死是人所必經的自然變化，所謂的長生不老之術，其實是荒誕虛妄的，方士、巫師的「吞藥養性」之說，頂多只能令人無病，卻不能使人不死成仙。生死是生物發展過程中無法逃脫的一個限制，而王充在迷信熾盛的時代，卻能「眾人皆醉我獨醒」地作如是想，可以發現，對於生死問題思索的成熟度，其實

---

〔註3〕劉見成著，〈王充的形神論思想及其社會義涵〉，發表於《中國文化月刊》，（臺中市：中國文化月刊雜誌社，西元1997年3月），第204期，頁38。

與古今無關。亦不是由文明進步與否，科學發達與否來判斷。而是在個人理性思考能力的高低，與對生命價值的認知處來看。如果在王充思想中找到他因個人遭遇的坎坷、不順而有的消極與荒謬，由此來判定他的生命層次是晦暗不健康的，那麼他對於生死問題的見解，對於死亡的自然接受，或許可以令他幽暗狹窄的人生觀露出一線曙光，在人生哲學上亦是頗有意義的。而在導正社會風氣上，雖然當時王充的主張並未被接受，但他對於祭祀意義的明確認知，對於薄葬觀點的提倡，在今日看來都是頗合乎宗教、倫理學，甚至社會學的要求。王充的形神觀涵蓋了形上學、倫理學等各個層面，是絕對有其在思想史上的定位與價值的〔註4〕。

而王充的歷史觀，雖是意圖扭轉社會整體崇古薄今的風氣，修正時間停滯的觀念，並批駁對古聖先賢的盲目崇拜，因此他言「古今不異」、「今勝於古」、「漢盛於百代」；且其論點亦有不當之處——如他駁斥迷信卻又以祥瑞、符應支持他的觀點的歧出；以「古今不異」為前提論證「今勝於古」的邏輯矛盾，但其認為人類的文化、文明是不斷地進化發展的正確觀念，以及思想之獨立性的建構卻是值得稱許的。

另外，王充的政治思想，是對當時政治制度的一個批判，更被認為是魏晉時期政治思想的開端〔註5〕。他將對人世的觀察與關懷，全部寄託在《論衡》中，希望藉此「垂書示後」，提供一個指導行為的方向。雖然其援引了道家自然無為的觀點，且從命偶處出發，將國家的興亡與宿命論結合，分割了君王與受命的關係，取消了國君與施政的聯繫，大有不合理之處；但他亦說「行堯舜之德」自可「天下太平」，還是帶有強烈的儒家德治色彩，以及對儒家政治典範的期許與渴慕。

徐先生在《兩漢思想史》卷二〈自序〉中曾言，幾十年來，把王充的分量過分誇張了。〈王充論考〉一文，目的在使他回到自己應有的位置〔註6〕。因此他考證《後漢書》中關於王充生平的記載，分析王充思想的形成，並對《論衡》中之思想加以批評，希冀藉由全盤探究王充思想的大工程，能達到上述的目的。

〔註4〕 曾漢塘著，〈試觀王充「論死」〉，發表於《哲學年刊》，（臺北市：中華民國哲學社，西元1994年6月），第10期，頁215。

〔註5〕 蕭公權著，《中國政治思想史》，共兩冊，（臺北市：中國文化大學出版部，西元1993年11月新1版第5刷），冊上，頁358。

〔註6〕 同註一。

　　但是，徐氏雖以相當大的篇幅評論王充思想，《論衡》中頗為重要的問題——如形神觀、歷史觀、政治思想等，卻並未談及。而這方面的遺漏，不僅無法全面地解讀王充的思想，更影響到判斷王充在學術上的地位，徐氏未對思想家的思想做全盤性的討論，便定位其在學術上的價值與意義，是不周全的。

　　在論述徐先生的文章中，有人推崇他在思想史上的貢獻，有人景仰他狷介的風骨與人格。但筆者以為，就〈王充論考〉言之，徐先生不論在學術或人格風範上，所象徵的意義大於實質上的表現。他所呈現的是知識分子對於文化傳承的努力，治學的用心與投入，以及追尋真理的堅持的典範。在學術是不斷地修正與進步的軌跡之下，無論其在〈王充論考〉中對王充的析論是否有欠周延、不完整，對《論衡》的解讀是否有誤，都無法抹煞他在我國近代哲學史上的地位。

　　要找到一本書的毛病或問題，比挑出它的優點或長處容易，但不管本論文之評析是否得當，若能從中透顯王充思想的原貌，則可達成本論文所預期的一半效果。

# 參考書目

（一）專書

1. 永瑢等著,《四庫全書總目提要》,共四十冊,臺北市:商務印書館,西元 1965 年 2 月臺 1 版。

2. 任繼愈主編,《中國哲學史》,共四冊,北京:人民出版社,西元 1990 年 3 月北京第 9 次印刷。

3. 任繼愈主編,《中國哲學發展史》,共三冊,北京:人民出版社,西元 1983 年 10 月北京第 1 版第 1 次印刷。

4. 何兆武、步近智、唐宇元、孫開太合著,《中國思想發展史》,臺北市:明文書局股份有限公司,西元 1993 年 1 月初版。

5. 宋德宣著,《新儒家》,臺北市:揚智文化事業股份有限公司,西元 1994 年 1 月初版一刷。

6. 李約瑟著,陳立夫主譯,《中國之科學與文明》,共十五冊,臺北市:台灣商務印書館股份有限公司,西元 1973 年 7 月初版。

7. 汪奠基著,《中國邏輯思想史》,臺北市:明文書局股份有限公司,西元 1993 年 12 月初版。

8. 肖父、李錦全主編,《中國哲學史》,共兩卷,北京:人民出版社,西元 1994 年 8 月北京第 13 次印刷。

9. 周文英著,《中國邏輯思想史稿》,北京市:人民出版社,西元 1979 年 12 月北京第 1 版第 1 次印刷。

10. 周桂鈿著,《虛實之辨——王充哲學的宗旨》,北京:人民出版社,西元 1994 年 10 月第 1 版第 1 次印刷。

11. 東海大學編,《徐復觀國際思想學術研討會論文集》,臺中市:東海大學,西元 1992 年 12 月。

12. 金春峰著,《漢代思想史》,中國社會科學出版社,出版地不詳,西元 1987年 4 月 1 版 1 刷。

13. 胡偉希著,《傳統與人文——對港台新儒家的考察》,北京:中華書局,西元 1992 年 9 月 1 版 1 刷。

14. 范曄著,《後漢書》,共五冊,臺北市:洪氏出版社,西元 1978 年 10 月10 日 4 版。

15. 韋政通著,《中國思想史》,共兩冊,臺北市:大林出版社,西元 1980 年12 月 15 日再版。

16. 韋政通編,《中國思想史方法論文選集》,臺北市:大林出版社,西元 1981年 10 月 1 日。

17. 徐敏著,《王充哲學思想探索》,北京市:三聯書店,西元 1979 年 8 月第1 版第 1 次印刷。

18. 徐復觀著,《中國人性論史先秦篇》,臺北市:臺灣商務印書館股份有限公司,西元 1994 年 4 月初版第 11 刷。

19. 徐復觀著,《中國思想史論集》,臺北市:臺灣學生書局,西元 1993 年 9月初版第 9 次印刷。

20. 徐復觀著,《中國思想史論集續編》,臺北市:時報文化出版事業有限公司,西元 1982 年 3 月 27 日初版。

21. 徐復觀著,《兩漢思想史》,共三卷,臺北市:臺灣學生書局,西元 1993年 9 月出版第 5 次印刷。

22. 曹永洋等編,《徐復觀教授紀念文集》,臺北市:時報文化出版事業有限公司,西元 1984 年 8 月 30 日。

23. 陳少明著,《漢宋學術與現代思想》,廣東:廣東人民出版社,西元 1995年 12 月 1 版 1 刷。

24. 陳再明著,《儒學異端‧現代王充論衡》,臺北市:遠流出版事業股份有限公司,西元 1995 年 5 月 16 日初版 1 刷。

25. 陳拱著,《王充思想評論》,臺北市:臺灣商務印書館股份有限公司,西元 1996 年 6 月初版第 1 次印刷。

26. 陳清著,《中國古今哲學家評述》,北京市:北京語言學院出版社,西元1994 年 1 月第 1 版第 1 次印刷。

27. 陳榮捷編著,楊儒賓等譯,《中國哲學文獻選編》,共兩冊,臺北市:巨流圖書公司,西元 1993 年 6 月 1 版 1 刷。

28. 傅樂成主編,《中國通史》,共八冊,鄒紀萬著,《秦漢史》,冊二,臺北市:長橋出版社,西元 1979 年 3 月 20 日初版。

29. 勞思光著,《中國哲學史》,共五卷,香港:香港中文大學崇基學院,西元 1980 年 11 月 3 版。

30. 項維新、劉福增編，《中國哲學思想論集》，冊三，牟宗三等著，兩漢魏晉隋唐篇，臺北市：水牛圖書出版事業有限公司，西元 1992 年 5 月 25 日再版 2 刷。

31. 馮友蘭著，《中國哲學史》，臺北市：商務印書館，西元 1993 年 4 月增訂臺一版第 1 次印刷。

32. 馮友蘭著，《中國哲學史新編》，共七冊，臺北市：藍燈文化事業股份有限公司，西元 1991 年 12 月初版。

33. 黃克劍、林少敏編，《當代新儒學八大家集》之八，《徐復觀集》，北京市：群言出版社，西元 1993 年 12 月第 1 版第 1 刷。

34. 黃暉撰，《論衡校釋》，全四冊，北京：中華書局，西元 1990 年 2 月第 1 版第 1 刷。

35. 黃震著，《黃氏日抄》，日本：株式會社，中文出版社，西元 1979 年 5 月出版。

36. 褚柏思著，《中國思想史話》，臺北市：黎明文化事業股份有限公司，西元 1980 年 8 月初版。

37. 劉君燦等著，《中國天文學史新探》，臺北市：明文書局，西元 1988 年 7 月 30 日初版。

38. 蔣祖怡著，《王充卷》，河南：中州書畫社，西元 1983 年 10 月第 1 版第 1 刷。

39. 蕭公權著，《中國政治思想史》，共兩冊，臺北市：中國文化大學出版部，西元 1993 年 11 月新 1 版第 5 刷。

40. 錢穆著，《中國思想史》，臺北市：國防部總政治部，西元 1953 年 5 月 2 版。

41. 錢穆著，《中國歷史研究法》，臺北市：東大圖書股份有限公司，西元 1988 年 1 月初版。

42. 謝幼偉著，《西洋哲學史》，臺北市：文津出版社，西元 1970 年 10 月臺灣再版。

43. 謝幼偉編著，《現代哲學名著述評》，臺北市：新天地書局，西元 1974 年 1 月初版。

44. 韓復智等編著，《秦漢史》，臺北縣：國立空中大學，西元 1996 年 8 月初版。

45. 曠士元著，《中國學術思想史》，臺北市：里仁書局，西元 1995 年 2 月 28 日增訂三版。

46. 羅光著，《中國哲學思想史──兩漢、南北朝篇》，臺北市：台灣學生書局，西元 1985 年 8 月再版。

47. 羅素著，何兆武、李約瑟合譯，《西方哲學史》，共兩冊，臺北市：五南圖書出版公司，西元 1984 年 7 月初版。

48. 田鳳台著，《王充思想評析》，臺北市：文津出版社，西元 1988 年 8 月出版。

49. 陳正雄著，《王充學術思想評述》，臺北市：文津出版社，西元 1987 年 12 月出版。

50. 李偉泰著，《漢初學術及王充論衡述論稿》，台北市：長安出版社，西元 1985 年 5 月初版。

51. 盧文信著，《王充批判方法運用例析》，臺北市：萬卷樓圖書有限公司，西元 2000 年 9 月初版。

52. 李維武著，《王充與中國文化》，貴州：貴州人民出版社，西元 2000 年 10 月第一版。

53. 王先謙著，《荀子集解》，臺北市：華正書局有限公司，西元 2003 年 10 月初版二刷。

54. 廖名春著，《荀子新探》，臺北市：文津出版社，西元 1994 年 2 月初版。

55. 趙士林著，《荀子》，臺北市：東大圖書股份有限公司，1999 年 6 月。

56. 周群振著，《荀子思想研究》，臺北市：文津出版社，西元 1987 年 4 月出版。

57. 陸建華著，《荀子禮學研究》，合肥市：安徽大學出版社，西元 2004 年 12 月第一版第一刷。

58. 郭志坤著，《荀學論稿》，上海：新華書店，西元 1991 年 9 月第一版第一次印刷。

59. 魏元珪著，《荀子哲學思想研究》，臺中市：東海大學出版社，西元 1983 年 3 月出版。

60. 譚宇權著，《荀子學說評論》，臺北市：文津出版社，西元 1994 年 1 月出版。

61. 韋政通著，《荀子與古代哲學》，臺北市：台灣商務印書管股份有限公司。

62. 吳復生著，《荀子思想新探》，臺北市：文史哲出版社，1998 年 9 月。

63. 菜錦昌著，《拿捏分寸的思考——荀子與古代思想新論》，臺北市：唐山出版社，1996 年 9 月。

64. 李澤厚著，《中國古代思想史論》，臺北市：三民書局股份有限公司，1996 年 9 月。

## （二）論文

1. 朱業宗著，〈王充：近代科學精神的超前覺醒〉，《求索》，西元 1990 年第 1 期。

2. 李偉泰著，《評徐復觀著〈兩漢思想史〉》，《中國文哲研究通訊》，第二卷，第一期。

3. 林俊宏著，《〈論衡〉的思想研究》，《鵝湖月刊》，第二十卷，第五期，總號第二三三。

4. 徐道鄰著，〈王充論〉，收錄於項維新、劉福增編，《中國哲學思想史論集》，冊三，牟宗三等著，兩漢魏晉隋唐篇。

5. 曾漢塘著，〈試觀王充「論死」〉，《哲學年刊》，第 10 期。

6. 翟志成著，〈新儒學思想家徐復觀先生〉，《湖北文獻》，第 122 期，西元1996 年 12 月。

7. 劉見成著，〈王充的形神論思想及其社會義涵〉，《中國文化月刊》，第 204期。

8. 黎惟東著，《王充思想研究》，中國文化大學哲學研究所博士論文，西元1984 年 6 月。

9. 袁保瑞撰，〈對荀子「知天」與「不求知天」之辨的看法〉，《孔孟月刊》，第 504 期，1993 年 8 月。

10. 周天令著，〈「荀子是儒學的歧出」之商榷〉，《孔孟月刊》，502 期，2004年 6 月。

11. 伍振勳著，〈兩種「通明意識」——莊子、荀子的比較〉，《漢學研究》，第 43 期，2003 年 12 月。

12. 赤塚忠著，〈荀子研究的若干問題〉，《國立政治大學哲學學報》，2003 年12 月。

13. 張鴻凱注，〈荀子與稷下黃老之學〉，《孔孟月刊》，第 495 期，2003 年 11月。

14. 劉桂方，〈莊子「自化」與荀子「制天」的內在意涵〉，《國文天地》，第223 期，2003 年 12 月。

15. 陸建華，〈荀子禮以解「弊」的諸子批判論〉，《鵝湖》，第 328 期，2001年 10 月。

16. 張曉光，〈荀子的推類思想〉，《世界中國哲學學報》，第 6 期，2001 年 1月。